हवा के साथ-साथ

हवा के साथ-साथ

प्यार जीवन का मौसम है...

नोवोनील चक्रवर्ती

प्रभात प्रकाशन

प्रकाशक
प्रभात प्रकाशन प्रा. लि.
4/19 आसफ अली रोड, नई दिल्ली–110002
फोन : 011–23289777 • हेल्पलाइन नं. : 7827007777
इ-मेल : prabhatbooks@gmail.com ❖ वेब ठिकाना : www.prabhatbooks.com

संस्करण
प्रथम, 2023

अनुवाद
रचना भोला 'यामिनी'

पेपरबैक मूल्य
तीन सौ रुपए

HAWA KE SAATH-SAATH
novel by Shri Novoneel Chakraborty
(Hindi translation of THAT KISS IN THE RAIN)

Published by **PRABHAT PRAKASHAN PVT. LTD.**
4/19 Asaf Ali Road, New Delhi-110002
by arrangement with Srishti Publishers & Distributors

ISBN 978-93-5521-816-2

उन सभी देवदूतों के नाम, जिन्होंने 14 अप्रैल, 2008 को शाम ठीक 4 बजकर 5 मिनट पर मेरी जान बचाई।

आभार

लिखने की प्रक्रिया के दौरान लेखक को लगता है कि सबकुछ उसके वश में है; परंतु जब पुस्तक पूरी होती है और वह उसे पलटकर देखता है तो वह जानता है कि कुछ खास लोगों की उपस्थिति के बिना उस काम का पूरा होना संभव नहीं था।

विशेष व हार्दिक आभार :

मेरा परिवार (माता-पिता और दीदी) : आप सबके बिना मैं एक बेरंग इंद्रधनुष से अधिक नहीं।

मेरे स्वर्गीय दादाजी : आपने मेरे माध्यम से स्वयं को प्रकट किया। मैं जब भी लिखता हूँ तो सिर पर आपके मार्गदर्शन से भरे हाथ को अनुभव करता हूँ।

मेरे दोस्त : हमेशा मेरा सहारा बने रहने के लिए शुक्रिया।

प्रस्तावना

14 अप्रैल

भविष्य में किसी समय

"क्या कोई ऐसा त्योहार होता है, जिसे साल में एक बार नहीं, बल्कि रोज मनाया जा सके?" लड़की ने पूछा।

"जिस दिन मुझसे प्यार होगा, उसी दिन इसका जवाब पा लोगी।" लड़के ने कहा।

तूफान हिंसक रूप से बेरहम था। और तूफान से सम्मोहित समंदर भी जैसे पगला गया था। आकाश के गहरे-काले मुखड़े पर चमकती बिजली, किस्मत की दुष्टता से भरी दबी हँसी-सी लग रही थी और उसके बाद आनेवाली गरज की गूँज में उसके कहे शब्द ही सुनाई दे रहे थे।

'सबकुछ आसान है। अगर आप प्रेम में हों—सचमुच प्रेम में हों—दुनिया की हर चीज आसान हो जाती है। संभवत: इतनी आसान, जैसे सबकुछ भाग्य के हाथ में छोड़ देना आसान होता है।'

वह आदमी पूरी तरह से बौराए हुए समंदर और तूफान के भरोसे था। वे दोनों उसके और उसकी मंजिल के बीच खड़े थे। अपनी स्थिति को स्थिर करने के लिए उसने मदद के लिए आसपास देखा और तभी फिर से आकाश से बिजली गरजने की आवाज सुनाई दी।

'तुमने मुझसे सैकड़ों बार कहा कि तुम मुझसे प्रेम क्यों करते हो; परंतु क्या तुम्हें पता है कि मुझे तुमसे प्रेम क्यों है? मुझे तुमसे प्रेम है, क्योंकि

तुमने मेरे जीवन के साथ वह किया, जो मैं तब करता, जब यह मेरे वश में होता।'

वह यही तो खोज रहा था—नियंत्रण, और वह उसे उसी तरह छल रहा था, जैसे जेरी टॉम के साथ करता है। वह किसी तरह नाव के एक हिस्से को पकड़कर उसमें सवार होने में कामयाब रहा; हालाँकि, उसे पता था कि यह एक अस्थायी हल था। एक पल के लिए उसने सोचा कि उसने यह यात्रा करने का साहस कैसे किया? वह क्यों चली गई? वे एक-दूसरे के साथ कितने खुश थे! उसने जल्दी ही इस सोच को अपने से दूर कर दिया। जब कोई तूफान में घिरा हो तो किसी 'क्या और क्यों' के लिए समय नहीं होता। कई बार खुद को बचाना ही सबसे बड़ी आजादी लगती है।

उस अभिशापित रात में उसे केवल एक ही बात का निश्चित रूप से पता था—उसे जल्दी से पहुँचना था। किस्मत की बाँसुरी अपनी आतंकित करनेवाली धुन में बार-बार यही कह रही थी कि उसके पास समय कम होता जा रहा था। उसने एक बड़ा घूँट निगला। जल्दी ही कोई फैसला करना होगा। उसने आसपास देखा। उसे हौसला पाने के लिए कोई सहारा नहीं दिखा। फिर भी, वह उठा और खुद को असहजता से संतुलित करते हुए गोल-गोल घूमती नाव से छलाँग लगा दी।

हालाँकि, समुद्र अब भी पगलाया हुआ था, पर उसे उसकी लहरों पर भरोसा था कि आखिर में—सहानुभूति या फिर समानुभूति जो भी कहें—उसे उसके पास ले जाएँगी—भले ही रास्ता कोई भी हो। पर ज्यों ही उसने उस बौराए समंदर के आगे हथियार डाले, उसकी बड़ी लहरें खिलखिलाईं और नाव को उसकी अपेक्षा से कहीं अधिक तीव्र गति से उससे दूर ले गईं। क्या वह इस जाल में फँस गया था? दोबारा बिजली कड़कने की आवाज सुनाई दी।

'प्रेम ही आजीवन समझदार बने रहने का कारण है और फिर भी, यही उन सभी क्षणों में दीवाना बनने का बहाना भी है, जिनसे यह जीवन बनता है।'

जितनी बार वे विशालकाय लहरें उसे निगलतीं, उसे पुनः सतह पर आने

और सामान्य रूप से साँस लेने के लिए प्रयत्न करना पड़ता। उसके भीतर बहुत सारा पानी जा चुका था और वह अपने अंगों एवं फेफड़ों पर पड़ते भार को महसूस कर सकता था।

'यही तो जीवन है, प्रिये! तुम, मैं और हमारे ये क्षण!'

जब भी तूफान उमड़ता, उसके भीतर लड़ने की ताकत और बढ़ जाती। क्षण-प्रतिक्षण उसकी ताकत और संकल्प बढ़ रहे थे; पर हर प्रयास, हर अगला प्रयास उसकी ताकत को हराने में लगा था। उसके कान जाम हो चुके थे और फेफड़ों में खासा पानी जा चुका था। वह बार-बार अनजाने में ही हाथ उठाकर प्रकृति के आगे अपील कर रहा था। पर उसके हर आग्रह को निर्ममता से ठुकराया जा रहा था। फिर एक और लहर आई—वह शायद सबसे विशाल थी और वह उसे इस तरह निगल गई कि वह टूटे हुए सपनों, खोए हुए वक्त और छोड़ी गई खुशियों का तहखाना बनकर रह गया। उसके आसपास का हर स्वर जैसे कहीं खो गया था। वह धीरे-धीरे वापस लौटा—उसे हलकी हलचल सुनाई दी और फिर वह स्थिर हो गई। उसके आगे सबकुछ दूधिया सफेद था। उसे एक और आवाज सुनाई दी।

"अब कैसा लग रहा है?"

उसने बिस्तर पर बेचैनी से हिलना चाहा, पर कुछ देख नहीं सका।

"चिंता मत करो। सब ठीक है।" उस आवाज की गरमाहट के पीछे भयंकर सत्य छिपा हुआ था।

पर उसके जबड़े दुख रहे थे। वह थोड़ा रुककर आगे बोला, "मेरी आँखें··· बंद।" वह वाक्य पूरा नहीं कर पाया।

"इन पर पट्टी नहीं है। धीरे-धीरे खोलने की कोशिश करो।"

उसने ऐसा ही किया। पहले सबकुछ धुँधला-सा दिखा और फिर सब दिखने लगा। उसने हिलना चाहा, पर पूरा शरीर दर्द से बेहाल था।

"डॉक्टर ने कहा है कि यह दर्द कुछ दिनों में ठीक हो जाएगा।"

उसने उस आदमी को देखा। 'वह मेरी इतनी देखभाल क्यों कर रहा है?'

"पता है, मैं अब कितना खुश हूँ और चैन की साँस आई है।" उस आदमी ने उसकी आँखें मलीं, "मुझे तो लगा था कि तुम…"

"तुम कौन हो ?" उसने उसकी बात काट दी।

और उसका छब्बीस बरस पुराना दोस्त उसे गहरी हैरानी से ताकने लगा।

पल्लवी

दवा धीरे-धीरे अपना असर दिखा रही थी। जब वह लड़खड़ाते हुए पब से बाहर निकला तो वे भी उसके पीछे-पीछे हो लीं।

वे तीनों फाइव स्टार होटल की लॉबी तक उसके पीछे गईं, फिर बिल्कुल अनजान बनकर उसके साथ लिफ्ट में सवार हुईं। वह तीसरी मंजिल पर उतर गया और वे चौथी मंजिल पर बाहर आईं। जब तक वह आलीशान गलियारे को पार कर अपने कमरे तक पहुँचा, वह टीम सीढ़ियों से होते हुए नीचे उसके पास आ चुकी थी। जब वे उसके पास आईं तो उन्होंने उस आदमी को दरवाजे की कुंडी से उलझते हुए देखा। उनमें से एक ने आकर उसे दरवाजा खोलने में मदद की। ज्यों ही दरवाजा खुला, वह युवक मांस के लोथड़े की तरह धड़ाम से जमीन पर गिर गया। तब तक बाकी दो लड़कियों ने भी अंदर आकर दरवाजा बंद कर लिया।

उनमें से एक लड़की ने युवक की जींस की जेब से बिस्कुट के आकार का की-रिंग निकाला और उसे निर्धारित जगह पर लगा दिया। सारा कमरा तत्काल जगमगा उठा।

"लाइट का काम हो गया।" पहली लड़की बोली।

"कैमरा?" दूसरी लड़की ने कहा।

कुछ ही देर बाद तीसरी लड़की बोली, "ऐक्शन!" वह अपने नए सोनी एरिक्सन मोबाइल के साथ तैयार थी।

उसकी दोस्त युवक को उठाकर घसीटते हुए कमरे के बीच ले गईं।

हालाँकि, वह युवक सुध में था, पर समझ नहीं पा रहा था कि उसे क्या हो रहा था, या उसके साथ क्या हो रहा था!

"क्या हुआ?" वह किसी तरह बुदबुदाया।

"तुम्हारा छोटा सा एक्सीडेंट हुआ है; पर चिंता मत करो, हम तीनों नर्सें तुम्हारा ध्यान रखेंगी।" वह युवक दवा के नशे में था, इसलिए उसे लगा कि यह सब सच ही कहा जा रहा है। उसने आँखें बंद कीं और जल्दी अच्छी होने के लिए प्रार्थना की। इसके बाद लड़कियों ने बड़ी ही फुरती से उसे निर्वस्त्र किया और उसका वीडियो क्लिप बना दिया गया।

पल्लवी ने शर्त जीत ली थी। दोनों लड़कियों ने मन मारकर उसे शर्त की रकम दी और वे तीनों दबी हँसी के साथ कमरे से बाहर आ गईं।

"यार, तूने तो इतनी आसानी से इसका वीडियो बनाने की शर्त पूरी कर दी। आखिर तू जीत ही गई।"

पल्लवी ने अपनी जेब में पैसे रखते हुए कहा, "पल्लवी को केवल एक ही शर्त पर हराया जा सकता है, जब वह तुम्हें ऐसा करने की इजाजत दे।"

□

सुबह के 4 बज रहे थे, जब पल्लवी ने दिल्ली के वसंत विहार स्थित एक कमरेवाले किराए के घर का ताला खोला। ऑरेंज ट्विस्ट की एक बोतल, दो टकीला शॉट्स और थोड़ी मार्टिनी पीने के बाद उसकी चाल ठीक उसकी जिंदगी जैसी ही लग रही थी—थोड़ी सी भटकी और बहकी हुई। मेन दरवाजा क्लोजर लगा होने के कारण खुद ही आराम से बंद हो गया और पल्लवी कमरे में लड़खड़ाकर वहीं फर्श पर ढेर हो गई। भारी आँखों और शराब के नशे में चूर देह के साथ वह किसी तरह रेंगकर पलंग तक पहुँची। पलंग पर लेटने के बाद उसने बेपरवाही से अपने हाथ फैलाए और इस तरह लेट गई, जैसे सलीब पर चढ़े ईसा को दिखाया जाता है। उसकी कमर रिमोट कंट्रोल पर टिकी थी, इसलिए टी.वी. भी चालू हो गया।

किसी बड़े मनोरंजन चैनल पर एक डेली सोप का दोबारा प्रसारण हो

रहा था। एक आदमी अपनी पत्नी को छोड़कर जा रहा था, जो किसी पगलाई आत्मा की तरह उसे पकड़े हुए थी। बीच-बीच में रोने की भारी-भरकम आवाज के साथ एक छोटे बच्चे को भी अलग-अलग कोणों से फिल्माया गया था। और टी.वी. वूफर्स से जुड़ा था, इसलिए सारा कमरा बच्चे के रोने की आवाज से गूँज रहा था।

हालाँकि, पल्लवी नींद के नशे में चूर थी, पर बच्चे के रोने की आवाज उसे अपने अवचेतन की यादों में खींच ले गई। कभी समय था, जब वह खुद एक छोटी बच्ची थी…वह भी इसी तरह रोती होगी…पर उसके माता-पिता ने उसकी देख-रेख क्यों नहीं की? बस, उसने हमेशा यही तो चाहा कि वे लोग उसके बिना कुछ बोले ही उसके मन की बात जान लें…पर क्या वह बहुत ज्यादा चाह रही थी? उसे दूसरी लड़की की तुलना में अपना पहला प्यार क्यों नहीं मिला? वह अपनी जिंदगी में जितने भी पुरुषों से मिली, उनमें से एक भी ऐसा क्यों नहीं था, जो उसकी मासूमियत को उसी तरह बाहर ला पाता, जैसे वह करता था।

वह टी.वी. से आनेवाली बच्चे की रोने की आवाज सुन सकती थी; पर उसके लिए यह भेद कर पाना लगभग असंभव था—क्या वह दो साल की बच्ची के रूप में दूध पीने के लिए रो रही थी या वह वर्तमान में सत्ताईस बरस की सेक्सी कुँआरी लड़की थी?

□

रात बहुत ही दु:खदायी थी, पर इसके साथ बहनेवाली हवा तो और भी बदतर थी। वे दोनों ही झोंपड़ी पर एक साथ हमला कर रहे थे, जिसे झोंपड़ी के मालिक और उसकी बीवी ने पास वाले निर्माण-स्थल से चुराई गई ईंटों की मदद से बनाया था।

बाँस का एक घेरा झोंपड़ी को अलग करता था। एक ओर वाद्य यंत्र की मरम्मत की दुकान थी और दूसरी ओर झोंपड़ी में छह लोग खाली पेट अपने सपनों के बीच थे—इनमें से दो वयस्क और चार बच्चे थे।

दुकानवाली साइड में मनोहर नेहरा एक बिगड़े हुए हारमोनियम के

पेंच कस रहा था और उसकी बीवी शारदा लिफाफों के आखिरी बंडल को तैयार कर रही थी, जिन्हें कल सुबह मोहल्ले की दुकानों में देना तय था। वह लिफाफे बनाने के साथ-साथ अपने बच्चों के माथे पर हाथ भी फिरा रही थी, ताकि उन्हें बाहर से आ रही तूफानी हवा से बचा सके और साथ-साथ अपना काम भी कर रही थी। उसे लगता था, जैसे खराब किस्मत ने बच्चों के माथे पर अपनी अदृश्य छाप छोड़ दी थी।

"क्या कहती हो ?" मनोहर अपनी बीवी के मन की बात जानना चाहता था। हालाँकि, शारदा ने एक-एक शब्द सुना, पर उसने कुछ न कहना ही बेहतर समझा। उसने अपने बच्चों की ओर देखा। पहले तीन लड़के थे और चौथी एक साल की लड़की थी। उसकी आँखें बच्ची की ओर ही थीं। सारी शाम खाने के लिए रोते-रोते बच्ची अपने आप ही सो गई थी। शारदा ने अपने पति के मुँह से ये शब्द सुने तो उसका अपराध-बोध आँसुओं में बहने को तैयार था। मैंने पूछा, "तुम क्या कहती हो ?"

"जैसी आपकी मरजी !" वह जानती थी कि उसकी राय कभी अहमियत नहीं रखती। और कई बार तो यही विकल्प बचता है कि बस, किस्मत को अपना खेल खेलने दिया जाए। दर्द का कोई मोल नहीं, भावनाओं का कोई मोल नहीं। इससे भी कोई फर्क नहीं पड़ता कि कोई सचमुच क्या पाने का हकदार है···या उसे लगता है कि वह हकदार है।

जगत नामक बिचौलिए की ओर से उनकी बेटी को किसी को देने के बदले में एक लाख रुपए नकद की पेशकश आई थी। उसका कई अनाथालयों से संपर्क था और वह लगातार ऐसे लोगों के बीच संबंध बनाए रखता—एक ओर जरूरतमंद औलादवाले लोग और दूसरी ओर पैसेवाले बेऔलाद लोग, जो अपने लिए औलाद चाहते थे। इसमें से लगभग 50 प्रतिशत कमीशन उसका रहता था।

जगत ने विमानी परिवार को कई अनाथालयों से निकलते देखा और उनके चेहरों पर मुसकान नहीं होती थी। आखिर में, सनराइज अनाथालय के बाहर जगत ने उन्हें अपनी सेवाएँ प्रस्तुत कीं।

"बच्चे की सेहत और पृष्ठभूमि की जिम्मेदारी मेरी है।"

विमानी दंपती ने एक-दूसरे को देखा। "कम-से-कम आप एक बार देख तो लें।" जगत ने इसरार किया और वे एक दिन बाद बच्ची को देखने गए।

शारदा जगत के भाई की दुकान पर भी लिफाफे देने का काम करती थी और जब उसने शारदा को अपनी बेटी सरिता के साथ अपने भाई की दुकान से निकलते देखा तो वह जानता था कि उसका भाई भी इस काम में मदद करेगा। जगत को विमानी दंपती को दो लाख रुपए देने के लिए मनाने में देर नहीं लगी। अब उसे मनोहर और शारदा को इस पेशकश को मानने के लिए राजी करना था।

"जरो सोचो, एक लाख रुपए!" जगत ने पूरी जुगत लगाई, "इस तरह न केवल लड़कों की पढ़ाई हो जाएगी, बल्कि तुम चाहो तो कोई छोटा-मोटा काम-धंधा भी चालू कर सकते हो। वैसे भी, अगर एक बार हामी भर दोगे तो तुम्हारी बेटी राजकुमारियों की तरह पलेगी। क्या तुम उसके लिए इतना कर सकोगे?"

जब प्रकाश और शोभा विमानी ने सरिता को देखा—वह मुसकराते हुए हर चीज को अपने हाथों से छूकर देखने की कोशिश कर रही थी—एक औलाद पाने की आस और भी बढ़ गई। जब प्रकाश के डॉक्टर ने सरिता को मेडिकली तौर पर फिट घोषित कर दिया तो वे जगत को पैसे देकर बच्ची को अपने घर ले आए।

एक ही सप्ताह में विमानी परिवार में बड़ी सी पार्टी का आयोजन किया गया और बच्ची के लिए एक नया नाम चुना गया—पल्लवी विमानी!

□

जब सरिता पल्लवी बनी, उसके बाद से उसके जीवन की गाड़ी पटरी पर दौड़ने लगी। हालाँकि, उसे स्वयं गति का अनुमान नहीं था, पर यह भगवान् की ओर से बच्चों के लिए विशेष उपहार होता है—उनकी मासूमियत ही सबसे बड़ा आनंद है।

जब पल्लवी को प्रकाश और शोभा माँ–डैड के रूप में मिले तो उसे उनका प्यार और भावनात्मक देखरेख मिली, जो उसे उसके माता–पिता भी दे रहे थे। पर इसके अलावा, उसे हर मॉल से बेहतरीन ब्रांडेड कपड़े मिलने लगे। वह जिन खिलौनों और गुड़ियाँ की ओर अपनी छोटी सी उँगली से संकेत कर देती, वे तुरंत उसके लिए हाजिर हो जाते। जिस केक, चॉकलेट या पेस्ट्री को पाँच सेकंड से ज्यादा देख लेती, वह उसके लिए हाजिर होते। जिस आया की गोद में वह एक बार भी रोई, वह दोबारा घर में नहीं देखी गई। हर तीसरे महीने के आखिरी सप्ताह में वे लोग अवकाश मनाने जाते और जब तक पल्लवी ग्यारह बरस की हुई, वह अकेली ही कश्मीर से कन्याकुमारी और कच्छ से कोलकाता तक के टूरिस्ट गाइडों से गंभीर पेशेवर प्रतियोगिता करने लायक हो चुकी थी।

जब से प्रकाश ने उसे दिल्ली के बेहतरीन स्कूलों में से एक में दाखिल करवाया, तभी से पल्लवी की बुद्धिमत्ता सामने आने लगी। वह किसी एक जगह बैठकर पढ़ती नहीं थी; पर जब नतीजों का समय आता तो वह हमेशा पहला स्थान पाती। उसकी कलात्मक और खेल संबंधी प्रतिभा भी ऐसी ही थी। वह उनके लिए समर्पित नहीं थी, पर जब भी कोई प्रतियोगिता होती तो वही जीतती। इसलिए, कभी किसी ने उसे तैयारी के महत्त्व के बारे में बताने का सोचा ही नहीं।

और ठीक तब, जब उसकी उम्र ने उसे अहसास दिलाया कि वह जीवन का सारा अनुभव ले चुकी थी, उसे कोई नहीं हरा सकता था और बाकी बचा हुआ जीवन केवल उसे ऊबा ही सकता है, तो अचानक कुछ नया और ताजा–तरीन घटा। पल्लवी ने पहली बार प्यार का स्वाद चखा।

उसकी सबसे पक्की दोस्त के जन्मदिन की दावत थी। पल्लवी ने पास–द–पजल, अंताक्षरी, डंब शिराज जैसे कई खेलों का आनंद लिया। दो व्यक्ति जोकर के रोल में लगातार सबके चेहरे पर मुसकान बनाए रखने में कामयाब रहे। आखिर में, मोमबत्तियाँ बुझाने के बाद केक कटा और चारों ओर से तालियों की गड़गड़ाहट के बीच 'हैप्पी बर्थ डे' का स्वर सुनाई दिया।

पल्लवी ने पहले शाकाहारी व्यंजनों का आनंद लिया और फिर कुछ मांसाहारी व्यंजन चखने के लिए बफे की ओर बढ़ी। जब वह अपनी पूरी प्लेट लबालब भरकर लौटी तो पाया कि उसकी कुरसी पर कोई और बैठा हुआ था। पल्लवी ने चारों ओर नजर मारी, हॉल में कोई और कुरसी खाली नहीं थी।

"इस जगह मैं बैठी थी।" उसने उस लड़के को देखकर कहा। वह किसी भी जवाबी हमले के लिए तैयार थी। 'मैंने इसके जैसे कई छोकरे स्कूल में ठीक किए हैं।' उसने सोचा।

वह लड़का कुछ देर तो खोया-सा रहा, फिर आराम से बोला, "सॉरी, मुझे पता नहीं था कि तुम इस जगह बैठी थीं।" वह उठकर दूसरी ओर चला गया। 'कोई बहस नहीं की। चलो, इसमें ही उसकी भलाई थी!' हालाँकि, पल्लवी अपनी सीट पर आ गई, पर उसकी आँखें इस तरह उसी लड़के पर टिकी थीं, मानो कोई फिल्म चल रही हो। वह दिखने में सुंदर था और उसकी उम्र की लड़कियों के लिए किसी लड़के में यही खूबी सबसे कमाल होती है। उसने उसे कुरसी खोजने के लिए कमरे के हर कोने में जाते हुए देखा, पर उसे सफलता नहीं मिली। लड़के को इस तरह बेचारगी में भटकते देख पल्लवी का मन पिघल गया। वह उसके पास जाकर बोली, "तुम उस कुरसी पर बैठ सकते हो।"

"पर वहाँ तो तुम बैठी थीं!"

"मुझे अब और नहीं बैठना।" पल्लवी दूसरे कमरे में चली गई और सारे डिनर के दौरान परदे के पीछे से उस लड़के को देखती रही। और उस रात, जब अपने प्यारे नोनू टेडी को गले से लगाए उस लड़के की यादों में खोई थी तो उसे रोमानी फिल्म का एक सीन याद आने लगा। बस, इस बार हीरो-हीरोइन की भूमिका में वे दोनों थे।

□

"कौन है वह ?" पल्लवी ने श्वेता से पूछा। वे लोग श्वेता के जन्मदिन के फोटो देख रहे थे।

"वह हरी कमीजवाला ?"

"नहीं!" पल्लवी ने अपनी उँगली से संकेत किया, "ये···ये काले कपड़ों में।"

"ओह! ये तो डीनो है।"

"पहले कभी आसपास देखा नहीं।"

"हम्म! दो महीने पहले ही हमारे पड़ोस में आए हैं। हमारे माँ-डैड एक-दूसरे को जानते हैं।" श्वेता ने माथा सिकोड़कर पल्लवी को देखा। "ठहर, तुझे पछतावा हो रहा है कि इस लड़के को पहले नहीं देखा ?"

"नहीं।" पल्लवी बोली और लजा गई।

जब भी वह अपनी क्लास की लड़कियों को लड़कों से क्लास के दौरान या इंटरवल में बातें करते देखती तो सोचती कि अगर डीनो भी उसके ही स्कूल में होता तो कितना मजा आ जाता। उसने तो अपना स्कूल बदलने का मन भी बना लिया था, पर माँ-डैड के आगे उसकी एक न चली और उसे बेमन से उसी स्कूल में पढ़ना पड़ा।

हालाँकि, इससे उसकी ओर से अकेले में किए जानेवाले इकरार और भीतर-ही-भीतर आनेवाले बदलावों में कोई फर्क नहीं पड़ा। और तीन महीने बाद, भगवान् ने उसके भीतर उबाल खा रही हजारों तमन्नाओं की कद्र करते हुए, पहले प्यार में गोते खाती पल्लवी की मुराद पूरी की।

श्वेता और डीनो, अपने घरवालों की मरजी से, श्वेता के घर में गणित की ट्यूशन लेने लगे। ज्यों ही पल्लवी को यह बात पता चली तो उसने झट से अपने मैथ्स ट्यूटर का पत्ता काटा और दो ही दिन बाद श्वेता के घर ट्यूशन लेने पहुँच गई। उसे प्यार का जमा और गुणा जो सीखना था।

दो घंटों की ट्यूशन काफी नीरस थी, क्योंकि पल्लवी श्वेता और डीनो की तुलना में सारी थ्योरम्स और फॉर्मूले कहीं जल्दी समझ लेती। पर इससे भी उसका ही फायदा हुआ। उसे डीनो को ताकने का ज्यादा मौका मिलता। वह अकसर एक घंटा पहले पहुँचती, ताकि डीनो से बात करने का मौका

बन जाए; पर वह समय का कुछ ज्यादा ही पाबंद था और ट्यूशन शुरू होने से एकाध मिनट पहले ही आता।

ट्यूशन के बाद तीनों के बीच बातचीत होती और ज्यों ही श्वेता क्यूपिड की भूमिका निभाने के लिए उस जगह से हटती, ताकि वे दोनों आपस में बात कर सकें, तो वह कोई-न-कोई बहाना बनाकर खिसक जाता। और स्कूल में पल्लवी के पास श्वेता के लिए एक जैसे सवाल होते—

"क्या उसने मेरे बारे में पूछा?"

"क्या तुमने उसे मेरे बारे में कुछ बताया?"

"क्या तुम्हें लगता है कि वह कल मुझे कुछ अलग नजर से देख रहा था?"

"क्या तुझे लगता है कि उसे मुझमें रुचि हो सकती है?"

"क्या उसे मेरी ड्रेस अच्छी लगी?"

और उसे सभी सवालों का एक ही उत्तर मिलता था—नहीं।

पाँच महीने बीत गए और पल्लवी की भावनाओं को कोई सहारा नहीं मिला। वह डीनो की ट्यूशन वाली दोस्त ही रही। जैसे श्वेता थी, वह हमेशा यही बिसूरती रहती। जाने क्या था, वह अपनी ओर से आगे बढ़कर पहल नहीं कर पा रही थी। लोग ऐसा करते हैं, उसने फिल्मों में भी देखा था। और जहाँ तक उसके माँ-पिता की फीडबैक थी, वह एक राजकुमारी थी और वह अपना हाथ उस राजकुमार को ही दे सकती थी, जो उसके लिए घुटनों के बल बैठने को तैयार हो। पर वह कोई जवाब क्यों नहीं दे रहा था? उसके आँसू उसके दिल से पूछते, पर दिल के पास एक ही उत्तर था—धीरज रख!

जिस दिन पल्लवी के मन पर छाया कुहासा दूर होने का दिन था, वह बहुत ही अजीब तरीके से शुरू हुआ। उसके पेट के निचले हिस्से में तेज दर्द होने लगा। हालाँकि, वह स्कूल भी गई, पर उसे मजबूरन इंटरवल में घर वापस आना पड़ा। दिन में दर्द बढ़ता गया और उस शाम गणित की ट्यूशन भी छोड़नी पड़ी। शाम को श्वेता का फोन आया।

"क्या डॉक्टर के पास गई थी?"

"हाँ, कुछ बड़ी बेहूदा-सी दवाएँ दी हैं। छिह! चल, तू बता, आज कुछ हुआ क्या?"

श्वेता की ओर से खामोशी सुनाई दी।

"हैलो!"

"हम्म।"

"आज कुछ हुआ क्या?"

"नहीं, बस, सर ने पिछले दिन के…"

"तुझे पता है, मैं यह बात नहीं पूछ रही।"

फिर से खामोशी सुनाई दी।

"तुझे हुआ क्या है? मुझे इतना दर्द हो रहा है और तू अजीब तरह से पेश आ रही है?"

"डीनो ने तेरे बारे में बात की।"

"सच्ची?" पल्लवी तेजी से पलंग पर उठ बैठी। "क्या कहा उसने?"

"उसने कहा कि तुम उसकी गर्लफ्रेंड जैसी दिखती हो।"

पल्लवी को यह बात पचाने में पूरे सात घंटे लगे कि डीनो बाकायदा किसी लड़की के प्रेम में था। और जब उसे समझ आया तो आँसुओं का समंदर उमड़ आया। ऐसा लगा कि उसके भावों का सागर किस्मत की ओर से छोड़े गए अधूरेपन को भरने के लिए बेचैन था। जिस तरह धरती के जल-स्रोत संतुलन बनाए रखने को उमड़ आते हैं। बस, इस बार उद्देश्य पूरा नहीं हुआ था।

'ऐसा कैसे हो सकता है! उसके जीवन में एक लड़की है और वह उसे दिलोजान से चाहता भी है? मुझे पूरा यकीन है कि मुझे पहले उससे प्यार हुआ था, इसलिए वह सिर्फ मेरा है!'

रात को हलका-फुलका खाने के बाद पेट का दर्द और तेज हो गया। जब वह जोर-जोर से रो रही थी तो तय करना मुश्किल था कि वे कौन सी पीड़ा के आँसू थे। उसी रात उसने जाना कि उसके पीरियड्स चालू हो गए

थे। बाकी तो कुछ समझ नहीं आया, बस, उसने एक ही नतीजा निकाला, 'किसी को प्यार करना वाकई खतरनाक हो सकता है, क्योंकि यह भीतर से कलेजा चीरकर रख देता है।'

□

हासिल

'धक-धक-धक दिल धड़क रहा था। मेरे दिल की यह धक-धक तुम्हारी वजह से ही तो है। और जब भी तुम्हारा दिल धड़कता है तो उसके साथ ही एक धक इधर सुनाई देती है। प्यार का बंधन ही ऐसा होता है!'

जब से अस्पताल में उसकी सुध लौटी थी, तभी से वह अपने अवचेतन में इन शब्दों के गूँज सुन रहा था। वह बोलता कम, परंतु सोचता बहुत था। और जब वह एक महीने बाद अस्पताल से घर लौटा तो बहुत सारी बातों के लिए उसकी उलझन पहले से ज्यादा हो चुकी थी।

बाग, मुख्य दरवाजा, नौकर, बड़ा कमरा, उसके कमरे की ओर जानेवाली सीढ़ियाँ, पलंग, बाथटब वगैरह—घर की उन चीजों को देखकर पुरानी यादें तो आसपास मँडरा रही थीं, पर मुसीबत यह थी कि उसे कुछ भी याद नहीं आ रहा था। उस जगह उसे एक स्त्रैण ऊर्जा भी अनुभव हो रही थी। वह स्त्रैण थी, क्योंकि उसने उसके मन में जीवन के लिए आशा प्रवाहित की कि अपने सारे दोषों के बावजूद वह जीने योग्य थी। और केवल वही उसे यह अहसास दिला सकती थी।

रविवार से सोमवार—बिस्तर पर पड़े रहने के अलावा हासिल के पास करने के लिए कुछ खास नहीं था। उसे अपने एक्सीडेंट का कुछ हिस्सा याद था और उसके अलावा बाकी सारी यादें धुँधला चुकी थीं।

"डॉक्टरों ने कहा है कि तुम्हें सबकुछ याद आने में थोड़ा समय लग सकता है।" नितिन ने बताया।

और जब भी कभी उसकी फुल टाइम नर्स जेनिफर उसे इंजेक्शन देती तो उबलते रक्त की नदी के साथ एक अलग ही दुनिया उसके सामने आ जाती।

'एक ऐसी युवती, जिसका चेहरा नहीं दिखता था···एक ऐसा युवक, जिसका चेहरा नहीं दिखता था···वे हाथों में हाथ डाले समंदर के किनारे घूमते दिखाई देते, कभी-कभी एक-दूसरे को चूमते या फिर बाँहों में भर लेते···सफेद रेशमी चादर में लिपटे उनके शरीर···एक बड़े से घर की छत पर सूर्योदय देखते हुए···फूल, चॉकलेट···कैमरे का क्लिक और हास्य-लहरी···कैंडल लाइट डिनर···किसी रोमानी वादे के बाद आपस में हाथों का गुँथना···आवेग से भरा सहवास···एक विवाह समारोह···आशीर्वाद और शुभकामनाएँ···फिर एक लंबी सी सड़क पर ड्राइव···और फिर कुछ नहीं।'

हासिल एक करवट से लेटा खिड़की के बाहर देख रहा था, जो आकाश में दिखते काले मेघों के लिए एक फ्रेम का काम कर रही थी।

हासिल लगभग एक घंटे तक खिड़की को ताकने के बाद उठ बैठा। ज्यों ही वह खड़ा हुआ तो बादल गरजने लगे। किसी भी क्षण बारिश हो सकती थी।

हासिल किसी तरह लँगड़ाते हुए खिड़की के पास पहुँचा। बाहर कोई नहीं दिख रहा था। एकाध ऑटोरिक्शा निकला और फिर जैसा कि लग रहा था, बरसात होने लगी। उसने भीगी मिट्टी की गंध सूँघते हुए आँखें मूँद लीं। जब उसने उन्हें खोला तो उसे एक लड़के व लड़की की आकृति दिखी, जो सड़क पर आमने-सामने खड़े बरसात में भीग रहे थे। एक भीनी-सी मुसकान ने उसके गालों को छुआ। वे अपने में इतना खोए थे कि अपने पास आती कार को भी नहीं देख सके। अगले ही क्षण उसने जो देखा, उसके पेट में खलबली मच गई। वह उन्हें चीख-चिल्लाकर सचेत करना चाहता था, पर मारे भय के उसके मुँह से कोई आवाज नहीं निकली। और इससे पहले कि वह कुछ कर पाता, कार ने उस जोड़े को कुचल दिया। शिट, फिर उसने अगले ही पल देखा कि वे दोनों ठीक वैसे ही खड़े थे, जैसे पहले खड़े थे।

कार उन्हें कुचलकर जा चुकी थी, पर उनका कुछ नहीं बिगड़ा। हासिल ने कसकर आँखें बंद कीं और खोलीं। उस जगह कार और जोड़ा—दोनों ही नहीं थे। 'यह सब हो क्या रहा है?' उसने आँखें मलीं और भीगी हुई सड़क को देखा। इस बार लड़की ने अपनी बाजुओं को लड़के की गरदन में डाल रखा था और पंजों के बल उचकते हुए उसके होंठों तक पहुँचना चाह रही थी।

'भगवान् इनका भला करे!' हासिल मुसकराया। पर अगले ही क्षण वे फिर से ओझल हो गए। वह धीरे से पलंग पर आकर बैठ गया।

खुली खिड़की से आती तेज हवा के झोंके ने अचानक पास वाली अलमारी का दरवाजा खोल दिया। वह एक क्षण के लिए उसे देखता रहा। हालाँकि, यह घर उसका ही था, पर हासिल को पता नहीं था कि उस अलमारी में क्या था। अगले ही पल उसने अलमारी पूरी खोल दी।

उसमें कई पैंट, शर्ट व सूट के साथ सुंदर साड़ियाँ, चिकनकारी के सलवार-कमीज और कुछ क्लासी गाउंस रखे थे। वह नर्स को बुलाने ही वाला था कि कपड़ों के बीच रखी एक चीज पर नजर गई। उसने हाथों में उठा लिया। वह सुनहरे रंग का खूबसूरती से डिजाइन किया हुआ फ्रेम था, जिसमें एक जोड़े की तसवीर लगी थी। हासिल उसे हाथ में लेकर शीशे की ओर बढ़ा। उसने तसवीर में मुसकराते युवक और शीशे में दिख रहे चेहरे को देखा। उसने खुद को पहचान लिया। 'पर यह युवती कौन है? ...क्या यह मेरी पत्नी है?'

"जेनिफर!" उसने नर्स को पुकारा। तेजी से बढ़ते कदमों की आहट सुनी और नर्स उसके सामने थी।

"आप यहाँ क्यों खड़े हैं? आपको पलंग पर होना चाहिए।" वह हाँफ रही थी।

"क्या नितिन का नंबर मिलाकर दे सकती हो?"

"जरूर! पर पहले आप बैठ जाइए।" उसने हासिल को पलंग पर बैठने में मदद की। वह लगातार फोटो को देख रहा था। नर्स ने पास ही रखे ड्रेसिंग से कॉर्डलेस फोन उठाकर नितिन का नंबर मिला दिया।

"नितिन सर लाइन पर हैं।" उसने फोन हासिल को दे दिया।

"हैलो!"

"हासिल! क्या कोई परेशानी है?"

"मुझे मेरी अलमारी में से एक फोटो फ्रेम मिला। इसमें मेरे साथ एक लड़की है। वह कौन है?"

"तुमने अलमारी कैसे खोली? नर्स कहाँ थी?"

"नितिन, वह कौन है?"

"वह…" उसने मन-ही-मन सोचा, मैं इस बारे में झूठ नहीं कह सकता। मुझमें इतनी हिम्मत नहीं है। फिर बोला, "वह तुम्हारी पत्नी है।"

"मेरी पत्नी? इसका क्या नाम है?"

"पालकी।"

"पालकी।" फिर एक चुप्पी छा गई। "वह कहाँ है? क्या उसे मेरे एक्सीडेंट के बारे में नहीं पता?"

"वह इस समय स्टेट्स में है।"

"मतलब, यूनाइटेड स्टेट्स ऑफ अमेरिका?"

"हम्म।"

"वह वहाँ क्या कर रही है?"

"वह विस्कोन्सिन यूनिवर्सिटी में पढ़ रही है।"

"क्या उसे मेरे एक्सीडेंट के बारे में पता है?"

"नहीं।"

"नहीं? क्या उसने पूछा तक नहीं कि मैं इतने दिन से कहाँ था? क्या उसे मेरी परवाह नहीं है?"

"नहीं, ऐसी बात नहीं है। मैं कह रहा था कि उसे एक्सीडेंट का तो पता है, पर उसे यह भी पता है कि तुम्हें पूरा बेड रेस्ट करने को कहा गया है। यही वजह है।"

"यही वजह, क्या?"

"यही वजह है—अब कुछ सोचने का वक्त नहीं था। वह अगले सप्ताह

भारत आने को बेचैन है।" 'कैसे, यह मुझे नहीं पता?' नितिन ने सोचा और आगे बोला, "पर पता नहीं कि उसे हवाई यात्रा की टिकट मिल सकेगी या नहीं।"

"मुझे उससे अभी बात करनी है।"

"अभी?" नितिन ने थूक गटका।

"हाँ, अभी। कोई दिक्कत है क्या?"

"सुन यार, मैं तेरे पास घर आकर सारी बात करता हूँ, सारे हालात समझाता हूँ।"

"कैसे हालात?"

"इसके लिए मुझे तेरे पास आना पड़ेगा।"

"पालकी ठीक तो है न?" हासिल के स्वर में चिंता की झलक थी।

"हाँ।" उसने धीरे से कहा। 'मुझे ऐसे झूठ से नफरत है।' "हाँ, सब ठीक है।" इस बार नितिन ने और दृढ़ता से कहा।

"ठीक। तो तू कब आ रहा है?"

"जल्दी-से-जल्दी।" 'हे भगवान्! मुझे इसके पास पहुँचने से पहले ही मार देना।'

"मैं इंतजार करूँगा।" हासिल ने कॉल खत्म कर फोन जेनिफर को थमा दिया।

वह फोटो फ्रेम हाथ में लिये पलंग पर लेट गया। ज्यों ही जेनिफर कमरे से बाहर गई तो हासिल ने फ्रेम खोलकर फोटो बाहर निकाल ली। उसने एक-एक कर पालकी के नाक-नक्श; आँखें, भौंहें, नाक, होंठ व मुसकान को देखा और आखिर में नतीजा निकाला—'मैं कितना किस्मतवाला हूँ!'

उसने मुसकराते हुए फोटो पर कुछ लिखने के लिहाज से उसे पलटा तो लिखा था…

'हमारी कहानी वहाँ से शुरू नहीं हुई थी, जब हम एक-दूसरे के जीवन में आए थे। यह तब शुरू हुई, जब जिंदगी हमारे साथ घटी। हम न केवल एक-दूसरे के लिए बने हैं, बल्कि एक-दूसरे के लिए सोचे भी गए थे।'

□

"गुड आफ्टरनून, सर।" घर के पुराने नौकर रघु चाचा के बजाय जेनिफर ने दरवाजा खोला।

नितिन ने जवाब देते ही पूछा, "कैसा है वह?"

"ठीक हैं। अभी लंच किया है।"

नितिन ने आगे बात करने की परवाह नहीं की और एक बार में दो-दो सीढ़ियों को पार करते हुए जल्दी से अपने दोस्त के कमरे में पहुँच गया।

"दोस्त, क्या हाल-चाल?" नितिन ने पलंग के पास कुरसी खींची और उस पर आलथी-पालथी लगाकर बैठ गया।

हासिल ने उसे कुछ देर तक देखकर कहा, "बेहतर।"

"बस, कुछ ही महीनों की बात है और…"

"क्या तू बता सकता है कि मुझे हुआ क्या था?"

"मैंने पहले बताया तो था। तेरा बहुत बुरा एक्सीडेंट हुआ था।"

"हम्म, पर कहाँ?"

"बेंगलुरु के रास्ते में।"

"मैं उस जगह क्यों गया था?"

"किसी ऑफिस के काम से गए थे।" यह एक कोरा झूठ था।

हासिल कुछ देर चिंता में रहा और फिर सवाल किया, "क्या मैं अकेला था?"

'जब तक संभव हो सके, सच से दूर रहना।' नितिन को डॉक्टर के शब्द याद आ गए।

"हम्म।"

"और तुझे कैसे पता चला?"

"एक परिवार उस जगह रुका था। उन्होंने तेरा सेल उठाया; वह तब भी काम कर रहा था। उन्होंने आखिरी कॉलर का नंबर लगाया और वह मैं था। फिर वे तुझे पास वाले नर्सिंग होम में ले गए और फिर मैं तुझे उस जगह से लीलावती ले आया।"

सेकंड मिनटों में बदल गया और कोई कुछ नहीं बोला। और जब वे बोले तो एक साथ बोले, "क्या⋯तुम?"

नितिन ने उसे अपनी बात कहने का इशारा किया।

"तुम फोन पर किसी हालात की बात कर रहे थे। वह क्या है?"

नितिन ने गला खँखारकर कहा, "पालकी को तेरे एक्सीडेंट के बारे में पता है। पर उसे अभी तेरे सिर की चोट और तेरी हालत का पता नहीं है। तू समझा?"

कुछ सेकंड के बाद हासिल ने गरदन हिलाई।

"और अगर तुम्हारी बातचीत के दौरान उसे तुम्हारी हालत का पता चल गया तो? पता नहीं, वह कैसी प्रतिक्रिया देगी!"

"तुमने कहा कि वह अगले सप्ताह तक आ जाएगी।"

नितिन ने घबराकर अपने होंठ चाटे। "हो सकता है।" 'वह कभी नहीं आएगी।' "उसे टिकट भी तो मिले।"

"टिकट को क्या हुआ? क्या सारे अमेरिकी भारत ही आ रहे हैं?"

"नहीं, पर इन दिनों नियम कड़े हो गए हैं और⋯"

"खैर, हमारे बारे में थोड़ा बता। मेरे और पालकी के बारे में।"

"तू क्या जानना चाहता है?"

"पता है, जब से उसकी फोटो देखी है, वही दिलो-दिमाग पर छाई हुई है। वह मेरी पत्नी है और मुझे बहुत प्यार करती है।" हासिल ने तसल्ली के लिए नितिन को देखा तो उसने थम्सअप किया।

"और इधर मैं हूँ। उसके बारे में हर चीज का अनुमान लगाने की ही कोशिश कर रहा हूँ। क्या बकवास है? सच्ची, तुझे पक्का पता है कि मुझे एक-न-एक दिन सब याद आ जाएगा?"

'यह एक अस्थायी समय के लिए एम्नेशिया का मामला है। इस बारे में अभी से कुछ नहीं कहा जा सकता।' डॉक्टर ने कहा था। हालाँकि, नितिन ने हामी भरी, पर उसके जबड़े कसकर भिंचे हुए थे।

हासिल ने चैन की साँस ली। "तू ही मेरी मदद कर।"

"क्यों नहीं!"

"पता नहीं कि उसे टिकट मिलेगी या नहीं, पर मैं उससे पहले उससे बात करना चाहूँगा।" हासिल ने नितिन को देखा।

"पक्का।" नितिन ने दूसरी ओर देखते हुए कहा।

"मैं नहीं चाहता कि किसी तरह की शर्मिंदगी हो, इसलिए तू मुझे पहले से उन बातों को याद दिला दे, जो मुझे अब याद नहीं हैं। उम्मीद करता हूँ कि तू मेरी परेशानी···" हासिल ने वाक्य अधूरा छोड़ दिया।

नितिन ने कुछ देर सोचकर कहा, "मैं समझता हूँ।" उसने फोन निकालकर ऑफ किया और फिर अपने दोस्त को देखकर बोला, "ठीक है, तुझे तेरी जिंदगी के बारे में बताता हूँ।"

□

पल्लवी

नियंत्रण—पल्लवी की किशोरावस्था ने अपनी दोस्तों के मेल-मिलाप और ब्रेकअप से जो जरूरी नतीजा निकाला था, वह यही था और उसके हिसाब से हर स्त्री को नियंत्रण आना चाहिए। अगर वह किसी भी चीज पर नियंत्रण खो देती है तो उसकी अपनी भी कोई अहमियत नहीं रह जाती।

सोलह साल की बाली उम्र में ही पल्लवी ने अपने बारे में बहुत सी बेहतर बातें जान ली थीं। जब उसने पहली बार स्त्रियों वाले अंतर्वस्त्र पहने तो उसे इस बात के लिए गर्व का अनुभव हुआ। माँ ने कहा कि वे किसी भी पक्की सहेली की तुलना में उसके पक्के दोस्त साबित होंगे।

पल्लवी अकसर सेक्स पत्रिकाओं में दी गई मॉडलों की तसवीरों को देखकर अपनी भी वैसी ही मुद्राएँ बनाती और अपने आप को देख-देखकर मुग्ध होती। उसने जल्दी ही यौन कल्पनाएँ करना सीख लिया। कभी वह अपने साथ डीनो को पाती तो कभी लियोनार्डो डि कैप्रिओ होता। उसे अपने आप पर गुस्सा आने लगता कि उसे अपने बारे में ऐसी बेहतरीन बातें और अपना हुनर पता लगने में पूरे सोलह साल का समय लगा। हालाँकि, अब वह पूरे यकीन से कह सकती थी कि वह एक लड़की से जल्दी ही युवती बनने वाली थी।

□

पल्लवी सर्च इंजन पर 'सेक्स' शब्द लिखकर वहाँ खुलनेवाली

वेबसाइट्स से फोटो व वीडियो देखकर अपनी जानकारी को बढ़ाती और धीरे-धीरे इसी विषय में उसकी मास्टरी हो गई।

स्कूल में उसकी नई बायोलॉजी टीचर को मनुष्य प्रजनन अंगों पर दिए गए अध्याय को पढ़ाने में थोड़ी परेशानी हो रही थी। उसने चार्ट दिखाकर कहा, "यह नर प्रजनन अंग है।" फिर उसने दूसरे चार्ट की ओर संकेत किया, "यह मादा प्रजनन अंग है। यह…"

तभी कक्षा में किसी छोकरे ने जानकर एक सवाल पूछा। मैडम के कुछ कहने से पहले ही पल्लवी ने हाथ खड़ा किया और अपनी ताजा मिली जानकारी एवं ज्ञान से सारी कक्षा की बोलती बंद कर दी।

सभी छात्र उसे खुशी से ताक रहे थे और टीचर मुँह खोले स्तब्ध खड़ी रह गई।

पॉर्न साइट्स देख-देखकर पल्लवी इस बारे में कुछ ज्यादा ही सीख गई थी।

हालाँकि, उसकी पढ़ाई पर असर हो रहा था, पर उसने अपने स्तर को औसत से नीचे नहीं जाने दिया। वह आधी रात तक पढ़ाई करती और फिर इंटरनेट पर आ जाती। उसे लोगों से चैटिंग करने का नशा हो गया था। वह याहू मैसेंजर पर लॉग-इन करने के बाद अपने फेवरिट रूम में जाती और वहीं उसे कोई-न-कोई लड़का मिल जाता, जिसे थोड़ा सा उकसाकर ही अपना काम निकाला जा सकता था।

इसके अलावा, वह 'हॉटमैन', 'सिटीडूड', 'मिडनाइट गिगोलो' आदि पर भी अपनी मनमानी करने पहुँच जाती। वह लड़कों को अपनी बातों से उत्तेजित कर अपना काम निकलवाती और यह उसका मनपसंद खेल बन गया था।

एक बार कैंटीन में उसने अपने ग्रुप से पूछा, "क्या तुम लोगों को पोंसियो के बारे में पता है?"

"क्या यह किसी नई साइट का नाम है?" एक लड़के ने हँसकर पूछा।

"मैं इन गरमी में अपने मॉम-डैड के साथ अपनी आंटी के घर चिली

गई थी। वहीं एक पब में गई तो टीनेजर पोंसियो आजमा रहे थे।"

"अच्छा, यह कोई नया नशा है?" अंकिता ने पूछा।

"नहीं, कमअक्ल।" पल्लवी ने उसे धौल जमाया, "यह तो एक पदवी है, जो सबसे ज्यादा लोगों के साथ जोड़े बनानेवाले को मिलती है।"

"क्या तूने भी हिस्सा लिया था?"

"हिस्सा?" पल्लवी ने आँखें चौड़ी कीं, "मैंने तो यह टाइटल भी जीता, बेबी।" उसने आत्मविश्वास से झूठ बोला।

"तो तूने कितने लड़कों के साथ अपनी जोड़ी बनाई?"

"पच्चीस।" उसके शब्द आत्मविश्वास से भरपूर थे।

"क्या भारतीय और उन स्थानीय लड़कों में कुछ अंतर दिखा?"

"कुछ खास नहीं। इस जगह नाम पूछकर डेट पर जाते हैं। उस जगह वे लोग पहले डेट पर जाते हैं और बाद में नाम पूछते हैं।" उसने आँख दबाई।

जल्दी ही उनका ध्यान अपनी क्लास की एक लड़की पर गया, जो कैंटीन में अकेली बैठी थी।

"हे मितिका! क्या हुआ?" वे उसके पास जाकर बैठ गईं।

"कुछ नहीं।" उसकी दोस्तों को कुछ अहसास तो हो ही गया था।

"हमें नहीं बताएगी?" पल्लवी ने पूछा।

मितिका ने उसे एक बार देखा और फिर सुबकियाँ भरने लगी, "मैं राहुल को बहुत प्यार करती हूँ। दो सप्ताह पहले मैंने उससे अपने प्यार का इजहार किया और उसने भी वही जवाब दिया। जब पिछले सप्ताह हम ट्यूशन से वापस आ रहे थे तो हम थोड़ा नजदीक आ गए।"

"जरा खुलकर बताना।"

"हमने एक-दूसरे को बाँहों में भरा और छुआ···"

"और उस दिन के बाद से राहुल तुझे अनदेखा कर रहा है?"

मितिका हैरान हो गई, "तुझे कैसे पता चला?"

"तू छोड़। पर अगर तू कहे तो मैं राहुल को पटरी पर ला सकती

हूँ।" उसने ग्रुप में सबको देखा, "ज्यादा-से-ज्यादा एक सप्ताह का समय लगेगा।"

"तुम यह कैसे करोगी?"

"मैं कर सकती हूँ। बस, उससे रिक्वेस्ट करनी है।" उसने आँख दबाई।

जिन लड़कियों में हारमोनल बदलाव सही तरह से होते थे, उनके लिए राहुल किसी नियामत से कम नहीं था। पैसेवाला, खूबसूरत और दिलफेंक लड़का! यही बातें उसे लोकप्रिय बनाती थीं। हालाँकि, वह अपने साथ होनेवाली लड़की को बहुत ही खास अहसास दिलाता था, पर निजी तौर पर लड़कियों को फॉरवर्ड एस.एम.एस. से ज्यादा नहीं मानता था—'उन्हें पढ़ो, मजा लो और डिलीट कर दो, वरना इनबॉक्स में कचरा भर जाएगा।'

पल्लवी राहुल के बैच और स्कूल में अपनी ही तरह की लड़की थी। वह हमेशा इस आशिक से दूर ही रही, इसलिए वह चोरी-चोरी उसके सपने देखता था। अकसर अपनी पॉर्न क्लिप देखते हुए वह पल्लवी की ही कल्पना करता।

उसके अच्छे दोस्त जतिन ने बताया कि पल्लवी क्लास में उसे ही ताक रही थी। यह सोचते ही उसका सीना गर्व से चौड़ा हो गया और ऐसा लगा कि अब उसकी मुराद जरूर पूरी होगी। और जब पल्लवी बास्केट बॉल सत्र के दौरान उसके पास आई तो वह जान गया कि उसके दोस्त का अनुमान गलत नहीं था।

"हाय!" पल्लवी ने नशीले अंदाज में पुकारा।

"हाय।" राहुल अपनी टीम के लिए एक स्कोर बनाकर मुड़ा।

"कितना अच्छा खेलते हो!" पल्लवी ने थोड़ा रहस्यमयी-से सुर में कहा। 'यह कौन से खेल की बात कर रही है?' राहुल ने सोचा।

"क्या तुम मुझे भी सिखाओगे?" पल्लवी जानती थी कि वह क्या करना चाहती थी।

"जरूर।"

आनेवाले तीन दिन वे लोग बास्केट बॉल का अभ्यास करते रहे। बस, वे दोनों, वह भी स्कूल का समय समाप्त होने के बाद। "अपनी एड़ियों को थोड़ा सा उठाओ।" उसने उसे करके दिखाया—"और तुम्हारी कमर।" उसने उसकी कमर को सही तरह से पकड़ा, "फिर अपने हाथों में आराम से गेंद पकड़ो और आराम से ही बास्केट की ओर उछाल दो।" गेंद सीधा बास्केट में गई और फिर उछलकर बाहर आ गई। देखा, स्कोर करना कितना आसान है!" राहुल बोला।

पल्लवी ने केवल अपना सिर हिलाया। इस खेल के दौरान ही उन्हें शारीरिक निकटता के कई अवसर मिल चुके थे।

उस रात फोन नंबरों के आदान-प्रदान के बाद वे अगली सुबह होने तक गप्पें मारते रहे। इस दौरान टीचरों की निंदा, ताजा फिल्मों की जानकारी, पिछले प्रेम-प्रसंग, प्यार क्या है जैसे विषयों पर बात करने के बाद आखिर में सेक्स पर एक-दूसरे की राय भी ली गई।

"क्या कभी साइबर सेक्स का अनुभव लिया है?" राहुल ने साफ शब्दों में पूछा।

"नहीं। वह क्या होता है?" पल्लवी ने झूठी मासूमियत का दिखावा किया।

जब राहुल ने उसे वह बताया, जो वह पहले से जानती थी, तो पल्लवी ने उसका अनुभव पाने के लिए हामी भर दी।

अगली रात दोनों ने सही समय पर मैसेंजर पर लॉग-इन किया।

प्लेब्वॉय 666 : हाय पल्लवी! मैं राहुल।

स्वीटगर्ल : हाय! कैसे हो?

प्लेब्वॉय 666 : मैं ठीक हूँ। तो फिर शुरू करें क्या?

स्वीटगर्ल : जरूर!!! पर अपनी डील याद है न?

प्लेब्वॉय 666 : हाँ! आज मेरी बारी है और कल तुम्हारी। बेबी, क्या तुम तैयार हो?

स्वीटगर्ल : बस, एक मिनट!

पल्लवी ने झट से वह बटन दबा दिया, जिससे वेबकैम पर दिखाए गए दृश्य को रिकॉर्ड किया जा सकता था।

स्वीटगर्ल : अब मैं तैयार हूँ।

इसके बाद शो आरंभ हुआ। पल्लवी ने अपनी ओर से राहुल को घटिया व ओछी हरकतें करने को उकसाया और वह सबकुछ अपने कैमरे में रिकॉर्ड कर लिया।

स्वीटगर्ल : बहुत बढ़िया। मजा आ गया। कल मिलते हैं।

लॉग-आउट करते ही पल्लवी ने सबसे पहले रिकॉर्ड किए हुए वीडियो को डॉट थ्रीजीपी फॉर्मेट में बदला और उसे अपने फोन में डाल लिया।

अगले दिन इंटरवल के दौरान पल्लवी ने मीतिका को अपने साथ लिया और राहुल के पास जाकर उसे वह वीडियो दिखाया।

"यह क्या बकवास है?"

"अरेबियन नाइट।"

जब लड़कियों ने वीडियो चलाया तो राहुल हैरानी से देखता ही रह गया।

"या तो मीतिका को अपनी गर्लफ्रेंड बना ले, वरना यह वीडियो दांडी मार्च पर निकलने को तैयार है।"

"मैं यकीन नहीं कर सकता। तुम इतनी ओछी हरकत भी कर सकती हो···मैं प्रिंसिपल को रिपोर्ट करूँगा···तुझे इसकी कीमत चुकानी पड़ेगी।" वह गुस्से से आग उगल रहा था।

"अभी तो तेरे पास वह उपाय भी नहीं है।"

राहुल ने एक पल के लिए सोचा और उसके भाव एक घायल चीते से जाल में फँसे हिरण जैसे हो गए।

"ठ-ठीक है।"

"गुड! तो मीतिका, यह रहा तेरा ब्वॉयफ्रेंड।"

मीतिका ने आगे आकर राहुल को जोर से तमाचा दे मारा। उसका मुँह खुला-का-खुला रह गया। 'यह मेरे साथ नहीं हो रहा। ऐसा हो ही नहीं सकता!'

"मैं एक कुत्ते को अपना ब्वॉयफ्रेंड नहीं बना सकती।" मीतिका गुस्से

से बोली और तमतमाकर चल दी। पल्लवी ने मुसकराते हुए राहुल को मुँह बंद करने में मदद की। 'बेचारा मि. पॉपुलर।' राहुल के कानों सहित बाकी सभी अंगों ने भी काम करना बंद कर दिया था।

□

दसवीं कक्षा तक तो जीवन उसके बेपरवाह रवैए के साथ किसी नैप्पी की तरह बहुत ही रोचक रहा, पर बारहवीं कक्षा तक आते-आते यह किसी सैनेटरी नैपकिन की तरह हो गया और पल्लवी को असुरक्षा से भर दिया। उसके पास अपनी सहेलियों की तरह आनेवाले समय के लिए कोई लक्ष्य नहीं था। 'एक बार में एक मुसीबत', उसका यही नियम था। और इनमें से पहला था—बोर्ड की परीक्षा।

उसे परीक्षा आरंभ होने के एक सप्ताह पहले सिलेबस का पता चला। और तैयारी के दौरान एक और सच सामने आया—'अगर मैं पहली परीक्षा तक लगातार भी पढ़ी, तो भी इसे पूरा नहीं कर सकती।' अंत में, पल्लवी ने स्मार्ट स्टडी करने का फैसला लिया। उसने कक्षा के होनहार बच्चों व टीचरों से सिलेबस के बारे में बात की और महत्त्व के हिसाब से सूची बना ली। उसने अपनी ओर से जितना हो सकता था, उतनी पढ़ाई की और जब परीक्षा से एक दिन पहले पता चला कि वह काफी नहीं था तो उसने बाकी पन्नों के फोटो ले लिये। फिर उसने उन्हें पापा के फोन में डाला और परीक्षा भवन में साथ ले गई।

"हे पल्लवी! क्या हुआ?" उस दिन उसके गले में नेक कॉलर पहना देख सबने यही सवाल किया।

"बस, फूटी किस्मत। परसों ही गरदन में मोच आ गई। भगवान् भी कितना जालिम है! पता नहीं, परीक्षा कैसे दी जाएगी!"

ठीक एक घंटे बाद पल्लवी बाथरूम के लिए गई। वहीं उसने कॉलर में से मोबाइल निकाला और उसे ऑन करके फोटोग्राफ में से सब देख लिया था। इसी तरह सारी परीक्षाओं के दौरान चला और आखिरी दिन पल्लवी कमरे से बाहर आई तो उसके गले में कॉलर नहीं था।

"अरे, क्या हुआ ? तू अचानक ठीक कैसे हो गई ?"

"मैंने कहा था न कि भगवान् जालिम है। उसने केवल परीक्षाओं तक ही दर्द दे रखा था।" वह उनका जवाब सुनने के लिए नहीं रुकी।

परीक्षाओं के ठीक एक सप्ताह बाद ही स्कूल का फेयरवेल होना था। जब से उसने सीनियर्स की फेयरवेल पार्टी देखी थी, तब से पल्लवी मिस एग्नेस स्कूल टाइटल पाने को बेताब थी। 'मुझे प्रतियोगिता पसंद है, क्योंकि इससे दूसरों को हारने का मौका तो मिलता है।' उसने अपने आप से कहा। और उसने पिछले साल के दौरान ही तीन संभावित प्रतिस्पर्धी पहचान लिये थे।

जब इशिता ने फेयरवेल से चार दिन पहले गाल पर मुहाँसा दिखाया तो पल्लवी जान गई कि उसे पहले प्रतियोगी की कमजोर नस मिल गई थी।

"इशी डार्लिंग, ये पिंपल···यह केवल एक पिंपल नहीं है।"

"तो क्या है ?" इशी घबरा गई।

"यह तो सुंदर और सेक्सी इमेज पर धब्बा है। तू तो हमारा गौरव है, क्योंकि जब लड़कों की फैंटेसी दुनिया की बात आती है तो तू ही उस पर राज करती है। और सबको पता है कि तू ही हमारी बैच की मिस एग्नेस होगी।" उसने जानकर बात अधूरी छोड़ दी।

"पर क्या ? बता न, प्लीज ?"

"यह पिंपल! यह तो सारे साल की मेहनत पर पानी फेर देगा। तेरी इमेज बदल जाएगी। कोई और तेरी जगह ले लेगा। सारे रोमियो तुझे भुला देंगे। और यकीनन एक बार अगर ऐसा हो गया तो तू फिर कभी राज नहीं कर सकेगी। सॉरी, साफ शब्दों में कहना पड़ रहा है; पर दोस्त तो सच बताने के लिए ही होते हैं। है न ?"

इशिता ने उदासी से हामी भरी और शीशे में अपना चेहरा देखने लगी। "अब मुझे क्या करना चाहिए ?"

"तू फेयरवेल में ही मत आ।" तत्काल सुझाव दिया गया।

"क्या ? तू पागल हो गई है ?"

"मुझे तो बस, तेरी चिंता है। यह फेयरवेल तो आती-जाती रहेंगी, पर हमारे बैच में जो तेरी सबसे सुंदर लड़की होने की छवि है, वह तो बनी रहेगी। क्या तुझे नहीं लगता?"

इशिता ने कुछ सोचा और फिर हामी भर दी।

"पर आखिरी फैसला तो तेरा ही है। तू फेयरवेल में जाना चाहती है और चाहती है कि लोग तुझे पिंपल गर्ल की तरह याद करें तो जरूर जाना और अगर नहीं, तो सदा के लिए उनकी यादों में बसी रह। वे लोग तुझे ऐसी लड़की के रूप में याद रखेंगे कि अगर वह फेयरवेल में आती तो उसे 'मिस एग्नेस' बनाया जाता। आगे तेरी मरजी!!"

इशिता पहले तो रोने लगी और फिर डिप्रेशन में चली गई। 'एक शिकार हो गया।' पल्लवी खुश थी।

दूसरी लड़की रूपाली तो खुद ही शिकार होने के लिए सामने आ गई।

"अरे, तेरी गरदन को क्या हुआ?" लड़कियाँ एक मूवी थिएटर से बाहर आ रही थीं। रूपाली ने अपनी दोस्त को हैरानी से देखा और आगे चल दी। पल्लवी जल्दी से उसके पीछे हो ली और बाकी सबको पछाड़ दिया।

"क्या यह लव बाइट है?"

रूपाली शरमा गई।

"हे भगवान्! कौन है वह किस्मतवाला?"

"अनिल!"

"कॉमर्स वाला अनिल साहू?"

"हम्म।"

"कब हुआ यह सब?"

"कल, उसके घर। उसकी मॉम बाजार गई थी और हम अकेले थे। पहले तो वह केवल किस करना चाहता था, फिर उसने…"

"वाउ! तू तो बड़ी तजुरबेवाली हो गई।"

"हम्म।" रूपाली के चेहरे पर गर्व झलक उठा।

"क्या तेरे डैड को पता है?"

रूपाली अचानक गंभीर हो गई, "नहीं तो, क्यों?"

"और अगर पता चल जाए तो?"

"ओह, तूफान आ जाएगा।"

"तो रूपसी बेबी, मेरा एक काम करना होगा।"

"क्या?"

"फेयरवेल में मत आ। मैं तुझ पर यह अहसान कर दूँगी।"

"कैसा अहसान?"

"यही, तेरे डैड को इस बारे में खबर नहीं दूँगी।"

"क्या तू ब्लैकमेल करने की कोशिश कर रही है?"

"नहीं। तू हम सबको धोखा देने की कोशिश में थी।"

"मैं? धोखा?"

"देख, सेक्स करने से चेहरे पर चमक आती है। और इस तरह तू फेयरवेल में हम सबसे ज्यादा सुंदर दिखेगी और 'मिस एग्नेस' का स्कूल टाइटल जीत लेगी। किसी को पता भी नहीं चलता कि तेरे चेहरे की चमक का असली राज क्या था! क्या यह धोखा नहीं हुआ? तुझे ऐसा करने में शर्म नहीं आ रही? बता रूपसी, तू इस नीचता के साथ कैसे जिएगी? देख, यह शर्मिंदगी तेरा पीछा नहीं छोड़ेगी। यह तो किसी को भी पागल कर देती है। तो मैं तो यही सलाह दूँगी।"

"मैं फेयरवेल में नहीं आऊँगी।" रूपाली को सच में शर्म आ रही थी। पल्लवी की बातों का असर हुआ और उसे यह भी लगा कि अनिल के घर जो हुआ, वह नहीं होना चाहिए था। "मैं शर्मिंदा महसूस कर रही हूँ। मुझे वह सब नहीं होने देना चाहिए था।"

"चिंता मत कर, सब ठीक हो जाएगा।" पल्लवी ने उसे कंधा दिया और उसका माथा व सिर सहलाने लगी। 'दूसरा शिकार भी हो गया!' पल्लवी का मन झूम रहा था। बस, शबनम रह गई थी।

"हे पल्लो! तेरी स्किन तो चमक रही है, बेब्स।" वे लोग एक डिपार्टमेंटल स्टोर में मिले। "कौन से पार्लर गई थी?" पल्लवी और शबनम

एक ही स्कूल में नहीं थे, बल्कि उनके घर भी पड़ोस में ही थे। दोनों को ही एक-दूसरे से एलर्जी थी।

"मेरी मॉम ने किया है मेरे लिए।"

"वह तेरे लिए सब कर देती हैं?"

"हाँ!"

'झूठी कहीं की!' शबनम किसी भी हाल में सच निकलवाना चाहती थी।

"हैलो आंटी!" शबनम बोल रही थी।

"हैलो शबनम, पल्लो तो घर में नहीं है।"

"ओह, क्या आप बता सकते हो कि वह कौन से पार्लर से थ्रेडिंग वगैरह करवाती है?"

"उसने किसी पार्लर से करवाया है?"

"हद हो गई! झूठ बोल रही थी! दरअसल हमारी फेयरवेल होने वाली है, उसके लिए ही···"

"ओह, मुझे पता नहीं, बेटा। वह आएगी तो तुझे कॉल करवाती हूँ।"

"नहीं-नहीं, आंटी। आप तो उससे पार्लर का नाम ही पूछ लेना। मैं आपसे ही पता कर लूँगी। उसे कॉल के बारे में बताने की जरूरत नहीं है।"

"ठीक, जैसा तुम कहो।"

ज्यों ही पल्लवी घर आई तो मिसेज विमानी ने पहले यही सवाल किया, "पल्लो, तू मेरे से पूछे बिना पार्लर गई थी?"

'मैं तो शोभा आंटी के पास गई थी।' "मैं 'मेडंस' में गई थी।"

"तू गई थी। हद है तेरी भी!"

"सॉरी, दोबारा ऐसा नहीं होगा।"

"बेहतर होगा कि तू दोबारा न जाए।"

शाम को शबनम ने फिर से कॉल किया।

"हैलो आंटी, आपने उससे पार्लर का नाम पूछा?"

"वह 'मेडंस' में गई थी।"

"थैंक्स!"

"पर सुनो बेटा, पर तुम···"

लाइन पहले ही कट चुकी थी। और फेयरवेल से एक रात पहले शबनम को अपनी भूल का अहसास हुआ। थ्रेडिंग सही तरह से नहीं हुई और उसका चेहरा कई जगह से सूज गया। टाइटल पाने के सारे सपने चकनाचूर हो गए। 'एक दिन वह इसकी कीमत चुकाएगी।' शबनम सारी रात रोते हुए अपने आप से कहती रही।

"मैं इस सबके लिए अपनी दोस्तों की अहसानमंद हूँ।" उस फेयरवेल की शाम को स्कूल ऑडिटोरियम में आयोजित भव्य पार्टी के दौरान 'मिस एग्नेस स्कूल' पल्लवी विमानी ने इन शब्दों से अपना भाषण समाप्त किया। चारों ओर से तालियों की आवाज सुनाई देने लगी।

यह पल्लवी के जीवन की सबसे खुशनुमा रातों में से एक थी। टीचर्स, स्टाफ, लड़के और यहाँ तक कि कुछ लड़कियाँ भी उसकी सुंदरता देख मुग्ध हो गए थे। पर इस सारे शोर-शराबे और हो-हल्ले के बीच उसे एक बार डीनो की याद आई और वह मन-ही-मन बेचैन हो गई। जब कभी डीनो का खयाल आता तो पल्लवी के भीतर अँधेरा-ही-अँधेरा दिखने लगता और उसे ऐसा लगता कि उस कष्ट के बीच उसका दम घुट जाएगा। जब भी वह डीनो को भुलाने की कोशिश करती तो उसकी हर कोशिश नाकाम हो जाती। ऐसा लगता था कि अब उसकी जगह कोई नहीं ले सकेगा। वह डीनो को जीत नहीं सकी, यही बात उसके दिल और अहं पर बार-बार चोट करती थी। पल्लवी के लिए जीत ही जिंदगी का दूसरा नाम थी और अचानक उसे अपनी कुंठा के बीच अहसास हुआ कि प्यार के मामले में वह बुरी तरह से हारी थी। और फिर, अंत में उसके भीतर छिपे पलायनवादी ने अपने लिए एक अलग ही पहचान बना ली, जो बजाय उसके, दूसरों के लिए ज्यादा थी। वह छवि उस पल्लवी से कहीं उलट थी, जो वह वास्तव में थी—उसने उस पल्लवी को अपने दिल में दफन कर दिया था, जो न तो आक्रामक थी और न ही घमंडी। वहीं दूसरी ओर, यह नई पल्लवी अपनी तुनकमिजाजी के लिए जानी

जाती थी। यह अपनी पीड़ा किसी के आगे नहीं आने देती थी और असली पल्लवी एक सादा बच्ची थी, जो एक भावुक-सा तकिया चाहती थी, ताकि अपने सारे अनकहे दर्द व पीड़ा को सुला सके।

यह भी रोचक रहा। जब वह अपनी पूरी रात डीनो के बारे में सोचते हुए बिताती थी तो उसे लगता था तो उसने यह सोचने का भी साहस नहीं किया था कि उसके बिना उसका जीवन कैसा होगा। पर जिस दिन से उसे पता चला कि डीनो किसी और का था, तो पल्लवी अपने लिए बहाने खोजने लगी—'यह तो एक क्रश था'''यह सबके साथ होता है'''हमें प्यार को इतनी गंभीरता से नहीं लेना चाहिए'''मुझे दूसरे काम भी करने हैं'''यह मेरा नहीं, उसका नुकसान है'''जो होता है, अच्छे के लिए ही होता है।' और उन सभी बहानों के पीछे एक ठोस कारण था—वह स्वयं को उससे अलग करना चाहती थी, जिसके साथ अगर जीने का मौका मिला होता तो उसकी जिंदगी ही कुछ और होती। कई बार कोई 'छोटी सी बात' ही कितना बड़ा अंतर पैदा कर देती है। उसने नतीजा निकाला।

प्यार चीज ही ऐसी है, जो इनसान को गहरी भावनाओं के समंदर में डुबो देता है। ये दोनों एक-दूसरे का हिस्सा बन जाते हैं। पर जब कोई बहुत प्यार में रहनेवाला इनसान अपने ही प्यार से दूर होने की कोशिश करता है तो क्या वह अनजाने में अपने से ही दूर नहीं जा रहा होता? यह जवाब उसे हमेशा मायूसी से भर देता था।

"तुम क्या करने वाली हो?" उन्होंने झिंझोड़कर पूछा।

"हम्म!" असली पल्लवी को परदे के पीछे भेजने का समय था।

"तुम कौन से कॉलेज में जाना चाहोगी?"

"उम्म!!" नकली पल्लवी पूरे जोश से सामने थी। "जहाँ बहुत सारी अच्छी किस्मत मिल सके।" उसकी मुसकान में एक शरारत और नटखटपन छिपा था, जो उसकी पहचान बन गया था।

□

हासिल

नितिन ने सोचा कि कितनी अजीब बात है। मैं उसे उन पलों के बारे में बताऊँगा, जो कभी इसके होने की वजह हुआ करते थे।

"वैसे, मेरे माता-पिता कहाँ हैं?" हासिल ने पूछा।

"जब तुम बीस साल के थे तो तुम्हारे पिता चल बसे और पिछले साल तुमने अपनी माँ को भी खो दिया। तुम्हारे कोई भाई-बहन नहीं हैं।"

"वह हॉल में फ्रेम की हुई तसवीर…"

"हाँ, वे ही हैं।"

"तुम्हारे माता-पिता?"

"वे लंदन में मेरी बहन के साथ हैं। मेरी एक बड़ी बहन है—बानी। शादीशुदा है और दो बच्चे हैं। वे लोग सर्दियों में इंडिया आएँगे।"

"और पालकी के माता-पिता?"

"वे लोग मुंबई में ही हैं।"

"क्या उन्हें मुझसे मिलने की परवाह नहीं है?"

"जब तुम बेहोश थे तो वे अस्पताल में ही थे। जब तुम्हें घर ले आए तो उसके बाद से वे मुझसे तुम्हारा हाल पूछते रहते हैं।"

"पर वे सीधे मुझसे बात नहीं करना चाहते?"

"वे करना चाहते थे, पर मैंने उनसे कह दिया कि तुम तैयार नहीं हो। उम्मीद करता हूँ…"

"हाँ, मैं समझ गया।" हासिल की निगाहें अचानक अपने दोस्त की अँगूठी पर चली गईं।

"क्या तुम्हारी शादी हो गई है?"

"देखा तुमने।" नितिन के चेहरे पर विस्मय खेल रहा था। "शादी से पहले आप करिश्मों में विश्वास रखते हैं और इसके बाद आप करिश्मों में विश्वास रखना चाहते हैं…वाकई पूरी तरह से!" वे हँस दिए, "मैं अब भी करिश्मों में यकीन रखता हूँ।" नितिन ने बात पूरी की।

"उसका नाम क्या है?"

"संजना मीरचंदानी। हमारी तीन महीने पहले सगाई हुई थी।"

"मुबारक हो!"

"शुक्रिया।" कुछ क्षण बीते और कोई पूछताछ नहीं हुई। नितिन ऐसे लोगों से नफरत करता था, जो खुद को चुप की आड़ में छिपाते थे। पर अभी उसे यह देखकर अपने पर गुस्सा आया कि वह भी यही करने की कोशिश कर रहा था।

"तो?"

नितिन ने हासिल को देखा तो उसे अहसास हुआ कि वह उसके बोलने के इंतजार में था।

"ठीक है।" नितिन ने धीमे से अपना गला खखारा, "पालकी और तुम पहली बार ट्रेन में मिले थे—काठगोदाम एक्सप्रेस।"

"क्या तुम मेरे साथ थे?"

"नहीं, मैं तुम्हें जो भी बताने जा रहा हूँ, उसमें से अधिकतर घटनाओं में मैं साथ नहीं था। हम आपस में लँगोटिया यार थे, इसलिए सारी बातें आपस में शेयर करते थे।"

"समझ गया। आगे बताओ।"

"पंद्रह साल पहले, 25 दिसंबर, तुम्हारे परिवार ने नैनीताल जाने का प्रोग्राम बनाया। दरअसल, तुम अपने माता-पिता के साथ तुम्हारे पापा के दोस्त के पास कोलकाता गए हुए थे। वहीं से यह योजना बनाई गई। पालकी

भी अपने माता-पिता के साथ उसी ट्रेन में थी। पर तुमने लखनऊ में उसे पहली बार देखा और उससे पहली बार मिले।

"सुबह के 6 बजे थे और ट्रेन उस जगह 20 मिनट के लिए रुकी हुई थी। तुम बाहर टहलने चले गए। तुमने अपने माता-पिता को इस बारे में बताया नहीं था, इसलिए वे परेशान होकर तुम्हें इधर-उधर तलाशने लगे। पालकी ने तुम्हें दूसरों से पहले, एक बुक स्टॉल के पास खोज लिया। उसने बाद में माना था कि वह यात्रा के आरंभ से ही तुम्हें देख रही थी।"

"उसने मुझसे पूछा क्या था?"

"उसने तुम्हारा नाम पूछा और बताया कि तुम्हारे माता-पिता तुम्हारे लिए परेशान हो रहे थे।"

"उसने क्या पहना हुआ था?"

"वह तो तुमने कभी बताया नहीं।"

नितिन ने थोड़ी देर बाद आगे बताया, "खैर, तुम लोग हल्द्वानी तक बातें करते रहे। हालाँकि, तुम दोनों के परिवारों ने नैनीताल जाने के लिए अलग-अलग कारें कीं, पर तुम लोग उससे पहले ही अपने पते एक-दूसरे को दे चुके थे। तब वह कोलकाता में रहती थी। तुम लोग लगभग एक साल तक पत्रों के माध्यम से संपर्क में रहे और उसके बाद उसके पापा का तबादला दिल्ली हो गया। वह सातवीं क्लास में हमारे स्कूल में आ गई।"

"हम लोग दिल्ली में थे?"

"हाँ, हम काम के चक्कर में मुंबई आए। मेरे पुरखों का घर अब भी पहाड़गंज में ही है।"

"और मेरा?"

"दरअसल, तुम मुंबई से हो। तुम्हारे पापा दिल्ली में काम करते थे, इसलिए तुम्हारा अधिकतर बचपन वहीं बीता। उनके जाने के बाद तुम्हारी मॉम वापस मुंबई आ गई थीं।"

नितिन बचपन की यादें दोहराकर मुसकराया, "स्कूल में सभी बच्चे तुमसे जलते थे, क्योंकि पालकी सपनों से भी सुंदर थी। और लड़कियों को

उससे जलन थी, क्योंकि तुम हम सब में हैंडसम थे। सच कहूँ, कई बार तो तुम दोनों को साथ देखकर मुझे जलन होती थी, क्योंकि तुम दोनों एक साथ कमाल लगते थे। मेरा हमेशा से ही प्यार के जादू में यकीन रहा; पर पालकी और तुमने इसे साबित कर दिया था। तुम समझ सकते हो, मैं क्या कह रहा हूँ! इस तरह, शुरुआती जलन प्रशंसा में बदल गई और अंत में प्रसन्नता में बदल गई; क्योंकि यह देखना अपने आप में बड़ी बात थी कि परफेक्ट मैच वाली बात झूठी नहीं होती। हो सकता है कि सच्चा प्यार इतना आम न हो और यह भी हो सकता है कि बहुत किस्मतवाले खास किस्म के लोगों को ही यह मिलता हो, परंतु यह होता है।

"जब पालकी हमारे साथ आई तो कुछ अलग से महसूस नहीं हुआ। ऐसा लगा कि हमारी पुरानी दोस्ती थी। मुझे याद है, पालकी हर साल मुझे राखी बाँधती थी, पर उसने तुम्हें कभी इस लायक नहीं माना। मैं कितना मूर्ख था कि कभी असली बात का अंदाजा नहीं लगा सका।

"तुम लोगों ने आठवीं कक्षा में एक-दूसरे के आगे प्रस्ताव रखा, वह भी एक साथ! उस दिन उसने तुम्हारी डायरी में एक नोट रखा और तुमने मुझसे कहा कि मैं उसे तुम्हारे मन की बात बता दूँ।" वे दोनों एक साथ मुसकराए।

"लड़के अकसर समय-समय पर तुम्हें उलाहना देते, क्योंकि तुम सबका मन मोह लेते थे। उनमें से कुछ ने तुम्हारे खिलाफ गुटबंदी भी की। हालाँकि, वे कभी हमारे आगे टिक नहीं सके। और लड़कियाँ! हे भगवान्! वे तो मेरे आगे बुक्का फाड़कर रोती थीं कि तुम किसी और के प्यार में हो। मुझे याद है, एक बार एक लड़की ने बताया था कि तुम हमारे बैच की सात लड़कियों का पहला प्यार थे! क्रश तो होते रहते हैं, पर पहला प्यार?"

हासिल ने नजरें झुका लीं।

"दसवीं के बाद हम दोनों ने विज्ञान लिया। पहले तुम टॉपर थे, पर बारहवीं में हम दोनों ने टॉप किया। अरे हाँ, ग्यारहवीं में एक और अहम बात हुई थी। तुमने पालकी को पहली बार किस किया था। मैं उस जगह

नहीं था, पर जब मैं तुम्हारी जान पर सवार हो गया तो तुम्हें सारी घटना सुनानी पड़ी।

"उन दिनों तुम अपनी फिजिक्स की ट्यूशन क्लास पूरी होने के बाद उसे इंग्लिश ट्यूशन क्लास से लिया करते थे। सॉरी, मैं बताना भूल गया कि उसने हाई स्कूल के बाद आर्ट्स विषय चुना था। उस दिन बारिश हो रही थी और जैसा फिल्मों में दिखाते हैं, तुम दोनों के पास एक ही छाता था। मैंने सोचा और जानता था कि तुमने जानकर ऐसा किया होगा, पर तुमने कभी हामी नहीं भरी। चलो, छोड़ो। तुम दोनों वापस घर आ रहे थे, जब तुमने जानकर अपनी बाइक सड़क किनारे छोड़ दी। तुम्हें बारिश में भीगना बेहद पसंद था। मुझे याद है, तुम कहते थे कि बारिश प्रकृति की भावना है। पालकी ने तुम्हें भीगते देखा तो वह भी तुम्हारे साथ भीगने लगी और तभी वह सब हुआ था···बरसात में तुम दोनों का पहला किस!"

हासिल चुंबन लेते हुए जोड़े के दृश्य के बारे में सोचने लगा।

"हम आई.आई.टी., रुड़की चले गए और पालकी दिल्ली में पढ़ाई पूरी करती रही। ग्रेजुएशन के बाद हमने एम.बी.ए. किया। तुमने आई.आई.एम., अहमदाबाद में दाखिला लिया और मैं व्हार्टन बिजनेस स्कूल चला गया। हमारे उद्यम-एन.एच. कंसल्टेंट के एक साल बाद तुमने और पालकी ने विवाह कर लिया।"

"हम हनीमून के लिए किस जगह गए थे?"

"इससे पहले तुम्हें कुछ और दिलचस्प बताना चाहता हूँ। पालकी चाहती थी कि हिंदू पद्धति से विवाह करने के अलावा दो और तरीकों से विवाह किया जाए। तुम दोनों ने निकाह किया और फिर चर्च में विवाह रचाया। पालकी के लिए विवाह किसी धर्म से नहीं बँधा था, इसलिए उसने ऐसा किया। तुम्हें पता है, वह ऐसी युवती थी, जिसके लिए कोई भी पुरुष मुसकराते हुए कुछ भी कर सकता था।"

"क्या तुमने उसके लिए 'थी' शब्द का प्रयोग किया?"

"ओह, माफ करना। वह अब भी तो ऐसी ही है।" नितिन ने खुद को

याद दिलाया कि उसे यह शब्द दोबारा नहीं कहना—"हनीमून के लिए तुम उसे वेनिस ले जाना चाहते थे, पर उसका ही आइडिया था कि किसी एक जगह जाने के बजाय पूरा भारत भ्रमण करना है।"

नितिन ने होंठ गीले किए और हासिल को देखा, जो खाली-खाली नजरों से छत को ताक रहा था। अचानक उसके माथे पर बल पड़ गए और वह नितिन की ओर मुड़ा, "क्या तुम्हें सच में लगता है कि मैं कभी पहले जैसा हो सकूँगा?"

"अरे, हाँ!" 'बस, जब तक तुम सच को नहीं जानते…' "तुम जल्दी ही पहले जैसे हो जाओगे।"

"हम्म! अब, जबकि मैं अपने और उसके बारे में थोड़ा जान गया हूँ, इसलिए मैं उससे बात करना चाहूँगा।"

"पक्का।"

"कब?"

"आज तो मुश्किल है। फिर देखेंगे।"

"कल।" हासिल ने झट से कहा।

"कल।" नितिन ने थूक गटककर कहा।

कुछ मिनट बाद पसीने से लथपथ नितिन ने हासिल से विदा ली। वह कार में था कि अचानक पालकी के पापा का फोन आ गया।

"नमस्ते, अंकल।"

"नमस्ते, बेटा। हासिल कैसा है?"

"ठीक है।"

"पालकी की बॉडी की कोई खबर?"

"नहीं, पुलिस अब भी खोज रही है; पर कुछ पता नहीं चल रहा। शायद हमें मानना पड़ेगा कि यही होनी को मंजूर था।" नितिन ने हौले से कहा।

"उन्हें उनका काम करने देते हैं। तुम चिंता मत करो, बेटा।"

"जी, कम-से-कम हासिल तो जिंदा है।" पालकी के पापा का गला रुँध गया था।

□

'मेरे अस्तित्व का इंजन अकेला ही जिंदगी की पटरी पर चल रहा था। फिर तुम आईं और इस इंजन में खुशी, उत्साह, उद्देश्य, उमंग, तर्क और महत्त्वाकांक्षा के डिब्बे भी साथ लग गए।'

हासिल को लगा कि किसी ने कंधे पर हाथ रखा हो। 'पालकी आ गई क्या?' उसके भीतर से आवाज आई।

उसने आँखें खोलीं तो जेनिफर दिखी।

"डिनर आ गया।" उसने कहा और खाने की ट्रॉली पलंग के पास ले आई।

हासिल खाना खाने के लिए पलंग पर बैठ गया। उसने पल भर के लिए जेनिफर को देखा।

"क्या तुमने कभी प्यार किया है?"

जेनिफर की आँखों के आगे हर सप्ताह के अंत में पति के साथ बीतनेवाला समय नाच गया।

"हाँ। मैं अपने पति से बहुत प्यार करती हूँ।"

हासिल ने मुसकराकर कहा, "प्यार कितनी खूबसूरत चीज है, है न?"

"ओह, हाँ! यह उस भगवान् का इकलौता मास्टरपीस है।"

"और विवाह?"

जेनिफर के चेहरे पर मूर्खता से भरी मुसकान खेल गई। "मेरा पति जैकब अकसर कहता है कि विवाह के खयाल से ही उसे सिहरन होने लगती है। उसे अपने अविवाहित दिनों से प्रेम है और वह उन्हें छोड़ना नहीं चाहता था। इधर-उधर घूमना, पक्षियों को देखना और उसने अपने उन दिनों का भरपूर आनंद लिया। किसी भी तरह से किसी वचन में बँधना नहीं चाहता था। फिर हम दोनों मिले और तब से वह यही कहता है—विवाह संभवत: मनुष्यों की ओर से बनाई गई एकमात्र मानवीय संस्था है। सच्चा प्यार हमेशा के लिए जीवन का अनुभव बदल देता है, या फिर यह अनुभव इनसान को जिंदगी के साथ तालमेल बिठाने में मदद करता है।"

“तुमने कहा कि तुम अपने पति को प्यार करती हो···”

जेनिफर की आँखों में गर्व झलक उठा।

“तो बताओ, क्या तुम कभी उसे भुला सकोगी···किसी भी हाल में?”

“नहीं।” झट से दो-टूक उत्तर आया। जेनिफर ने आह भरते हुए कहा, “प्यार केवल एक बार होता है—मिलता है या छूट जाता है। पर इतना तो तय है कि तुम उससे कभी बाहर नहीं आ पाते।”

“सही कहा।” हासिल बुदबुदाया।

वे दोनों कुछ देर उस कमरे के सन्नाटे में खोए रहे। वे अपने-अपने खयालों की दुनिया में खोए थे। हासिल अपनी बाईं ओर मुड़ा और तकिए के नीचे से तसवीर निकालकर अपने आगे ले आया।

“यह पालकी है, मेरी पत्नी।” उसने वह फोटो जेनिफर को दिखाई। जेनिफर ने फोटो देखकर हासिल को वापस कर दी। “यह कितनी सुंदर है!”

हासिल के चेहरे पर गर्व से भरी मुसकान आ गई, “मतलब मेरी जिंदगी बहुत सुंदर है!”

“हम्म। इसका चेहरा देखकर कह सकते हैं कि यह बहुत ही प्यारी और देखरेख करनेवाली युवती है। मैंने ठीक कहा न?”

हासिल ने उसे गंभीरता से देखा और जेनिफर को अपनी भूल का अहसास हुआ।

“सॉरी, मेरे कहने का यह मतलब नहीं था।”

उसने अपना सिर खिड़की की ओर मोड़ लिया। सड़कों को भिगोती बरसात की हलकी-सी धुन सुनी जा सकती थी। कई बार बाहर का मौसम हमारे मन के भीतर का ही प्रतिबिंब होता है। उसने फिर से फोटो को देखा और न चाहते हुए भी आँखें मलीं।

“तुम सॉरी क्यों कहोगी, तुम्हारा क्या दोष है? पहली बार अस्पताल में आँखें खुलीं तो लगा कि मेरी मौत हो गई। मुझे पता है कि यह बेवकूफी है—कोई एक साथ सोचने और मरने का काम कैसे कर सकता है; पर मुझे तो यही लगा कि मैं मर चुका था। फिर भी, सब समझ रहा था। फिर जाने

क्यों, भीतर से सबकुछ खो देने का अहसास हुआ। एक ऐसा नुकसान, जो मेरे जीवन को फिर कभी जीवन की तरह नहीं रहने देगा। भले ही मैं साँसें लेता रहूँगा, भले ही मैं मुसकराता रहूँगा, भले ही आनेवाले कल की बेहतरी के सपने देखता रहूँगा; पर मेरे हाथ कुछ नहीं आएगा। मेरे हर आनेवाले कल पर बीते हुए कल की परछाईं होगी। इसके बाद मेरा क्या होगा, यह मुझे नहीं पता था; पर इतना पता था कि कोई बहुत बड़ा नुकसान हो गया था, एक निजी हानि!

"मैंने अपनी आँखें खोलकर नितिन को देखा। पहले तो उसे पहचाना नहीं, फिर उसने बताया कि वह बचपन से ही मेरा दोस्त रहा है। उसने जिस तरह मेरा खयाल रखा, कोई सच्चा दोस्त ही रख सकता था। है न?"

जेनिफर बहुत ध्यान से सुन रही थी, इसलिए जब हासिल ने यह पूछा तो वह समझ नहीं पाई कि वह उसे बता रहा था या पूछ रहा था? जब हासिल ने उसकी ओर देखा तो उसे समझ आया और वह बोली, "हाँ, ठीक कहा आपने।"

"पर मैंने उन्हें बताया नहीं—डॉक्टर को या नितिन को भी नहीं। एक अहम बात उनसे छिपा ली। पहले मुझे लगा कि दवाओं के असर से मेरे साथ ऐसा हो रहा था, पर इसके बाद मैंने इस तसवीर को देखा…"

"क्या हो रहा था?"

हासिल ने फोटो को सहलाना बंद किया और सीधा जेनिफर को देखा। "एक आवाज लगातार परेशान कर रही थी…मैं उसके चंगुल में था, क्योंकि उसने मुझे ऐसी बातें बताईं, जिन्हें सुनकर लगता था कि पहले कहीं सुना है; पर कहाँ और कब, कुछ पता नहीं था।

"इसके बाद मुझे एक लड़का व लड़की दिखाई देने लगे। यह मत पूछना कि वे मुझे क्यों दिख रहे थे, क्योंकि मुझे खुद भी इसके बारे में दूर-दूर तक पता नहीं था। वह चेहरा अस्पष्ट था और आज यह फोटो देखकर पता चला कि वह चेहरा मेरी पत्नी…पालकी का था।" एक पल के लिए चुप्पी रही, फिर हासिल आगे बोला, "मैं उससे बात करने के लिए बेताब हूँ। कल

तक भी कैसे इंतजार होगा? नितिन ने उसे मेरे बारे में कुछ नहीं कहा। उसे डर है कि वह कैसे पेश आएगी! शुक्र है, इसका मतलब है कि वह भी मुझे बहुत प्यार करती है।" वह मुसकराया।

"अगर आपको बुरा न लगे तो क्या आप मुझे बता सकते हैं कि आपको क्या-क्या दिखाई देता था?"

हासिल की मुसकान कहीं खो गई। थोड़ी देर तक एक ओर ताकने के बाद वह फिर से मुसकराने लगा, "जरूर, पहले तो यह सब मेरे सपनों में ही था। मैंने खुद को एक तूफानी रात से जूझते हुए, समंदर की लहरों के बीच किसी के पास जाते हुए देखा। मैंने इसे भूलना चाहा, पर वह सब बार-बार याद आता रहा। जैसे-जैसे दिन बीतते गए, मैं खुली आँखों से भी वही सब देखने लगा। लाल टाई, सफेद कमीज एवं काली पतलूनवाला लड़का और एक लड़की किसी मेज के आसपास हाथों में हाथ डाले बैठे हैं, किसी रोमानी जगह पर डिनर कर रहे हैं। कुछ लहरें अचानक आकर उनके पैर भिगो देती है। दो सिर परछाइयों की तरह दिखते हुए, एक-दूसरे के कंधे पर सिर टिकाए और फिर उनके बीच झलकता सूरज। लड़की अचानक भागती हुई आती है और लड़के पर छलाँग लगा देती है तथा वे दोनों रेत पर गिर जाते हैं। उनके जिस्म आपस में गुँथे हैं। लड़की ने फूलों से सजा हुआ सफेद वेडिंग गाउन पहना है और हाथों में लाल गुलाब लिये खड़ी है। लड़का फॉर्मल सूट में है और चर्च के बाहर अपनी दुलहन को चूमने के लिए तैयार है। वहीं पादरी तथा शायद कुछ और लोग भी हैं—वे एक कार में बैठे एक-दूसरे को चिढ़ा रहे हैं और फिर···सब खाली दिखने लगता है।

"हालाँकि, मुझे अपने अतीत से कुछ भी याद नहीं, पर इस एक्सीडेंट ने मुझे दो बातें जरूरी तौर पर समझा दी हैं। अगर आप किसी को सच में प्यार करते हैं तो आपके बीच में कभी कुछ नहीं आ सकता—न तो जीवन की कोई विडंबना और न ही किस्मत का कोई खेल! और दूसरे, सच्चे प्यार का कोई काल नहीं होता। यह भी बीते हुए, आज या आनेवाले कल में बँटा नहीं होता।"

हासिल ने अपने होंठों को थोड़ा सा गीला करते हुए आगे कहा, "मैं कहता हूँ कि मुझे अपनी पत्नी से प्यार है, पर मैं नहीं जानता कि मेरे इन हालात में आगे क्या होने वाला है! मुझे इतना पता है कि वह मेरी पत्नी है। मैं उससे प्यार करता हूँ और यह भी पता है कि वह भी मुझे प्यार करती है। पर एक पति-पत्नी के रिश्ते के बीच जो छोटी, गहरी और छिपी हुई बातें होती हैं, मैं अब वह सब नहीं जानता।"

"पर आपकी पत्नी को वह सब याद होगा?"

"यही तो सुकून की बात है। पर क्या वह मुझे इतना समय दे सकेगी, जितने की मुझे जरूरत है?"

"आपने कहा कि वह आपकी पत्नी है। तो वह ऐसा क्यों नहीं करेगी?"

"बस, यही उम्मीद और प्रार्थना है मेरी।" हासिल ने कहा।

जेनिफर ने भी मन-ही-मन प्रार्थना की और उठ गई। "अब आपको थोड़ी देर सोना चाहिए।"

हासिल ने लेटकर खुद को सीधा किया और जेनिफर ने उसकी छाती तक चादर खींच दी। उसने परदे लगाए और फोन उठाकर कमरे से बाहर हो गई। उसने हॉल में आते ही नितिन को फोन लगाया।

"बोलो जेनिफर, क्या बात है?"

"क्या कल मि. सिन्हा अपनी पत्नी से बात करने वाले हैं?"

कुछ देर बाद उत्तर आया।

"क्या उसने तुमसे इस बारे में कुछ कहा?"

"हम्म···मुझे तो लगता है कि इस तरह उन्हें जल्दी अच्छा होने में मदद मिलेगी। उन्होंने जो भी बताया, उससे यही अनुमान लगा सकते हैं कि वे उन्हें बहुत प्यार करते हैं और मेरा मानना है कि वह भी जरूर करती होंगी।"

"बेशक, मैं कल उससे फोन पर बात करवाता हूँ। अब वह क्या कर रहा है?"

"अभी सोने गए हैं।"

"ठीक है। उसका ध्यान रखना। तुम हमारे लिए किसी वरदान से कम नहीं हो।"

"मैं तो अपना फर्ज निभा रही हूँ।"

इसके बाद नितिन ने अपनी मीटिंग में जाने से पहले सोचा, 'मैं कल पालकी से उसकी बात जरूर करवाऊँगा। काश, कोई यह बता देता कि मरे हुए लोगों से संपर्क कैसे किया जा सकता है…'

□

स्वधा

जब स्वधा को पटेल भाई ने मुंबई, वाशी की पॉश कॉलोनी में किराए का फ्लैट दिखाया तो उसने झट से हामी भर दी। 15 हजार रुपए किराए में जगह बुरी नहीं थी। आठवीं मंजिल पर बना फ्लैट उसे न केवल दूसरों से दूर रखता, बल्कि वह आसमान, चाँद और तारों के साथ अपनी तनहाई भरी रातें भी बिता सकती थी।

स्वधा शनिवार की एक रात स्टीव वंडर के संगीत के साथ कमरे में अकेली बैठी केन से कोक का स्वाद ले रही थी। अचानक ही वह अपने सपने से जागी और फिर से एक घूँट भरकर सोचने लगी, 'उम्मीद करती हूँ कि वह ठीक होगा।' वह हासिल को देखना चाहती थी—कम-से-कम एक बार; पर उसे इजाजत नहीं थी। दरअसल, किसी को इजाजत नहीं थी। उसका बहुत भयंकर एक्सीडेंट हुआ था—उसे यही बताया गया और यह भी पता चला कि उसकी पत्नी की मौत हो गई थी। 'क्या यह अच्छी खबर थी?' स्वधा इस तरह सोचने से भी शर्मिंदा हो गई थी। पर हालात चाहे कितने भी गंभीर क्यों न हों, हर इनसान अपने फायदे की बात पहले सोचता है। 'हासिल अब अकेला है और मैं उसे प्यार करती हूँ। पहले तो मैंने कभी अपनी भावनाओं को प्रकट नहीं किया, पर अब लगता है…। किसी के साथ वर्तमान में कुछ घटा है और उसका असर किसी तीसरे पर आनेवाले समय में होगा।'

अचानक उसे हवा में तैरते हुए कुछ बुलबुले दिखे। 'क्या मैं सपना देख रही हूँ?' स्वधा ने बड़ी सी खिड़की से बाहर देखा और पाया कि पड़ोसी परिवार की बच्ची बुलबुले बनाकर हवा में छोड़ रही थी। वे स्वधा के पास से होकर गुजर रहे थे। वह उन्हें एक-एक कर तोड़ती गई। ओह! काश, उसके जीवन के मसले भी इनकी तरह ही होते! वह उन्हें अपनी मरजी से कभी भी फोड़ देती और वे जिंदगी से ओझल हो जाते। गया! यह भी फूट गया। पर नहीं, जीवन में ऐसा नहीं होता। चाहे कोई कुछ बातों से कितना भी दूर क्यों न जाना चाहे, वे उसके अस्तित्व से हमेशा बँधी रहती हैं।

उदाहरण के लिए, बीते हुए समय को ही लें।

□

मिस्टर और मिसेज कश्यप अपने पैसे के बल पर गैर-कानूनी तरीके से पता लगवा चुके थे कि उनके घर दो बच्चों का जन्म होने वाला था। हालाँकि, आनेवाली पीढ़ी के लिंग के बारे में वे लोग निश्चिंत थे, क्योंकि परिवार में हमेशा लड़के ही पैदा होते आए थे। इसलिए जश्न न मनाने की कोई वजह ही नहीं थी।

एक बड़ा सा पारिवारिक मिलन समारोह आयोजित हुआ और खूब रौनक रही। सीलिंग फैन और एयर कूलर्स के काम में कामयाबी पाने के बाद उन्होंने बॉल प्वाइंट पेन यूनिट निर्माण खोला, जो वे अपनी आनेवाली सातवीं पीढ़ी के नाम करना चाहते थे।

परिवार के ज्योतिषी ने तो पहले से ही दोनों के नाम भी रख दिए थे—सौरव और गौरव। पर जब डिलीवरी हुई तो एक ही बच्चे के रोने का स्वर सुनाई दिया। कश्यप परिवार को मन मारकर गौरव को भुलाना पड़ा, क्योंकि वह मरा हुआ ही पैदा हुआ था। कश्यप परिवार के अहं और आत्मसम्मान पर दूसरी चोट तब पड़ी, जब उन्हें पता चला कि दूसरा बच्चा भी सौरव नहीं जनमा था। उनके परिवार में लड़की पैदा हुई थी।

छह महीने बाद सौरव का नामकरण हुआ—बच्ची का नाम 'स्वधा कश्यप' रखा गया।

□

सबसे बुरी बात यह हुई कि स्वधा जिन्हें 'पापा' कहती थी, वे कभी उसके पापा नहीं बन पाए, उसे पिता का प्यार नहीं दे सके। इससे भी बुरी बात यह थी कि उसे समझ नहीं आता था कि उसके साथ ऐसा क्यों हुआ? स्वधा को जल्दी ही अहसास हो गया कि उसके परिवार में भाभी, चाची या माँ के अलावा केवल वही एक बेटी थी।

"यह कौन तय करता है कि कोई लड़का होगा या लड़की?" एक बार उसने अपनी माँ से पूछा। स्वधा को लगता था कि केवल माँ ही उसकी परवाह करती थीं और उसके अस्तित्व को जानती थीं।

"भगवान्।" माँ ने कहा था। वे उस दिन से डरती थीं, जब उनकी बेटी को पता चलेगा कि लड़की को लड़की होने के लिए कौन सी कीमत अदा करनी होती है।

"मेरी टीचर कहती हैं कि अगर हम रोज सच्चे मन से प्रार्थना करें तो हमारी प्रार्थनाओं का जवाब मिलता है। क्या यह सच है?"

"हाँ, बेटी।"

"अगर मैं भी पूरे मन से प्रार्थना करूँ तो क्या वे मुझे भी लड़का बना सकते हैं?"

माँ ने उसे देखा और गाल सहलाकर बोलीं, "मैं भी तेरी उम्र में ऐसा ही सोचती थी, जिली।" फिर वे उसका माथा चूमकर बोलीं, "पर बड़ी होकर पता चला कि एक स्त्री होना कहीं अच्छी बात है।"

"मतलब, जब मैं बड़ी हो जाऊँगी तब पापा मुझे प्यार करेंगे?"

"हाँ।"

"मैं कितनी जल्दी बड़ी हो जाऊँगी?"

'कई बार स्त्री बनने में युगों लग जाते हैं और कई बार यह एक क्षण में हो जाता है।' उसकी माँ ने सोचा।

"जल्दी ही, बेटा।"

स्वधा को दस साल की उम्र से पीरियड होने चालू हो गए। अपने शरीर

के बढ़ते हुए अंगों को देखकर उसे यकीन हो गया था कि जब वह बड़ी होगी तो बड़े आराम से कहीं दूर जाकर अकेले रह सकेगी। 'पर अब भी तो मैं अकेली ही हूँ?'

जब भी वह कोई भावनाएँ, सोच या अनुभव बाँटना चाहती तो पाती कि उसके पापा या परिवार के दूसरे सदस्य बहुत व्यस्त थे, या उनके पास उसकी बात सुनने का समय नहीं होता था। वे लोग केवल बिजनेस की बातें करते थे। 'पर इनके पास बंटी की बात सुनने का तो समय होता है।'

एक दिन स्वधा ने चुपके से अपने और बंटी के रिपोर्ट कार्ड देखे। उनके अंक तो लगभग एक जैसे ही आते थे, पर फिर उसे एक भारी अंतर दिखाई दिया। 'सिली जिली! इसे देख!'

रिपोर्ट में लिखा था कि वह एक लड़का था और उसके रिपोर्ट कार्ड में लिखा था कि वह एक लड़की थी।

हर साल स्वधा उत्सुकता से प्रतीक्षा करती कि पापा उसे सालाना पारिवारिक वैष्णो देवी यात्रा में साथ ले जाने की अनुमति देंगे। वे लोग उसे नौकरानी और छोटे चाचा महेश के साथ घर छोड़ जाते।

जहाँ तक बिजनेस का सवाल था, महेश किसी काम का नहीं था। वह न तो कोई जिम्मेदारी सँभाल सकता था और न ही उसे कुछ सीखने का चाव था। वह घर के छोटे-मोटे काम कर देता, जिसके बदले में उसे रसोई के पास एक छोटा कमरा, भोजन और आश्रय की आजीवन सुरक्षा मिली हुई थी। वह हमेशा नशे में डूबा रहता और सेक्स करने के सपने देखा करता।

एक बार जब सारा परिवार वैष्णो देवी गया हुआ था तो स्वधा को मासिक धर्म के कारण दर्द होने लगा। आया सो रही थी, इसलिए वह चाचा के पास चली गई। महेश ने उसे प्यार से बिठाकर पूछा कि उसे क्या हो गया था? फिर उसने उसे अपने भरोसे में लिया और उसके साथ बेजा हरकत करनी चाही। स्वधा को यही लगा कि चाचा जो कर रहे थे, वह उसका दर्द कम करने के लिए ही था। इससे पहले कि वह कुछ और सोच पाती, उसकी आया ने महेश की पीठ पर बैट से प्रहार किया। जब वह झटके से उठा तो उसने वही

बैट उसके माथे पर दे मारा। महेश बेहोश होकर वहीं गिर गया। स्वधा इतनी बुरी तरह से सहम गई कि उसे रोना तक नहीं आ रहा था। आया उसे झट से कमरे में ले गई, उसके कपड़े बदलवाए और उसकी माँ को फोन किया।

परिवार अपने दौरे को दो दिन पहले निपटाकर तुरंत घर लौटा। मि. कश्यप यह सब सुनकर दहल गए थे। उन्होंने अपनी बेटी को कसकर गले से लगाया, मानो अपने कीमती खजाने को सारी दुनिया से छिपा लेना चाहते हों। एक पल के लिए तो स्वधा को लगा कि वह सपना देख रही है, पर जब पापा ने उसे नम आँखों और शर्मिंदगी भरी दृष्टि से देखा तो उसे हकीकत का अहसास हुआ। वह तो अपने जन्म से इसी एक पल का इंतजार कर रही थी। आज उसे उसकी प्रार्थनाओं का फल मिला था।

मि. कश्यप के चेहरे पर अपनी बेटी को देखकर मुसकान आ गई। वह उसे चूमना चाहते थे, दुलारना चाहते थे, उसे सुरक्षा देते हुए एक सच्चे पिता की तरह प्यार देना चाहते थे; परंतु जाने क्या था, जो उन्हें ऐसा करने से रोक रहा था। और हारकर उन्होंने उस भावना के आगे हथियार डाल दिए।

इस तरह जीवन एकांत का राज्य बना रहा, जिसमें स्वधा ही राजा व रानी और बाकी सब लोग प्रजा थे। हालाँकि, उसने स्कूल में कुछ लोगों को दोस्त बनाकर उस अकेलेपन से बाहर आना चाहा, पर जल्दी ही उसे अहसास हो गया कि लोग केवल अपने स्वार्थ की पूर्ति के लिए ही दोस्ती की आड़ लेते थे। हालाँकि, वह भी अपनी क्लास की दूसरी लड़कियों की तरह अपने लिए ब्वायफ्रेंड चाहती थी, पर उसे संदेह था कि आखिर में उसे लड़की होने की वजह से ही उपेक्षित होना होगा। फिर अचानक उसका सामना एक ऐसी स्वधा से हुआ, जिसे उसने कभी जाना ही नहीं था। उसे इस स्वधा से मिलाने का काम ऑरकुट ने किया।

यह एक मजेदार जगह थी। दूसरों के शौक, गतिविधियों, रिलेशनशिप स्टेटस, आदर्श मैच वगैरह के बारे में जानना। वह लोगों से मिले बिना भी उनके बारे में कितना कुछ जानती थी। उसे उनके स्क्रेप्स देखकर पता चलता था कि उनके जीवन में क्या हो रहा था। उसकी सूची में अधिकतर लड़के ही

मित्र थे। स्वधा ने दो प्रोफाइल बनाए—एक उसका अपना अकाउंट था और दूसरा फर्जी था, जो उसने 'महक' नाम से बनाया हुआ था। और स्क्रेप्स की लाइन लग गई।

रोहित : क्या हम दोस्त बन सकते हैं?

स्वधा : क्यों नहीं, तुम क्या करते हो?

एक सप्ताह तक छानबीन और पड़ताल के बाद महक बीच में आती है।

महक : क्या स्वधा के लिए मन में कोई फीलिंग आती है? कितनी सेक्सी है वह। अगर कहो तो दोनों को मिलवा सकती हूँ।

रोहित : यह तो सच है यार, लड़की तो चालू है।

'खारिज!' स्वधा ने सोचा।

राजा : क्या दोस्ती करना चाहोगी?

स्वधा : क्यों नहीं?

महक : हे राजा, स्वधा की नग्न तसवीरें देखना चाहोगे?

राजा : हाय, क्यों नहीं!

'भाड़ में जाए!'

पहले वह किसी लड़के को दोस्त बनाती और जब उसके लिए कोई अहसास पैदा होते तो महक बीच में आकर सारी छानबीन करती। इसी तरह एक साल तक चला और स्वधा 98 प्रस्ताव ठुकरा चुकी थी। लड़के झूठा खेल क्यों खेलते हैं? क्या वे सेक्स के लिए ही लड़कियों और संबंधों की ओर आकर्षित होते हैं? वे 'आई लव यू' कहते हैं और इसका प्रमाण लड़कियों की देह से चाहते हैं। क्या कभी सच में ऐसा आदमी नहीं मिलेगा, जो मुझे प्रेम और सम्मान दे सके; जो मेरे भीतरी और बाहरी—दोनों रूपों को चाहता हो, क्या कोई ऐसा आदमी होगा?' स्वधा हार मानने ही वाली थी कि उसके जीवन में राजेश आया। यह भी ऑरकुट की ही मेहरबानी थी।

राजेश : तुम्हारा प्रोफाइल अच्छा लगा। क्या हम दोस्ती कर सकते हैं?

स्वधा : ओके।

एक महीने बाद—

महक : स्वधा को पसंद करने लगे हो, है न?

राजेश : पर तुम कौन हो?

महक : मेरे पास उसकी कुछ नग्न तसवीरें हैं। देखना चाहोगे?

राजेश : भाड़ में जाओ! बकवास बंद करो!

इतना बुरा भी नहीं रहा।

महक : मुझे पता है, तू उस पर मरता है, मान ले।

राजेश : मैं मानता हूँ कि तुम गधी हो।

इतना भी बुरा नहीं रहा।

महक : उसका साइज 32-28-30 है।

राजेश : बेहूदगी मत करो। बकवास बंद कर और दफा हो!

पास!!!!

राजेश : महक कौन है?

स्वधा : बड़ी कमीनी लड़की है।

राजेश : तुम्हारे बारे में घटिया बातें कर रही थी।

स्वधा : मुझे पता है। पर अब से ऐसा नहीं करेगी।

राजेश : तुम्हारी लिस्ट में यह लड़का कौन है? क्या तुम्हारा दोस्त है?

स्वधा : वह मेरा कजिन बंटी है। मैं तो अभी सिंगल हूँ।

राजेश : गुड! क्या एक बार मिल सकते हैं, अगर तुम्हें परेशानी न हो तो?

'ओह! मेरी पहली डेट। यह तो मुझे सच में प्यार करता है। तो मुझे अपने लिए एक असली मर्द मिल ही गया। यह है मेरा रियल मैन! वह मुझे मिलेगा···मेरे आगे विवाह का प्रस्ताव रखेगा···मैं हामी भर दूँगी···एक सुंदर रिश्ता आरंभ होगा और एक दिन वह फिर से मेरे आगे विवाह का प्रस्ताव रखेगा और मैं कुछ साल बाद गर्व से कहूँगी कि मैं किसी की विवाहिता हूँ। मैं तो उसे स्कूल टाइम से जानती थी। कितने कम लोगों को ऐसी बात करने का मौका मिलता है!' स्वधा मन-ही-मन चहक रही थी।

स्वधा : जरूर मिल सकते हैं। अगले महीने बोर्ड की परीक्षा है। उसके बाद मिलते हैं।

राजेश : जरूर।

फोन नंबरों का आदान-प्रदान हुआ। राजेश को उसकी आवाज मीठी लगी और स्वधा को वह क्यूट लगा। और स्वधा की परीक्षा होते ही उन्होंने पहली बार 'बारिस्ता' में मिलने का प्रोग्राम बनाया।

जब वह हजरतगंज लखनऊ के 'बारिस्ता' में पहुँची तो राजेश पहले से उसके इंतजार में था। उसने टाइट लाल रंग की टी-शर्ट के साथ डेनिम की जींस पहनी हुई थी। स्वधा सफेद सलवार-कमीज में थी और कानों में अपने मनपसंद मोतियों के टॉप्स तथा गले में वैसा ही हार पहना हुआ था। वे पहले से एक-दूसरे को अपनी फोटो दिखा चुके थे, इसलिए पहचानने में परेशानी नहीं हुई।

"हाय!"

"हाय!" वह उठा और उसके बैठने के लिए एक कुरसी खींच दी। "प्लीज!" इसके बाद वह भी बैठ गया।

'एटीकेट्स तो हैं भई!' "कैसे हो?" स्वधा ने पूछा। उसके लिए पेट में हो रही उथल-पुथल और दिल की बढ़ी हुई धड़कन को काबू करना थोड़ा मुश्किल हो रहा था। वह सोचने लगी कि हम सभी अपनी प्रेम-कहानी को सबसे आलीशान बनाना चाहते हैं।

"क्या लोगी?" उसने मेन्यू को स्वधा की ओर बढ़ा दिया। स्वधा के दोनों हाथों से उसकी घबराहट झलक रही थी। उसे समझ नहीं आया कि क्या कहना चाहिए? उसकी सभी मनपसंद रोमानी फिल्मों में सबकुछ बहुत खास तरीके से दिखाया जाता था और फिर प्रेम-कहानी की शुरुआत होती थी। और स्वधा ने सोचा कि अगर वह राजेश के मन की बात भाँपकर उसी तरह पेश नहीं आई तो सारी प्यारी सी शुरुआत का कबाड़ा हो जाएगा।

"हॉट चॉको-लाते।"

"हॉट? मुझे तो लगा था कि बाहर गरमी है।"

'ओह, सिली जिली, कर दी गड़बड़।' "मेरा मतलब है कि मैं गरम नहीं लूँगी।"

"तो दो ठंडे चॉको-लाते ऑर्डर कर दूँ?"

"हाँ, जरूर।"

ऑर्डर देने के बाद राजेश ने मेन्यू एक ओर रखा और स्वधा को देखने लगा। "स्कूल तो अब बंद होंगे न? इसके बाद क्या करना है?"

"अभी कह नहीं सकती।" उसने थोड़ा घरेलू दिखने का अभिनय किया। लड़के मासूम और सादगी-पसंद लड़कियों की इज्जत करते हैं, उसकी क्लास की दोस्तों ने बताया था। "पर हो सकता है कि दिल्ली और लखनऊ यूनिवर्सिटी में कॉमर्स के लिए आवेदन कर दूँ।"

"यह तो बढ़िया होगा।"

अचानक एक चुप्पी-सी छा गई। उसे लगा कि ऐसा होना जरूरी था। कई बार गहरी चुप्पी के बीच ही प्यार के स्पंदन बेहतरी से महसूस होते हैं।

"दरअसल, तुमसे थोड़ी मदद चाहिए थी।"

'यह मेरी ओर से हामी चाहता है।'

"और मैं⋯" उसने अचानक स्वधा का हाथ थाम लिया, "मैं चाहता हूँ कि तुम वादा करो कि तुम मेरी मदद करोगी।"

स्वधा सिहर गई। "वादा।" उसने किसी तरह कहा।

"मैं प्यार करने लगा हूँ⋯"

'ओके! मैं जानती हूँ, राजेश। मैं भी तुमसे प्यार करती हूँ। पर पहले तुम अपनी बात पूरी करो।' उसने एक पल के लिए आँखें बंद कर लीं।

"बंटी।"

कुछ ही क्षण में स्वधा की मुसकान त्योरी में बदल गई। उसने आँखें खोलीं और राजेश उसके मन में उठे भावनाओं के बवंडर से अनजान अपनी ही कहता रहा।

"जब से तुम्हारे प्रोफाइल में उसकी फोटो देखी है, मुझे उससे प्यार हो गया है। अगर मैंने जीवन में कभी किसी से प्यार किया है तो यकीनन वह यही है। मुझे यह भी विश्वास है कि तुम मेरी बात समझ पा रही होगी। क्या तुम हम दोनों को मिलवा सकती हो? पता है, मैं खुद भी यह काम कर सकता था;

पर अगर कोई सिफारिश कर दे तो इन मामलों में थोड़ी आसानी हो जाती है न! तुम समझ रही हो न कि मैं क्या कहना चाहता हूँ?"

"नहीं।" स्वधा कुछ नहीं समझ रही थी, क्योंकि वह शब्द भी नहीं सुन रही थी। एक ऐसी लड़की, जो अपनी पहली डेट का अनुभव लेने आई थी, वह अचानक ही एक रोबोट में बदल गई थी। उसके दिमाग ने काम करना बंद कर दिया था। वह कुछ देर वहीं बैठी रही और फिर बहाना बनाकर उठ गई।

स्वधा ने घर आकर कंप्यूटर चलाया, ऑरकुट खोला और सेटिंग्स में जाकर अपना अकाउंट डिलीट कर दिया। इसके बाद कंप्यूटर बंद किए बिना ही बिस्तर पर पड़ गई। आँखें बंद करते ही बस, थोड़ी देर की बात है, जब वह सोकर उठेगी तो उसे पता चलेगा कि बीच में कुछ नहीं हुआ। राजेश 'बारिस्ता' में उससे मिलने का इंतजार कर रहा है। और अभी तक उनकी मुलाकात नहीं हुई है।

अफसोस!!!

□

हासिल

'अगर मैं एक दिन नहीं रही तो तुम क्या करोगे?' लड़की ने पूछा।

'तुम्हें कंपनी दूँगा और मैं भी मर जाऊँगा।' लड़के ने जवाब दिया।

'नहीं।' लड़की ने अपना हाथ उसके मुँह पर रख दिया। 'मैं तो मजाक कर रही थी। अगर तुम्हारी जिंदगी अधूरी होगी...तो मेरी मौत भी!'

जब से हासिल सोकर उठा था, दिमाग में यही घूम रहा था।

'मैं आज उससे बात करूँगा!'

डॉक्टर की सलाह पर वह घर में टहलने लगा था; पर जेनिफर पूरी निगरानी रखती थी। पहले तो ऐसा लगा था कि शरीर की सारी मांसपेशियों ने साथ छोड़ दिया है, पर धीरे-धीरे वह बेहतर होने लगा।

दोपहर को झपकी लेने के बाद हासिल पलंग पर बैठा और बेल बजा दी। आधे मिनट में ही जेनिफर कमरे में थी।

"गुड ईवनिंग! क्या आपके लिए मिल्कशेक ले आऊँ?"

"क्या इससे पहले मेरे लिए यह अलमारी खोल दोगी?" उसने खिड़की के पास वाली अलमारी की ओर इशारा किया, जहाँ उसे पालकी की फोटो मिली थी। जेनिफर ने उसे खोलने के बाद हासिल से पूछा कि उसे क्या चाहिए था?

"क्या दिखाई दे रहा है?"

जेनिफर ने माथे पर बल डाले और देखा कि कुछ गाउन, साड़ियाँ, दो एलबम और परफ्यूम की बोतलें।

"एक गाउन, दोनों एलबम और एक परफ्यूम की बोतल ला दो।"

"ठीक है।"

"थैंक्स!" इस शब्द को बोलने के बाद साफ दिख रहा था कि हासिल कुछ देर अकेला रहना चाहता था। जेनिफर ने उसकी छिपी इच्छा को पूरा किया।

हासिल ने परफ्यूम की गंध ली—मार्क जैकब्स। उस गहरी सुगंध ने नसों को ताजा कर दिया और ऐसा लगा कि वह किसी की मौजूदगी में था। किसी के शब्द उसके पास थे।

'पता है, मैं परफ्यूम क्यों लगाती हूँ? ताकि मेरी असली गंध किसी को पता न चले। यह वही गंध है, जो हमारे पहली बार मिलने पर मेरे अंदर आ गई थी। मैं उसे किसी से बाँटना नहीं चाहती, तुमसे भी नहीं!'

उसने बोतल को एक ओर रखकर गाउन को हाथों से सहलाया। उसे चेहरे पर लाया और उससे अपना चेहरा ढक लिया। 'ओह, पालकी, तुम्हारी कितनी याद आ रही है!' आँखों से आँसू गिरने ही वाले थे कि उसने उन्हें वश में कर लिया। 'अभी नहीं!' गाउन को प्यार से चूमकर एक ओर रख दिया। इसके बाद एक एलबम खोला। पहली ही फोटो में वह और पालकी दिखाई दिए। दोनों ही गरम कपड़ों में बर्फ से ढके पहाड़ों के सामने थे।

'हम कैसे जानते हैं कि कौन किसे कितना ज्यादा प्यार करता है?'

'जो पहले मरता है, वह करता है।'

'ऐसा क्यों?'

'जो जिंदा रहता है, उसके पास प्यार का सुबूत देने का अवसर होता है।'

दूसरी फोटो में दोनों शिकारा में बैठे थे। वह डल झील का दृश्य था। कुछ फोटो के बाद उसने दोनों को लोटस टैंपल के बाहर देखा। फोटो के पीछे हर जगह का दिन और तारीख भी लिखे थे। फिर उसने ताजमहल की फोटो के बाद शिमला के जाखू हिल में लवर्स प्वाइंट पर उनकी फोटो देखी। उदयपुर के ताज लेक पैलेस के मयूर महल सुइट के अंदर, वाघा बॉर्डर पर, कोलकाता ट्राम से झाँकती पालकी, विक्टोरिया मेमोरियल के पास हासिल

एक घोड़े पर सवार। फिर उनके विवाह की एलबम देखी। उसने एक छोटी सी मुसकान के साथ जीवन के लिए ईश्वर को आभार दिया।

"यह मिल्कशेक लीजिए।" जेनिफर ने उसे गिलास थमाया। ज्यों ही हासिल ने गिलास लिया तो उसने पूछा, "आप दवा लेंगे ?"

"अभी दे दो।"

जेनिफर ने जल्दी से एक गोली निकालकर दी। हासिल ने उसे मिल्कशेक के साथ ले लिया और बोला, "पता है, इन तसवीरों को देखकर क्या महसूस हो रहा है ?"

"क्या ?"

"प्यार सच में जीवन का मौसम है।"

"और आज रात वसंत होगा।" जेनिफर के चेहरे पर मुसकान थी।

हासिल ने उसे देखा और एक पल बाद लजा गया।

"आप उसे फोन पर क्या कहने को बेताब हैं ?"

"आई लव यू!"

जेनिफर की आँखें नम हो आईं। "गॉड ब्लेस!" वह झट से बोली।

"शेक पी लें तो आवाज लगा देना।" वह उस जगह से जा चुकी थी।

फिर एक घंटे तक वहीं लेटा हासिल तसवीरों से जुड़ी धुँधली यादों में ही टहलता रहा। हर पन्ना पलटने के साथ पालकी से मिलने, उससे बात करने, उसे सुनने और उसे प्यार करने की उतावली बढ़ती जा रही थी। उसका दिल भी भूखे पेट की तरह हो गया था, जिसे पालकी के आने से ही संतोष हो सकता था। वही उसे पोषण दे सकती थी। हालाँकि, वह अब भी धीरे-धीरे सँभलने की कोशिश में था, पर अहसास हो रहा था कि जिंदगी की यादें उससे छीन ली गई थीं। उस एक्सीडेंट ने जैसे उसे सर्दियों के मौसम में बदल दिया था और फिर से गरमी का मौसम बनने के लिए पालकी के आगमन के वसंत की प्रतीक्षा करनी थी। 'कहाँ से शुरुआत होगी ?' हाय! कैसी हो ? हाय, तुम्हें बहुत याद किया। हाय! आई लव यू! उसे कोई भी वाक्य सही नहीं लग रहा था।

हासिल एलबम बंद करने ही वाला था कि उसने जेनिफर को कमरे में आता देखा।

"लाइन पर आपका दोस्त है।" उसने उसे कॉर्डलेस फोन दे दिया।

"नितिन?"

"कैसे हो, दोस्त?"

"बढ़िया। तुमने तो रात को 10 बजे फोन करना था।"

"सॉरी यार, आज बिजनेस डील के लिए दिल्ली निकलना होगा। मैं एक दिन बाद वापस आकर मिलता हूँ।"

"ठीक है।"

"वापस आकर ही पालकी से तुम्हारी बात करवाऊँगा।" उसने थोड़ी सी हिचक के बाद कहा।

"पालकी और मेरी कॉल का तुम्हारे दौरे से क्या लेना-देना है?"

'सावधान!' नितिन ने खुद को याद दिलाया। "कुछ नहीं, बिल्कुल नहीं!"

"तो आज रात क्यों नहीं?" एक घबराहट से भरी खामोशी। "तुम यकीन से कह सकते हो कि एक्सीडेंट से पहले हमारे बीच पूरा संपर्क था? नितिन, मुझसे सच बोलना। मैं बुरा नहीं मानूँगा।"

"ओह! प्लीज, अजीब-अजीब बातें मत सोचो।"

"तो जब मैं पालकी से बात करने की बात करता हूँ तो अजीब तरह से पेश क्यों आने लगते हो? एक्सीडेंट के बाद से हमारी भेंट नहीं हुई और मेरी पत्नी होने के नाते उसने एक बार भी मिलने की कोशिश नहीं की! नितिन, यह सब क्या है, बताते क्यों नहीं?"

"अरे, मैंने कहा ना, ऐसा कुछ नहीं है।" उसके लिए झूठ बोलना मुश्किल था, पर उसने किसी तरह बोला। "दरअसल, उसे अब भी लगता है कि तुम मुंबई वापस नहीं आए। मैंने उससे झूठ बोला कि अभी तुम मोबाइल भी नहीं रखते। अब वह तुम्हारी वापसी के इंतजार में है।"

"तुम उसे बता क्यों नहीं देते कि मैं वापस आ गया हूँ?"

"अगर तुम उसे सामान्य नहीं लगे ? वह बेकार तनाव में आ जाएगी। प्लीज, थोड़े समय के लिए और धीरज रख लो।"

"यकीन से कह सकते हो कि वह मुझे प्यार करती है ?"

"वह तुमसे इतना प्यार करती है, जितना कोई स्त्री किसी पुरुष से कर सकती है या उसे करना चाहिए। इसमें कोई शक नहीं है।"

"ठीक है।" कुछ उखड़ी हुई साँसों के बाद हासिल बोला, "मैं इंतजार करूँगा।"

"थैंक्स, अब चलता हूँ। दिल्ली जाकर बात करूँगा। ध्यान रखना, बाय।"

नितिन ने कॉल समाप्त की और अपना खाली गिलास बार टेंडर को दिखाते हुए कहा, "एक और बना दो। प्लीज, थोड़ा स्ट्रांग बनाना।"

हासिल ने जेनिफर को फोन दे दिया और उसके कमरे से जाते ही एक बार फिर बिस्तर पर लेटते हुए एलबम को छाती पर रख लिया। वह आँखें बंद कर पालकी के बारे में सोचने लगा। कुछ समय बाद उसे नींद आ गई और एक संदेश के साथ नई दुनिया खुली···

'तुम मिनट वाली सुई हो और मैं घंटे वाली सुई।' उस युवती ने कहा और आगे बोली, 'तुम चलते हो, इसलिए मैं चलती हूँ।'

'और दूसरा हाथ ?' पुरुष ने पूछा।

'वह एक-दूसरे के लिए हमारा प्यार है। हम केवल तभी चलते हैं, जब वह चलता है।'

□

पल्लवी

पल्लवी ने वी.जे. भावना कॉलेज ऑफ आट्र्स में कदम रखते ही दूसरे और तीसरे वर्ष के छात्रों की मार्कशीट्स देखीं, जिन्हें प्रशासनिक कार्यालय के पास ही नोटिस बोर्ड पर लगाया गया था।

"क्या इस जगह कोई दोस्त या जानकार भी है?" उसकी एक बैचमेट ने पूछा।

"नहीं। पर कुछ नामों से मुझे मदद मिलेगी।"

तीसरे दिन के अंत में, जब बच्चे कक्षा से बाहर जा रहे थे तो लड़कों का एक दल अंदर आया और दरवाजा बंद कर सबको अपनी जगह पर वापस बैठने को कहा।

"महोदय और महोदयाओ, हम तुम्हारे सीनियर हैं।" उनमें से एक ने कहा।

"इसका मतलब, अगले पूरे एक घंटे तक हमारी मनमानी चलेगी।" दूसरे ने कहा।

उन्होंने एक लड़के को बेंच पर खड़ा करवाया और उसे सौ दंड-बैठक लगाने को कहा। एक सीनियर सिगरेट जलाकर पल्लवी के आगे आकर बैठ गया। उसके मुँह पर धुआँ छोड़ते हुए बोला, "हीरोइन जैसी लगती हो। नाम क्या है?"

"श्वेता!" उसने झूठ कहा।

"सुंदर नाम। अभी कुँआरी हो?"

'विक्रम गोयल—कैंटीन में उसे लड़के का यही नाम पता चला था। क्या यह वही है, जिसका नाम मैंने तीसरे साल के छात्रों में देखा था? अकसर गुंडों का नाम रैंक में सबसे नीचे होता है। चलो, आजमाकर देखते हैं।'

पल्लवी ने उसकी आँखों में देखकर कहा, "नहीं, मैं विक्रम गोयल की गर्ल फ्रेंड हूँ।"

यह नाम सुनते ही उस लड़के का गला रुँध गया। 'लगा तीर निशाने पर।' वह लड़का अचानक ही विनम्रता से उठा और कमरे से बाहर हो गया।

जब भी मौका मिलता, पल्लवी विक्रम के गैंग से टकरा जाती या उसकी बाइक के आसपास मँडराती। वह इस तरह दिखाती, मानो उसका इंतजार कर रही हो। उसके इस बरताव से बाकी सब और यहाँ तक कि विक्रम को भी ऐसा लगने लगा कि वह उनका ही हिस्सा थी। इस दौरान दो और सप्ताह तक रैगिंग चली और हर बार अपने साथ कुछ बुरा होने से पहले ही पल्लवी पूरी गरिमा से कक्षा से बाहर हो जाती।

"किस्मत भी पल्लवी से डरती है और डरपोकों का सत्यानास करती है।" वह अपनी दोस्तों के बीच शान से कहती, जो उसके हुनर की कायल हो गई थीं।

स्वागत समारोह के दौरान उसे सीनियर्स ने मजबूर किया कि वह सबके सामने आकर सच कहे। कुछ लोगों ने उसके लिए वाहवाही की तो कुछ को यह बहुत अपमानजनक लगा। पल्लवी को सजा मिली कि उसे सारे सीनियर्स की शराब का बिल देना होगा। 'यह तो कोई सजा नहीं। मेरे पास मौका है। सबको दिखा दूँगी कि मेरे पास वह सब पहले से है, जिसके लिए लोग कुत्ता बनने को तैयार रहते हैं…पैसा।' पल्लवी ने खुद से कहा और बड़ी शेखी से उस सारी पार्टी का बिल भरने को तैयार हो गई।

आनेवाले छह महीनों में भी पल्लवी कॉलेज में होनेवाले रोमांसों का जीता-जागता इनसाइक्लोपीडिया हो गई। कौन किसके साथ है, कौन कहाँ टाइम पास कर रहा है, कौन किसके बारे में चुगलियाँ कर रहा है और कौन

सा लड़का अकेला है, कौन दोस्ती करने को तैयार है—पल्लवी तो जैसे इन्हीं बातों में ऑनर्स कर रही थी।

"क्या अक्षत सोनम को फँसाने के चक्कर में है ?"

"नहीं, वह तो उसकी बहन के पीछे है।"

"हे, तुझे कैसे पता कि सुनीता वर्जिन नहीं है ?" सोनाली को लगा कि वह पल्लवी को इस सवाल में उलझा सकती है।

"पर तू भी इतने यकीन से इस बारे में कैसे कह सकती है ?"

"तुझे क्या लगता है, तुझे सब पता है ?" सोनाली ने व्यंग्य किया।

"डार्लिंग, पूरी जानकारी लेकर चला करो। मैं तो सब जानती हूँ···और सबकुछ कर भी सकती हूँ।"

"ओह ! सच्ची ?"

"क्या मुझे चुनौती दे रही है ?"

"अगर दे रही हूँ तो ?"

"ओके ! तो बता, क्या करना होगा ?"

सोनाली ने कुछ देर सोचा। "सारा कॉलेज जानता है कि वरुण और शेफाली में गहरी बनती है।"

"हम्म, तो ?"

"उनका ब्रेकअप करवा दे।"

"मेरा इनाम क्या होगा ?"

"जो तू कहेगी !"

"एक दिन के लिए तेरा ब्वॉयफ्रेंड मेरा !"

तब सोनाली को अपनी भूल का अहसास हुआ। पर अब देर हो चुकी थी, बहुत देर ! पल्लवी ने सोचा और उसे देखकर मुसकराने लगी।

अगली सुबह ज्यों ही पल्लवी ने कॉलेज कैंपस में कदम रखा तो उसका शिकार करने का समय हो गया था। वह सारी रात जागकर जीतने की योजना बना चुकी थी। और सुबह तक योजना बन गई थी।

शेफाली अपनी क्लास में जा रही थी कि पल्लवी ने उसे रोका।

"हे शेफाली स्वीटी! कहाँ हो इन दिनों? कितना कम दिखती हो! सब ठीक है न?"

"हम्म, सब बढ़िया। पर अभी तो क्लास के लिए देर हो रही है।"

"बहुत जरूरी है क्या?"

"हम्म। मैं तुमसे बाद में कैंटीन में मिलती हूँ।" शेफाली ने कहा और क्लास में चली गई।

"ओके!" पल्लवी भी कैंटीन में अपनी क्लास में चली गई, जहाँ उसके हुनर की तारीफ करनेवालों की कमी नहीं थी।

एक घंटे बाद उसने शेफाली को वरुण के साथ कैंटीन में आते देखा। वह उनकी मेज के पास चली गई।

"हे, क्या चल रहा है?"

शेफाली एवं वरुण ने एक-दूसरे को हैरानी से देखा और पल्लवी की ओर मुड़े।

"हाय! लंच की तैयारी है।"

"मैं भी शामिल हो जाऊँ?" पल्लवी ने एक कुरसी खींच ली और शेफाली के कुछ कहने से पहले ही वहीं जम गई।

"थैंक्स!"

"तो और सब कैसा चल रहा है?"

"कूल। परीक्षाओं की तैयारी में हैं।"

"परीक्षा? वे कब चालू हो रही हैं?"

"अगले सप्ताह।"

"ओह!" तब तक वे दोनों तनाव से घिर चुके थे। पल्लवी मेज पर तबला बजाने लगी और बॉलीवुड का गाना गुनगुनाने लगी। फिर अचानक वरुण का फोन देखकर बोली, "अरे, मैं इसे ही तो खोज रही थी।" इससे पहले कि वरुण को उसकी बात समझ आती, उसका फोन पल्लवी के हाथों में था।

"नोकिया हमेशा सेक्सी लगता है। कितने का है?"

"पंद्रह···"

"वेट, इसके फीचर्स देख लूँ।"

और शेफाली एवं वरुण एक-दूसरे को ताकते रहे। वे चाहकर भी पल्लवी को भगा नहीं पा रहे थे। पल्लवी ने पूरे पंद्रह मिनट तक फोन देखने के बाद वरुण को वापस किया और मन में सोचा कि उसका काम हो गया था।

"ठीक है, कल मिलती हूँ। इंटरवल हो गया, अब क्लास में जाना है।"

ज्यों ही पल्लवी निकली तो शेफाली झपटी, "हमारे क्लासों के बीच इंटरवल होते हैं और यह इंटरवल में क्लास में जाती है।"

"इतिहास के लेक्चरर ऐसे लेक्चर देते थे, जिसे सुनकर लगता था कि वे स्वयं इतिहास के पन्नों से उठकर आ गए हैं। और अगर नहीं, तो क्यों नहीं?"

पल्लवी तानिया के साथ बैठी थी। वह वरुण से कुछ पंक्तियाँ आगे और शेफाली से कुछ पंक्तियाँ पीछे थी। जब उसने तानिया को वरुण को ताकते पाया, जो उसका सीक्रेट क्रश था, तो पल्लवी ने चुपके से उसका फोन उठाकर वरुण को मैसेज कर दिया।

'हाय! आई लव यू!'

तुरंत जवाब आया, 'हे जान! आई लव यू टू।'

'हे भगवान्! यह काम तो बनता दिखाई दे रहा है।' उसने कैंटीन में ही वरुण के फोन में शेफाली के नंबर पर तानिया का और तानिया के नंबर पर शेफाली का नाम सेव कर दिया था। इस तरह तानिया के फोन से जो मैसेज गया, वह वरुण के फोन में शेफाली के नाम से पढ़ा गया।

पल्लवी ने एक और मैसेज किया।

'मैं आज बहुत···महसूस कर रही थी···'

'क्या महसूस कर रही हो?

'तुम्हारे साथ अकेला होना है। बस, तुम और मैं।'

'मेरा भी ऐसा ही मन है। चल, मेरे घर चलते हैं।'

'उम्म···ओके! हम सबकुछ करेंगे।'

'ओह! जो तुम कहो, जान!'

'पक्का! क्लास के बाद इंतजार करती हूँ···। कैंटीन में मिलूँगी। देर मत करना, जान!'

ज्यों ही क्लास खत्म हुई, पल्लवी ने पलक झपकते ही दो काम किए—सोनाली को मैसेज कर कैंटीन में बुलाया और शेफाली को क्लास के दरवाजे पर ही रोक दिया।

"शेफाली, तुम्हें कुछ दिखाना था; पर वादा करो कि तुम वरुण से नाराज नहीं होगी।" शेफाली ने उसके होंठों से अपने दोस्त का नाम सुना तो उसी समय जान गई कि कुछ गड़बड़ तो थी।

"उससे बात करो। बात करने से बात बनती है।" पल्लवी ने खुद को मासूम दिखाना चाहा।

"तुम क्या कह रही हो?"

"पता नहीं, तुम्हें दिखाना चाहिए या नहीं!"

"फालतू मत बको, क्या बात है?"

"तानिया और वरुण। जरा इनके एस.एम.एस. तो देख।"

एक पल के लिए शेफाली को समझ नहीं आया कि वह क्या करे और फिर, अचानक वह पल्लवी से फोन छीनकर कैंटीन की ओर लपकी। वहाँ जो तमाशा हुआ, उसके बाद पल्लवी ने शर्त जीतकर अगले दिन सोनाली के ब्वॉयफ्रेंड को डेट किया। हालाँकि, पल्लवी की शर्त में सफाई देने की बात तो नहीं थी, पर उसे पता था कि प्यार में मिला घाव कितना दुःखदायी होता है। उसने उस जोड़े को दोबारा मिलाने के लिए उनके बीच बैठकर अपनी शर्त के बारे में सब बता दिया और उनका दोबारा मेल करवा दिया।

उस रात पल्लवी बिस्तर पर गई तो रोने का बहुत मन होने लगा और उसने ऐसा ही किया। वरुण और शेफाली के बीच कुछ ऐसा था, जिसे देखकर उसे किसी की बहुत याद सताती थी। उसने स्कूल की फेयरवेल नाइट के बाद से डीनो के बारे में नहीं सोचा था। पर, अब फिर से उसकी

याद सताने लगी थी। क्या उसकी याद इसलिए आती है कि मैं उसे पा नहीं सकती? या उसे इसलिए याद करती हूँ, क्योंकि मुझे पता है कि मैंने उसे जितना प्यार किया, उतना कभी किसी दूसरे को नहीं कर सकूँगी? पल्लवी को अपने ये जवाब कभी नहीं मिले। यह कुछ ऐसा था, मानो किसी पुरुष ने पहली बार गालों पर रेजर चलाया हो। और चाहे जो हो जाए, उसकी त्वचा फिर कभी पहले जैसी नहीं रहती। जब से डीनो के अस्तित्व का पता चला, मुझे उससे प्यार हुआ···मेरे जीवन की चमड़ी भी हमेशा के लिए बदल गई। उसका रोना सुबकियों में बदल गया। अगर कोई अपने लिए आपके प्यार को न समझे तो यह किसकी भूल मानी जा सकती है? अगर आप किसी ऐसे से प्यार करने लगें, जो किसी और को प्यार करता है, तो यह किसकी गलती मानी जाएगी? जब एक ओर आप किसी से दीवानों की तरह प्यार करते हों और दूसरी ओर आपको पता हो कि वह आपका नहीं हो सकता, तो आप क्या करने का निर्णय लेते हैं? मैं अपने रिसते हृदय के लिए कौन सी दवा लगा सकती हूँ? पल्लवी ने सुबकियों को रोकने के लिए तकिए को जोर से दबा लिया। आखिर में, जब भावनात्मक ज्वार थमा तो उसे अपने लिए एक समाधान मिल गया। 'मैं जितना ज्यादा सिंगल रहूँगी, उसकी उतनी ही याद सताएगी। मुझे अपने लिए किसी दोस्त को तलाश कर डीनो को अपने सिस्टम से बाहर निकालना होगा।'

कॉलेज में ही तलाश चालू हुई और उसे अपने कजिन के कॉलेज का एक सीनियर मिल गया। उसने उसे अपने छोटे कजिन के कॉलेज फेस्ट एलबम में देखा था।

"कौन है यह?" पल्लवी ने बहन से पूछा।

"रोनित भगत।"

"क्या इससे मिलवा सकती है?"

"किसलिए, दीदी? आपको पसंद आ गया क्या?"

"नहीं, कॉलेज प्रोजेक्ट पर बात करनी है।" उसने आँख दबाई।

वे लोग कनॉट प्लेस के कैफे 'कॉफी डे' आउटलेट्स में से एक में मिले

और आरंभिक परिचय के बाद अंदर चले गए। दोनों में खूब पटी। बेशक, पल्लवी ही आगे थी और रिश्ते का स्टेयरिंग उसके ही हाथ में था।

वे लोग सारी रात फोन पर बातें करते और कॉलेज के बाद आपस में मिलते। रोनित बहुत समझदार, शिष्ट, दिखने में सुंदर, दिलदार और भरी हुई जेबों वाला था। उसमें जरा भी अकड़ नहीं थी। 'मैं नहीं चाहती थी कि मेरे दोस्त में वह तेवर हो, जो मेरे पास पहले से है।' पल्लवी खुश थी।

हालाँकि,, परेशानी यही थी कि रोनित अपनी ओर से कभी पहल नहीं करता था। जब वे एक बार वेव्स सिनेमा में मौन बैठे दर्शकों के बीच अंग्रेजी प्ले देख रहे थे। वे लोग आखिरी लाइन में थे और उनके आसपास कोई नहीं था। पल्लवी जानती थी कि यह उनके बीच पहले किस के लिए सबसे उपयुक्त जगह थी। वह अपना हाथ धीरे से रोनित के पास ले गई और उसका बाजू पकड़ लिया। जब उसने देखा तो पाया कि पल्लवी उसे ही देख रही थी। पल्लवी अपनी ओर से किस करने की तैयारी के साथ उसकी ओर झुकी। उसने होंठ थोड़े से खोले; पर उसने अचानक एक फुसफुसाहट सुनी।

"सॉरी! हमारे पास बचाव के लिए कुछ नहीं है।"

पल्लवी ने एक झटके में आँखें खोल दीं। वह यकीन नहीं कर सकी। उसका लुभावना चेहरा कठोर हो गया था।

"बेवकूफ कहीं के! केवल किस करने के लिए किसी बचाव की जरूरत नहीं होती।" पल्लवी फुफकार भरते हुए हॉल से बाहर हो गई।

कई दिन तक माफी माँगने के बाद, कॉल कटने का अपमान सहने के बाद भी रोनित पल्लवी के घर लाल गुलाबों का गुलदस्ता लेकर पहुँचा। उसके पास कुछ विदेशी चॉकलेट्स के डिब्बे, चार फीट का आर्चीज का 'सॉरी कॉर्ड' था। वह उसके आगे खड़ा था। पर पल्लवी फिर भी संतुष्ट नहीं हुई।

जब कामवाली बाई के जाने के बाद दोनों घर में अकेले हुए तो पल्लवी उसे अपने सोने के कमरे में ले गई।

"चलो, जल्दी से खोलो।"

रोनित चॉकलेट के रैपर खोलने लगा।

"उफ्! अपने कपड़े खोलो, बेवकूफ।"

रोनित को काटो तो खून नहीं। वह मुँह बाए पल्लवी को ताक रहा था।

"कपड़े उतारो, वरना मुझे जबरदस्ती करनी पड़ेगी।" पल्लवी बोली।

"पर यह ठीक नहीं है। एक लड़की किसी लड़के साथ ऐसा नहीं कर सकती।"

"सच्ची?"

"हाँ!" रोनित थूक-पर-थूक गटक रहा था।

"इसमें लिंग भेद नहीं चलता। कोई भी, कुछ भी कर सकता है, नादान बच्चे। अब तू खुद उतारेगा या मैं..."

"... ... ..."

"रोनित, मुझे देखकर तेरा मन नहीं मचलता?"

रोनित हकलाकर बोला, "मैं तुम्हें उस नजर से नहीं देखता।"

"मतलब?"

"प्यार करता हूँ, पर तुम्हारे लिए मन में कोई वासना नहीं है।"

"मुझे खुशी है कि मुझसे प्यार करता है; पर क्या तू मूवीज नहीं देखता? जो लोग आपस में प्यार करते हैं, उनके बीच जिस्मानी रिश्ता भी तो होता है। क्या तू मेरे साथ वह नहीं रखना चाहता?"

"क्यों नहीं, पर वह सब विवाह के बाद करना चाहूँगा।"

पल्लवी अचानक आगे को लपकी और रोनित को कसकर गले से लगा लिया। वह बहकने ही वाला था कि उसने पल्लवी को अपने से खींचकर अलग कर दिया।

"अगर हमारे बीच प्यार है तो जो विवाह के बाद करना है, उसे अभी करने में क्या परेशानी है?"

"तुम्हें नहीं लगता कि सेक्स के बारे में धैर्य रखना ही वचनबद्धता की सबसे बड़ी निशानी है?"

पल्लवी रोनित से दोबारा कभी नहीं मिली।

दूसरे साल के आखिर में अधिकतर छात्र पार्ट टाइम काम करने लगे। उनका रेज्यूम मजबूत हो रहा था और साथ ही चार पैसे की कमाई भी हो जाती। पल्लवी को पहले तो यही लगता था कि कैंटीन में गप्पें मारना ज्यादा मजेदार है, बजाय इसके कि कहीं काम किया जाए। पर जल्दी ही उसके जानकार दोस्त भी क्लास के बाद कैंटीन में आने बंद हो गए। तब पल्लवी ने सोचा कि उनके बारे में पता किया जाए।

"मानविका, सैमी और रंजना कहाँ हैं? वे रोज किधर गायब हो जाती हैं?"

"ऑफिस।" वीतिका ने कहा।

"ऑफिस? कैसा ऑफिस?"

"जहाँ काम करने से पैसे मिलते हैं।"

पल्लवी ने खुद को सँभालने के लिए चुटकी काटी।

"हर कोई पार्ट-टाइम काम कर रहा है। मुझे लगा कि तुम्हें पता होगा।"

"पता तो है, पर यह नहीं पता था कि हमारे ग्रुप को भी यह बीमारी हो गई है।"

"मेरा भी कल इंटरव्यू है।"

"अच्छा? कहाँ?"

"जेबरा पी.आर. एजेंसी?"

"और?"

"मैं उनके पास एक ट्रेनी कंटेंट एडिटर बनकर जा रही हूँ। वे लोग 6,000 रुपए महीना वेतन देंगे।"

"वीतिका", पल्लवी उसके पास आ गई, "मेरी बात सुन, डियर! तू यह काम क्यों कर रही है? पैसे के लिए?" उसकी दोस्त ने हामी भरी। "क्या तुझे सच में लगता है कि तुझे और मेरे जैसे लोगों को पैसे के लिए काम करना चाहिए? हमें भगवान् ने जो दिया है, उसका आदर करना चाहिए। और उसने हमें ऐसे डैड दिए हैं, जो जी भरकर पहले से ही कमा रहे हैं। है न?"

वीतिका उसकी बातों में रस लेने लगी। कल ही उसने नौकरी के मामले

में डैड से झगड़ा कर लिया था। पर उसने वह सब नहीं सोचा था, जो पल्लवी आज उसे बता रही थी।

"देख यार! चिल मार। यह पार्ट टाइम जॉब तो मिडिल क्लास के लूजर बच्चे करते हैं। उनकी जेबें खाली रहती हैं। हमें क्या परेशानी है, जब तक हमारे पास यह सब है।" उसने मेज पर रखे उनके गूची बैग्स पर हाथ मारा, "ये तो मस्ती-शस्ती करने के दिन हैं। बात समझ आई? अगर हमने अपना टाइम किसी कंपनी में पैसा कमाने में लगा दिया तो यह बता कि हम में और सुनैना में क्या अंतर रह जाएगा? हम तो किस्मत के शहंशाह हैं और हमें इसका पूरा मजा लेना चाहिए। जरा सोच, हमारे माँ और डैड को पता चला कि हम पैसे के लिए नौकरी करना चाहते हैं तो उनका दिल कितना टूटेगा!"

वीतिका एक बार फिर अपने डैड से हुई झड़प के बारे में सोचने लगी।

"उन्हें लगेगा कि वे आज तक अपने बच्चों को मौज से भरी जिंदगी देने के लिए जो कोशिश करते आ रहे थे, वह सारी बेकार हो गई। क्या तुझे लगता है कि वे इसके हकदार हैं? क्या तुझे सच में ऐसा लगता है?"

वीतिका ने इनकार किया और पल्लवी को उसकी आँखें खोलने के लिए धन्यवाद दिया।

"तो अब तुम क्या करोगी"

"सिंपल! मैं उस जगह काम नहीं करूँगी।" वे मुसकराईं और अपनी आखिरी क्लास में चल दीं।

शाम को पल्लवी ने येलो पेज की मदद से जरूरी कॉल की।

"हैलो, जेबरा पी.आर. एजेंसी?"

"जी, मैं आपकी क्या मदद कर सकता हूँ?"

"मुझे ट्रेनी कंटेंट एडिटर के पद के लिए आवेदन करना था।"

"सॉरी मैम, वह जगह तो किसी को दे दी है।"

"पर वह तो बीमार हो गई है। इसलिए तब तक काम पर नहीं आ पाएगी।"

कुछ देर बातचीत के बाद जवाब आया।

"हम लोग एक सप्ताह तक इंतजार करेंगे और फिर आपको कॉल करेंगे। फिर आप हमें ज्वाइन कर लेना।"

पल्लवी ने मुसकराकर खुद को देखा।

"वैसे, आपको इंटरव्यू पास करना होगा।"

"पक्का।"

लाइन खत्म हो गई और पल्लवी ने खुद से कहा, 'पल्लवी तभी नाकामयाब होती है···अगर वह चाहे तब!'

समय के साथ उसे अपने ऑफिस के काम में और ज्यादा आनंद आने लगा। सहयोगियों और सीनियरों के साथ थोड़ी चुहलबाजी तथा अपने ग्राहकों के साथ थोड़ी इशारेबाजी और जुनून से भरी नजरें किसी को भी उसकी ओर खींच लेतीं। उसे देर रात तक ऑफिस में मर्दों के साथ काम करना भाता था। और जब जेबरा पी.आर. के कॉरपोरेट रिलेशन हेड, औरतों के रसिया समीर, ने पल्लवी को डेट पर चलने को कहा तो वह जान गई कि अब कुछ खास करके दिखाने का वक्त आ गया था।

वे लोग हयात रीजेंसी के 'ला पिज्जा' में गए और कुछ मदमस्त कर देनेवाले इतालवी व्यंजन खाए। उसके तुरंत बाद समीर बोला, "किधर चलें? मेरा घर या तुम्हारा?"

जब वे द्वारका स्थित समीर के दो बेडरूम वाले फ्लैट में पहुँचे तो उन्हें एक-दूसरे के साथ जोड़ी बनाने में देर नहीं लगी। समीर के घर में कोई नहीं था, जो उन्हें किसी भी तरह से बाधा पहुँचाता।

जब पल्लवी अगली सुबह घर गई तो वह पहले माँ के पास गई और उन्हें समझाया कि वह एक दोस्त के घर देर रात तक पढ़ रही थी। इसके बाद वह अपने कमरे में थी। वह देर दोपहर तक नेताओं की तरह सोती रही और शाम को नहाते हुए सोचा, 'कल जिंदगी में बड़ा बदलाव आया। क्या इससे कुछ बदला? उसने अपने शरीर को देखा। कुछ खास नहीं! सेक्स के लिए इतनी मनाही क्यों है? कम उम्र में ही यह सब करने में कोई परेशानी तो नहीं है।'

कॉलेज के तीसरे साल में पल्लवी सात दोस्त बदल चुकी थी और उनमें से हरेक के साथ देर रात तक पढ़ाई की गई थी।

और कॉलेज का जीवन पूरा हुआ तो पल्लवी को अहसास हुआ कि मौज तो अभी चालू हुई थी।

□

स्वधा

"क्या लड़कियाँ पापी होती हैं?"

उसकी माँ यह सुनकर चौंकीं। जहाँ तक उन्हें पता था, उनके पति ने अपनी बेटी के लिए रवैया बदल दिया था, इसलिए यह सवाल नहीं पूछा जाना चाहिए था। कम-से-कम अभी तो नहीं।

"तुमने क्यों पूछा, डार्लिंग?"

"बंटी ने बताया कि सारे पापी अगले जन्म में औरतें बनकर पैदा होते हैं। क्या यह सच है?"

"यह बकवास है!"

"तो हर महीने हमारे शरीर से रक्त निकलता है और हमें पीड़ा सहनी पड़ती है, क्यों? जबकि इसमें हमारी कोई गलती नहीं होती। या यह हमारी गलती है?"

"लड़कों को भी यह सब सहना पड़ता है।"

"रहने दो! मैंने तो बंटी को कभी विस्पर का पैड लेते नहीं देखा।"

"अरे, मैं कह रही हूँ कि लड़के भी अपनी तरह से विकसित होते हैं। यही तुम्हारे साथ हो रहा है। यह सामान्य है।"

"पर लड़की को एक औरत बनने के लिए दर्द सहना पड़ता है। इसे सामान्य क्यों कहते हैं और लड़के बस, उम्र के साथ बड़े होकर मर्द हो जाते हैं। हमारे लिए ही यह शाप क्यों बनाया गया है?"

"देखो, दु:ख सहकर ही कुछ पाया जा सकता है। तुम्हें तो खुद को किस्मतवाली मानना चाहिए कि तुम एक लड़की हो।"

"दु:ख सहकर ही कुछ मिलता है, बात तो समझ आ गई; पर क्या मिलता है?"

"तुम और तुम्हारे सवाल!" उसकी माँ ने अपनी नाक उसके बालों से रगड़ी, "तुम्हें बाद में खुद समझ आ जाएगा।" उसकी माँ को बहुत तसल्ली थी कि सत्रह साल की उम्र में भी उसकी बेटी पहले जैसी मासूम थी। यह तो दुर्लभ था। बच्चे आजकल इतनी जल्दी बड़े हो जाते हैं कि बचपन पहले ही हाथों से फिसल जाता है।

स्वधा के बोर्ड के नतीजे आते ही आवेदन-पत्रों का सिलसिला चालू हो गया। एक अच्छी परसेंटेज के कारण उसे देश के अच्छे कॉलेजों में आसानी से दाखिला मिल रहा था; पर उसके पापा के आदिम स्वामित्वपूर्ण रवैए को शुक्रिया कहना होगा। उन्होंने केवल उन्हीं कॉलेजों में आवेदन-पत्र भेजे थे, जो केवल महिलाओं के लिए थे।

"परंतु तुम्हें लखनऊ छोड़ने की क्या जरूरत है? तुम आई.टी. कॉलेज क्यों नहीं जा सकतीं?"

"डैडी, केवल कॉलेज की बात नहीं है; मुझे बाहर की दुनिया भी देखनी है। मैं आपके सुरक्षित वातावरण से निकलकर जिंदगी के लिए और ज्यादा सीख सकूँगी। मैं यह नहीं कह रही कि यह मुझे पसंद नहीं है; पर मैं यह भी देखना चाहती हूँ कि अकेले रह सकती हूँ या नहीं! और माँ ने कहा था कि कुछ पाने के लिए कुछ खोना भी पड़ता है।"

हारकर माँ-डैड ने हामी भर दी और स्वधा ने पुणे में सागर वामशी वूमन कॉलेज में दाखिला ले लिया। उसने विज्ञान संकाय में नाम लिखवाया था। पापा उसे उसका अपार्टमेंट खरीदकर देना चाहते थे, पर उसने अपनी मरजी से ईव हाउस में अपना कमरा खोज लिया, जो कॉलेज का लेडीज हॉस्टल था।

ईव हाउस में एक महीने में ही उसे अपने पापा के कहे शब्द समझ आने लगे। हॉस्टल की लड़कियाँ बहुत अलग थीं। कुछ अजीब थीं और बाकी सारी दुष्ट। वे लड़कों के बारे में छिछोरी बातें करतीं, अपने लैपटॉप्स

में पॉर्न वीडियो देखतीं। उन्हें नशे की लत थी। चाहे वे खाना खाना या नहाना भूल जाएँ, पर नशा करना नहीं भूलती थीं। उन्होंने स्वधा को भी अपनी हरकतों में शामिल करना चाहा। रैगिंग के दौरान उन्हें निर्वस्त्र कर कमरे में घुमाया गया और इस तरह की हरकतें करने को कहा गया, जो वाकई बेहद शर्मसार करनेवाली थीं। स्वधा को इन बातों से नफरत थी। वह उनमें हिस्सा नहीं लेना चाहती थी, पर उसके पास कोई और चारा नहीं था। वह बाथरूम में अकेले बैठकर रोती या आधी रात तक बिस्तर पर पड़ी मॉम व डैड की तसवीरें देखती। वह अपमानजनक रैगिंग से दहल गई थी। बार-बार एक ही बात दिमाग में आती थी—'कुछ पाने के लिए कुछ खोना भी पड़ता है।'

कुछ ही महीने बाद स्वधा ने आश्चर्यजनक तरीके से आसपास के माहौल से समझौता कर लिया। समय…कई बार हम हर तरह के बुरे हालात के साथ समझौता करना सीख लेते हैं!

उसने हॉस्टल में जो भी देखा, सुना और सीखा, उसने उसे इतना पक्का कर दिया था कि अब उसे किसी बात की हैरानी नहीं होती थी। अब वह हर चीज के लिए तैयार रहती थी या उसे ऐसा लगता था। स्वधा को ईव हाउस में ही अपने बारे में सबसे खराब चीज का पता चला। उसे अहसास हुआ कि उसके भीतर तो एक बहुत बड़ी एय्याश छिपी थी। और अपनी उसी तृष्णा को शांत करने के लिए वह ऐसे काम करती थी, जो शायद सामान्य रूप से न करती।

स्वधा रात को सोने का दिखावा करती और अपने कमरे में रहनेवाली लड़की की फोन कॉल पर कान लगाए रखती। जब वह अपने दोस्त को फोन पर किस देती तो स्वधा को शर्म आ जाती। दिन-ब-दिन उसकी हरकतें बिगड़ती जा रही थीं। रविवार के दिन हॉस्टल के बाहर लड़कों का जमावड़ा लगता था। वे लोग बाइकें लेकर आ जाते और तेज आवाज वाले हॉर्न बजा-बजाकर शोर मचाते। जब कोई लड़की खिड़की से झाँकती तो वे उसे लुभाने के लिए तरह-तरह के भद्दे फिल्मी गीत गाने लगते। पर कोई

उनकी शिकायत नहीं करता, क्योंकि सबको उनका ऐसा करना पसंद था। जो भी हो, मर्द के लिए सेक्स का जो मोल है, वही औरत के लिए तारीफ का माना जाता है। कई लड़कियाँ तो अपने लिए गाए गए गीतों के मतलब निकालने बैठ जातीं।

समय-समय पर स्वधा को भी लगता था कि उसका भी कोई पुरुष मित्र होता! जब लड़कियाँ उसे वेलेंटाइन डे पर मिले उपहारों के बारे में बतातीं या किसी डेट पर जाने के लिए उसकी कोई पोशाक चाहतीं तो उसे अपनी कमी बहुत खलती थी। 'राजेश' वाली बात के बाद स्वधा ने खुद को समझा दिया था कि वह प्रेम के बारे में कोई और निराशा सहन नहीं करना चाहेगी। वह किसी खास के बारे में सपने देखती—'गोरा रंग, पतले लाल होंठ, आँखें, जो नटखट होने के अलावा गहराई भी रखती हों। मुसकान ऐसी कि सामनेवाले का दिल लूट ले और आकर्षण ऐसा कि उसके आगे जिंदगी की हर मुश्किल छोटी लगने लगे। शिष्टाचार ऐसा कि वह उसकी दीवानी हो जाए और व्यवहार ऐसा, जो उसे यकीन दिला दे कि वह उसके लिए ही बना है।' पर दूर-दूर तक स्वधा को ऐसा लड़का मिलने या दिखने की कोई उम्मीद नहीं थी। जब तक वह कॉलेज के तृतीय वर्ष में आई, उसके संपूर्ण पुरुष का अस्तित्व, रोमानियत खो चुका था। और जब उसकी एक अच्छी दोस्त अवंतिका ने आत्महत्या करने की कोशिश की तो उसे यकीन हो गया कि प्यार और वफादारी वगैरह सब झूठी बातें हैं।

हॉस्टल में हर लड़की अवंतिका और ध्रुव के प्रेम-प्रसंग के बारे में जानती थी। पर कोई उनकी बुराई नहीं करता था, क्योंकि उन्हें पता था कि उन दोनों का प्यार सच्चा था। वे पिछले पाँच वर्षों से साथ थे और अवंतिका के मम्मी व पापा को भी ध्रुव के बारे में पता था। जोड़ा पूरी तरह से आश्वस्त था कि कॅरियर बनने के बाद वे आपस में विवाह कर लेंगे। पर कॉलेज फेयरवेल से ठीक पहले अवंतिका को पता चला कि ध्रुव पिछले दो साल से उसे धोखा देता आ रहा था।

"चिंता मत कर, अवनि, मर्द तो होते ही कुत्ते हैं।" रेखा ने अपनी दोस्त को दिलासा दी।

"पर कुत्तों की भी नस्ल होती है।" स्वधा ने बीच में कहा।

रेखा ने उसे कड़ी नजर से देखा, "तू कह रही है, कुत्तों की नस्ल होती है, मर्दों की नहीं?"

"परंतु तूने ही कहा कि मर्द कुत्ते होते हैं।"

"ओह, शट-अप!" रेखा फिर से अवनि की ओर मुड़ी—"क्या तू मुझे सही-सही बता सकती है कि तूने खुद को मारना क्यों चाहा?"

"मैं…" अवंतिका ने गहरी साँस ली और उसका दम घुटने लगा—"मुझे समझ नहीं आया कि क्या करना चाहिए! मैं उसे बहुत प्यार करती थी। यकीन करो, मैंने अपने इस रिश्ते पर सब न्योछावर कर दिया था और उसने बदले में मुझे यह दिया है। रेखा, बताओ, मुझे अब मरने के सिवा और क्या करना चाहिए?"

"तूने उसके मुँह पर थप्पड़ नहीं मारा?"

"यह तो अपमानजनक होता।" स्वधा ने कहा।

"अच्छा! कम-से-कम दिल टूटने से ज्यादा दर्द तो न होता। सुन अवनि, तुझे भी अपने ब्रेकअप की पार्टी करनी चाहिए।" उन्होंने रेखा को भौंचक्के होकर देखा।

"पर पहले यह बताओ कि लोगों के ब्रेकअप क्यों होते हैं?"

दोनों ही चुप रहीं।

"नब्बे प्रतिशत रिश्ते टूट जाते हैं, क्योंकि उन दोनों में से एक वफादारी नहीं निभा पाता।"

"बाकी बचे हुए एक प्रतिशत लोग?" स्वधा ने पूछा।

"मैंने इस बारे में नहीं सोचा। मुझे इतना पता है कि रिश्ता एक बच्चे की तरह होता है, जिसे प्यार से पाला-पोसा जाता है। अगर उसे प्यार, भरोसा और ईमानदारी न मिले तो वह समय के साथ-साथ नष्ट होने लगता है। इसे पिता की सुरक्षित उपस्थिति के साथ-साथ माँ का दूध भी चाहिए, जो उसके

लिए वचनबद्धता का काम कर सके। क्या हमारे माँ-बाप हमारे लिए अपनी नींद हराम नहीं करते थे, जब हम अपने बिस्तर पर सू-सू कर देते थे? ठीक इसी तरह एक रिश्ते को भी दोनों ओर से बलिदान और समर्पण चाहिए। जब हम बीमार पड़ते तो पापा अपने जरूरी काम छोड़कर नहीं आते थे? एक रिश्ते में भी सही समय पर इसी तरह के समझौते करने होते हैं। हालाँकि, इनसानों को भावनाएँ दी गई हैं, पर फिर भी दूसरे की भावनाओं को समझकर उसके अनुसार चलना हमारे लिए आज भी आसान नहीं है। कुछ लोग इस काम को पूरा करने की कोशिश करते हैं, पर कई लोग कंधे झटककर आगे निकल जाते हैं।"

रेखा आगे बोलना चाहती थी, पर अवनि की सिसकियों को सुनकर उसे रुकना पड़ा।

"मैंने उसे...अपना सबकुछ..."

"क्या तुम लोगों के शारीरिक संबंध भी थे?"

अवंतिका ने रोते हुए रेखा को गले से लगा लिया।

"अवनि, चिंता मत कर! अगर तू ऐसा कर चुकी है तो वह भी बराबर का हिस्सेदार था। ऐसा नहीं कि तू अब भी कुँआरी नहीं रही। उसके साथ भी तो यही हुआ है। उसके लिए भी यह समान बात है। शांत हो जा, यह कोई बड़ी बात नहीं है।"

"पता है।" रेखा ने अवनि को और भी कसकर थाम लिया तथा स्वधा को देखते हुए बोली, "अगर तुम मर्द बनकर पैदा हो तो हर चीज बड़ी हो जाती है। क्या तुम अखबार नहीं पढ़तीं? इन दिनों टीनेज प्रेगनेंसी कितनी बढ़ गई है! सबकुछ मर्द की जिम्मेदारी है; पर ज्यों ही कोई लड़की माँ बनने वाली होती है तो सारी जिम्मेदारी उसकी हो जाती है। जब भी इंटरनेट पर कोई एम.एम.एस. या सेक्स वीडियो आता है तो लड़की के परिवार को शर्म से छिपना पड़ता है। अगर लड़की को कोई छेड़ता हो तो उसे ही स्कूल या कॉलेज या फिर ऑफिस जाने का रास्ता बदलना पड़ता है। बसों, गाड़ियों और ऑटो-रिक्शा में लड़के व मर्द उसे ताकते हैं और उसे ही शारीरिक,

मानसिक तथा भावनात्मक यातना सहन करनी पड़ती है। एक मर्द को लगता है कि किसी युवती को वश में करने का एक ही तरीका है कि उसका कौमार्य छीन लिया जाए। इस तरह उसे शारीरिक, मानसिक और नैतिक रूप से वश में कर सकते हैं। पर वे कभी एक पल के लिए भी हमारी पीड़ा के बारे में सोचते हैं? हम जानते हैं कि मर्द के दिल का रास्ता पेट से होकर जाता है; पर क्या उन्हें पता है कि हम क्या चाहती हैं? दरअसल, अब मर्द, मर्द ही नहीं रहे।"

"पर कितनी लड़कियाँ भी ऐसी हैं, जो मर्दों को धोखा देती हैं!"

"बेशक, होती हैं। हर औरत के अंदर एक कुतिया और हर मर्द में एक कमीना इनसान छिपा होता है। कोई भी इस हकीकत से भाग नहीं सकता। पर अगर हम आँकड़ों की बात करें, जिसके लिए भारत के अतार्किक सेक्स अनुपात को धन्यवाद देना होगा, तब तुम सच जान सकोगी।"

"अगर यह सच है तो क्या कभी कोई ऐसा नहीं मिलेगा, जो मुझे बेशर्त प्यार दे सके? या फिर निस्स्वार्थ प्रेम इतना रोमानी होता है कि यह असल में हो ही नहीं सकता? यह सब देखने के बाद क्या मैं किसी रिश्ते को अपना सौ प्रतिशत दे सकूँगी? क्या हमेशा मेरी ओर से संदेह की तलवार नहीं लटकती रहेगी? मेरी ओर से भविष्य में किसी भी रिश्ते का हिस्सा बनना कठिन होगा। क्या इस तरह से बने रिश्ते सुंदर होंगे? हे भगवान्! इस तरह से बना कोई रिश्ता सुंदर हो ही नहीं सकता!" स्वधा ने अपने सूखे हुए होंठों पर जीभ घुमाई।

"अब हमें क्या करना होगा?"

"पार्टी करनी होगी। अगर ध्रुव अच्छे दिल का इनसान होता तो उसने तुम्हारे साथ जो किया, वह कभी न करता; कम-से-कम इतने समय तक रिश्ता रखने पर तो नहीं करता। और अब वह तुम्हारे जीवन में नहीं है। इसका मतलब है कि जिसने तुम्हें कभी प्रेम नहीं किया, वह स्वयं ही तुम्हारे जीवन से चला गया। तुम्हें नहीं लगता कि पार्टी तो बनती है?"

तीनों लड़कियों ने एक-दूसरे को देखा और फिर खिलखिलाने लगीं।

अवंतिका के भी आँसुओं से भीगे चेहरे पर मुसकान खेल गई थी।

"पार्टी के बाद खुशी-खुशी अपने जीवन में आगे बढ़ो और याद रखो कि अब भी बहुत से लोग हैं, जो तुम्हें बहुत प्यार करते हैं, डार्लिंग।" रेखा ने अवंतिका के गाल चूम लिये।

"थैंक्स।"

"अगली बार से किसी से प्यार करने से पहले सोच लेना, समझीं?"

'पर क्या प्यार भी सोच-समझकर होता है?' स्वधा धीरे से अपनी दोस्तों के साथ कमरे से बाहर आ गई।

☐

ग्रेजुएशन के बाद जिंदगी का दूसरा दौर आया। इसके बाद मैनेजमेंट एडमिशन टेस्ट हुआ, जिसमें स्वधा ने 90 प्रतिशत अंक हासिल किए। ग्रुप डिस्कशन और निजी इंटरव्यू के बाद उसे आगे की पढ़ाई के लिए गुड़गाँव के एक बेहतरीन पोस्ट-ग्रेजुएट संस्थान में दाखिला मिल गया।

पावर प्वाइंट प्रेजेंटेशन, केस स्टडीज, लेक्चर, कैंपस गतिविधियाँ, बहसें, वाद-विवाद, प्रोजेक्ट्स, प्रशिक्षण, टर्मिनल्स; पहले साल में तो जिंदगी एक ढर्रे पर चली। और जब उसे लगा कि उसे एक ब्रेक की जरूरत थी, तो इंटर कॉलेज में फेस्ट में उसकी भेंट सोहम से हुई, जो गाजियाबाद के किसी कॉलेज से एम.बी.ए. कर रहा था।

यह सोहम के लिए पहली नजर का प्यार था और उसने ही स्वधा का नंबर चाहा। पहले स्वधा हिचकी, 'सिली जिली! क्या मदर टेरेसा बनने का मूड है?' फिर उसने पूरा सप्ताह सोचने के बाद अपना नंबर मैसेज कर दिया। और 'हैलो' के बाद से उनके बीच खूब पटने लगी।

जब भी वे फोन पर बात करते तो एक-दूसरे के बारे में कोई-न-कोई अच्छी बात पता चलती। जब उनकी दोस्ती पंद्रह दिन की हुई तो सोहम ने मैसेज किया—

'अगर मैं कहूँ कि तुमसे मोहब्बत है, तो बुरा तो नहीं मानोगी?'

इससे पहले कि वह कुछ सोचता, उसके इनबॉक्स में जवाब हाजिर था।

'अगर मैं कहूँ कि मैं भी तुमसे मोहब्बत करती हूँ, तो बुरा तो नहीं मानोगे?'

सोहम हर शनिवार को गुड़गाँव आता और वे फिल्म देखने जाते। फिर वे दिल्ली-गुड़गाँव हाईवे पर गाड़ी पार्क कर गाड़ी में ही गप्पें मारते और खाते-पीते। तीन महीने में उनका साफ-सुथरा प्यार उस स्तर पर आ गया था, जहाँ सोहम शारीरिक निकटता चाहता था, जिससे स्वधा असहज हो जाती। वह प्रेम के जिस्मानी रूप को स्वीकार नहीं कर पा रही थी। उसने जल्दी ही यह बात सोहम को बता दी।

"डियर, हम कोई जिस्मानी संबंध नहीं बना रहे। एक-दूसरे को चूमने या छूने में तो कोई हर्ज नहीं होना चाहिए?"

'क्या यही शुरुआत नहीं है?' स्वधा ने सोचा, पर फिर गरदन हिला दी।

एक शनिवार, सोहम ने स्वधा को गाजियाबाद स्थित अपने घर बुलाया। 'सिली जिली, कहानी खत्म होने वाली है। जिस दिन वह तेरे जिस्म को पा लेगा, उस दिन के बाद उसे तुझमें कोई दिलचस्पी नहीं रहेगी।' पर वह सोचने लगी कि अगर उसने इनकार किया तो यह भी उसकी ओर से ठीक नहीं माना जाएगा। वह उसे प्यार करती थी और उसे मायूस नहीं करना चाहती थी। इस तरह उसने भीतर से उठते स्वर को दबाया और उसके घर जाने का फैसला कर लिया।

"आज हमारे संबंध का सबसे अहम दिन होगा।"

"मुझे पता है।" उसने आह भरी।

यह किराए का घर था और उस जगह तीन गंदे गद्दों के सिवा कुछ नहीं था।

"माफ करना, दो और लड़के साथ ही रहते हैं, इसलिए।"

"मैं समझती हूँ।" स्वधा एक गद्दे के कोने पर बैठी और वह दूसरे गद्दे पर बैठ गया।

"अब मेरी बात ध्यान से सुनो। मैं तुमसे कुछ नहीं पूछूँगा, पर माफ करना।"

स्वधा बाकी बात नहीं सुन सकी, क्योंकि वह अपनी ही दुनिया में मग्न थी। क्या करना चाहिए, क्या करना चाहिए? वह अपनी आँखें बंद कर खड़ी हो गई। 'मुझे पता है कि तुम्हें क्या चाहिए।' यह सोचकर वह अपनी शर्ट के बटन खोलने लगी। उसने उसी मुद्रा में अपने बाकी वस्त्र उतारकर यही उम्मीद की कि जल्दी ही सोहम उसके साथ होगा। पर अचानक बरतनों के खनकने की आवाज सुनी तो आँखें खोलकर देखा, सारा कमरा अँधेरे में डूबा हुआ था।

"क्या हुआ?" वह चकरा गई।

"शिट!" सोहम रसोई से चिल्लाया, "पता नहीं दोस्त मोमबत्तियाँ कहाँ रखते हैं! लाइट चली गई है।"

"मतलब?"

"मतलब, लाइट चली गई है। तुम्हें कहा था न कि मुझे माफ करो।"

"तुमने कहा था। पर मैंने तो सुना ही नहीं था। बेशक, तुमने कहा था।" फिर स्वधा ने जल्दी से अपने कपड़े पहन लिये।

"सॉरी, लगता है कि घर में मोमबत्ती नहीं है।"

"ठीक है।"

"क्या बाहर घूमने चलोगी?"

"नहीं।"

"तो बात कैसे होगी? अच्छा, रुको।"

सोहम पासवाले कमरे से लाइटर ले आया।

"तुम सिगरेट पीते हो?" स्वधा हैरान थी।

"कभी-कभार!" सोहम ने एक अखबार जला दिया, जिसकी रोशनी में वे एक-दूसरे को देख सकते थे।

"स्वधा," वे एक-दूसरे की आँखों में देख रहे थे, "तुमसे बहुत प्यार है।"

"मुझे भी! सोहम।"

"पर एक मुसीबत है, डियर। तुम जानती हो कि मैंने कम उम्र में ही

पापा को खो दिया था और मम्मी दिल की मरीज हैं। पिछले साल ही उनकी बाई-पास सर्जरी हुई है।"

"हम्म, सब पता है।"

"वे चाहती हैं कि मैं उनकी पसंद की लड़की से ही विवाह करूँ।"

एक पल के लिए स्वधा चुप रही और फिर आम लहजे से थोड़ा जोर से बोली।

"पर, क्या मैं उनकी पसंद नहीं हो सकती? क्या मैं इस लायक नहीं हूँ?"

"तुम तो कमाल हो। मेरा यकीन करो, वे किसी दूसरी लड़की को वादा कर चुकी हैं, जिसे मैं तुमसे मिलने तक जानता तक नहीं था, वरना मैं तुम्हारे साथ डेट न करता।"

"पर मैं तुमसे प्यार करती हूँ।"

"मैं भी बहुत प्यार करता हूँ; पर मैं अपनी मम्मी को सबसे ज्यादा प्यार करता हूँ। और मैं उनके आशीर्वाद के बिना कोई काम नहीं कर सकता।"

"क्या तुमने उन्हें मेरे बारे में बताया?"

"मैंने बताया, पर अगले ही दिन उनकी हालत और खराब हो गई।"

कोई बहुत देर तक कुछ नहीं बोला। इनसान के लिए सबसे बड़ा वरदान—शब्द, उन्होंने अचानक ही अपनी प्रासंगिकता खो दी थी। स्वधा अचानक ही सोहम के पास आई और उसके कंधे पर सिर रखकर रोने लगी। उसे अहसास हुआ कि वह भी रो रहा था। इस तरह वह और भी भावुक हो गई और वे सारी शाम रोते रहे।

"मैं तुम्हें बताना चाहता था कि जीवन में जब कभी जरूरत हो तो मैं हमेशा मौजूद रहूँगा।"

वे दोनों बहुत देर तक वासना से परे, विशुद्ध प्रेम से आलिंगन में रहे। फिर उन्हें बाद में अहसास हुआ कि इससे सुंदर और रोमानी ब्रेकअप दूसरा नहीं हो सकता था।

□

‘नब्बे प्रतिशत रिश्ते टूट जाते हैं, क्योंकि उन दोनों में से एक वफादारी नहीं निभा पाता।’

‘बाकी बचे हुए एक प्रतिशत लोग ?’

स्वधा इस बारे में नहीं जानती थी। कम-से-कम वह मेरा दोस्त तो है। पर अगले छह महीने में सोहम के फोन और मुलाकातें कम होने लगीं। और जब भी वह फोन करती तो वह परीक्षा में व्यस्त होता या उसका फोन नहीं उठाता था। आखिर में स्वधा ने स्वीकार लिया कि उसे हमेशा अकेले ही रहने का शाप मिला हुआ था।

पहले तो सच्चा प्यार खोजना ही आसान नहीं होता और अगर आप संयोग से उसे पा भी लें तो किस्मत जैसी कुत्ती चीज बीच में आ जाती है। स्वधा ने हॉस्टल में अपने साथ रहनेवाली दोस्तों को बताया।

“मुझे पता है, पर कई बार हम कुछ नहीं कर सकते।”

“कई बार! ओह, कम ऑन! जिंदगी इतनी सादगी से भी नहीं बीतती। दरअसल; मैंने पहले ही तय कर लिया है। अब से मेरा काम और घर ही मेरी प्राथमिकता होगी। बस, इससे ज्यादा कुछ नहीं। जो मेरे लिए बना ही नहीं, उसके पीछे क्या भागना! जब मैं अपने घर से पहली बार बाहर निकली तो अपने माँ-पापा को वादा किया था कि मैं अपनी एक पहचान बनाकर लौटूँगी। हो सकता है कि यह ब्रेकअप मुझे मेरे उसी वादे की याद दिलाने के लिए हुआ हो।”

“मैं तुम्हारी बात से सहमत हूँ, लेकिन क्या तुम उससे दोबारा नहीं मिलोगी ?”

“कभी नहीं।” दो-टूक जवाब आया।

“विवाह किससे करोगी ?”

“जिससे मेरे घरवाले करना चाहेंगे।”

“और अगर तुम्हें उससे प्यार न हुआ तो ?”

“सच कहूँ, तो इन बातों की परवाह ही नहीं रही। इस धरती पर अब कोई भी मुझे मेरे फैसले से डिगा नहीं सकता।”

स्वधा अपनी पोस्ट-ग्रेजुएशन के आखिर तक अपने फैसले पर अटल रही और अपना सारा ध्यान पढ़ाई पर लगा दिया।

फाइनल सत्र से पूर्व सारी कंपनियों ने कैंपस में डेरा डाला और पे-पैकेज, ग्रुप डिस्कशन, मॉक इंटरव्यू तथा प्रोफाइल वगैरह की चर्चा होने लगी। और जब पहली कंपनी—एन.एच. कंसल्टेंट्स प्राइवेट लि. आई तो उसके निर्णय का हर पहलू औंधे मुँह आ गिरा।

उसे पूरा यकीन था कि उसने इंटरव्यू की सारी तैयारी की थी। बारह लोगों को ग्रुप डिस्कशन में से चुना गया। एच.आर. राउंड के बाद केवल आठ लोग बचे, जिन्हें इंटरव्यू देना था।

उसका नाम सबसे पहले बुलाया गया; पर वह आत्मविश्वास से भरपूर थी। उसने हौले से दरवाजा खोला और देखा कि बड़े से कमरे में इंटरव्यू लेनेवाला व्यक्ति एक छोटी सी अल्युमिनियम की डेस्क पर बैठा था।

"क्या मैं अंदर आ सकती हूँ, प्लीज?" सन्नाटे ने उसके पेट में खलबली-सी मचा दी। और जब उस आदमी ने ऊपर देखकर उसे अंदर आने को कहा तो स्वधा को अपने ही शब्द याद आ गए…

'गोरा रंग, पतले लाल होंठ, आँखें, जो नटखट होने के अलावा गहराई भी रखती हों। मुसकान ऐसी कि सामनेवाले का दिल लूट ले और आकर्षण ऐसा कि उसके आगे जिंदगी की हर मुश्किल छोटी लगने लगे। शिष्टाचार ऐसा कि वह उसकी दीवानी हो जाए और व्यवहार ऐसा, जो उसे यकीन दिला दे कि वह उसके लिए ही बना है।…' यह तो मानो वही था, जिसके ख्वाब वह हमेशा ही देखती आई थी। उसे लगता था कि वह सपना सदा अधूरा ही रहेगा, पर वह तो आज जीता-जागता सामने बैठा था। उसके भीतर से उल्लास फूट रहा था, पर वह दरवाजे पर अहमकों की तरह खड़ी रही। वह उम्मीद कर रही थी कि किसी तरह उसके गले से शब्द फूटने चालू हो जाएँ।

"मैंने कहा, प्लीज कम-इन।" उस आदमी ने दोहराया।

"थैंक्यू, सर।" स्वधा ने वहीं खड़े-खड़े कहा।

"पर तुम अंदर क्यों नहीं आ रहीं? तुम पहली प्रत्याशी हो, है न?"

"जी सर।" उसकी देह में सनसनी-सी दौड़ गई।

"तो अंदर आइए। इंतजार किस बात का है?"

'सिली जिली, हिल इस जगह से।' उसने खुद से कहा और किसी तरह उसके सामने जाकर बैठ गई।

"आपका नाम?"

स्वधा बेवकूफों की तरह टुकुर-टुकुर ताकती ही रही।

"क्या मैं आपका नाम जान सकता हूँ?" इस बार वह थोड़ा कड़ाई से बोला।

"स्व···स्वधा कश्यप।"

"ठीक है, स्वधा···अपने बारे में कुछ बताओ।"

"मैं एक होमो···"

"क्या?"

"मैं एक होमो सैपियन हूँ।"

उस आदमी ने सवालिया निगाहें उठाईं।

"नहीं, होमो इरेक्टस।" 'ओह, डार्विन, मदद करो।'

एक पल के लिए तो उस आदमी को कुछ समझ नहीं आया, पर जब उसने स्वधा के काँपते हाथ देखे तो वह सब समझ गया। वह जान गया था कि स्वधा आलतू-फालतू क्यों बोल रही थी। वह उठकर उसके पास आ गया।

उसने अपने लिए रखा पानी का गिलास उठाकर स्वधा को दिया, "यह पीओ पहले।"

स्वधा एक शब्द नहीं बोली। उससे गिलास लेकर पानी गटकने लगी। फिर उसे बीच में देखकर बोली, "थैंक्यू।" और फिर बच्चों की तरह पानी गटकने लगी। कुछ देर बाद उस आदमी के चेहरे की मुसकान पर व्यंग्य की हलकी झलक दिखने लगी। उसने कहा, "गिलास खाली हो गया है।"

तब स्वधा को पता चला कि वह खाली गिलास ही गटके जा रही थी। उसने घबराकर गिलास को मेज पर रख दिया।

"देखिए, मिस कश्यप!"

स्वधा को आभास हो गया कि अब वह क्या सुनने जा रही थी!

'सिली जिली, तूने सब तबाह कर दिया।'

"मुझे लगता है कि आपको एक और मौका दिया जाना चाहिए।"

उसकी आँखों से आभार और अविश्वास एक साथ झलक उठे।

"पर केवल एक और मौका। वह भी इसलिए कि तुम उन तीन प्रत्याशियों में से हो, जिन्हें मेरी कंपनी के सह-संस्थापक नितिन ने अच्छी तरह इंटरव्यू करने को कहा था। अपने आप को सँभालो और मैं आखिर में तुम्हारा इंटरव्यू लूँगा। समझीं?"

स्वधा ने हामी भरी और कमरे से बाहर आ गई। वह सीधा वॉशरूम में गई और मुँह-हाथ धोया।

वह हॉस्टल भागी और कमरे में जाकर लैपटॉप खोलकर बैठ गई। सात लोगों के इंटरव्यू का मतलब था कि उसके पास दो घंटे का समय था। पिछली रात उसने कंपनी की वेबसाइट देखी थी; पर अब वह एक खास सेक्शन और नाम को देखना चाहती थी। वेबसाइट खुलते ही उसने 'अबाउट अस' पर क्लिक किया। फिर मैनेजिंग डायरेक्टर पर क्लिक करते ही एक छोटा सा नोट और थंबनेल सामने आ गया। स्वधा ने उसका नाम पढ़ा—हासिल सिन्हा।

वह कुछ देर तक उस स्क्रीन को देखती रही और फिर आह भरी, 'हे भगवान्! मुझे इससे विवाह करना है! इस बार कुछ गड़बड़ मत करना।' उसने तसवीर में मुसकराते हासिल को दोबारा देखा।

□

पल्लवी

'गाइज एंड गर्ल्स लूज यूअर पोएस···कमऑन एवरीबॉडी रेज द नॉयस!' एक आदमी कैरीबियन लहजे में लाल, हरी व नीली बत्तियों के बीच रैप गा रहा था और उन बत्तियों की जगमग में धुन पर थिरकते लोग देखे जा सकते थे। शराब, लड़कियों, लड़कों, कॉकटेल और डीजे के जैम सेशन के अलावा उस जगह पल्लवी अपनी टीम के साथ मौजूद थी और वे लोग कॉलेज जीवन के अंत का जश्न मना रहे थे। कुछ घंटों के बाद वे लाउंज में वोदका लिये बैठे थे।

"तो सब खत्म हुआ?" प्रिया बोली।

"क्या?" पल्लवी ने पूछा।

"जिंदगी।"

"क्या बोल रही है?"

"मेरी बड़ी बहन ने बताया कि इसके बाद इस बात से कोई अंतर नहीं पड़ेगा कि हम कितने मजे से रहते थे। हमें इस समय की बहुत याद आने वाली है। हमसे कामों को उस तरह से करने की उम्मीद की जाएगी, जैसे उन्हें किया जाता है, न कि जैसे हम चाहते हैं। काम, जिम्मेदारी और वही बड़ों वाले सारे झमेले! भले ही अपनी जिंदगी के सपने देख लें, पर नींद खुलेगी तो अहसास होगा कि वे सपने तो जीए जा चुके होंगे और भले ही हम इस जिंदगी को पाने के लिए कितना भी क्यों न तरसें, आज की रात यह खत्म हो जाएगी। दोबारा मिलना तक नहीं होगा।"

"मिलना नहीं होगा?" रिया ने नाक सिकोड़ी।

"कल से हमारे सबके अंदर बदलाव आ जाएगा। हम जानकर ऐसा नहीं करेंगे और ऐसा भी नहीं कि हमें इसके बारे में पता नहीं चलेगा। यह धीरे-धीरे घटेगा और इस बात पर निर्भर करेगा कि हम हालात के लिए कैसे प्रतिक्रिया देते हैं। हो सकता है कि हम मेल या कॉल से आपस में जुड़े रहें या फिर कभी-कभी मिल भी लें; पर उस तरह बात नहीं करेंगे, जैसे अब करते हैं। जब तक हमारी दोबारा भेंट होगी, हम सभी नए ही रूप में होंगे। हमारी यह पक्की और सुंदर सी दोस्ती खोखली लगने लगेगी।"

थोड़ी देर पहले तक जो डीजे लड़कियों के दिलों पर राज कर रहा था, वह अचानक ही अनावश्यक शोर लगने लगा। वैसे, पल्लवी जानती थी कि प्रिया की बात में दम था, पर उसने खुद को तर्क दिया कि ऐसा हमेशा सही नहीं होता। वैसे भी, हम में से कोई रात के 3 बजे नाइट क्लब में मोक्ष पाने की इच्छा नहीं रखता, इसलिए पल्लवी ने ही उस दार्शनिक चुप्पी को तोड़ने का निर्णय लिया।

"गर्ल्स, प्रिया ठीक कह रही है। आज हमारी आखिरी रात है। तो मौत का जश्न कैसे मनाना चाहोगी?" उसने लड़कियों को एक-एक कर देखा, हर किसी का मुँह सूजा हुआ था।

पल्लवी ने उन्हें देखकर कहा, "हम पहले ही अपनी इस मौत के लिए दो मिनट से ज्यादा का मौन रख चुके हैं। यह सब बीते हुए कल और आनेवाले कल के नाम है, हमारे भविष्य के नाम।" पल्लवी ने टोस्ट किया और बाकी भी शामिल हो गए। "चियर्स! अतीत के नाम, लड़कियों के नाम! चियर्स!"

"क्या तुम्हें लगता है कि हम इन मर्दों की दुनिया में बच सकेंगी?" एक लड़की ने पल्लवी से पूछा।

"क्यों नहीं, बेबी, क्योंकि हम बहुत मजबूत हैं।"

लड़की सकते में आ गई। "पर मेरा दोस्त तो इसके उलट ही कहता है।"

"कौन? वह बेअक्ल सुमित? अच्छा, उससे पूछना, अगर हम औरतें इतनी कमजोर हैं तो हमें माँ बनने का मौका क्यों मिला है, मर्दों को क्यों नहीं?"

"मैं उससे जरूर पूछूँगी।"

"चलो गर्ल्स, थोड़ा डांस-वांस हो जाए।"

□

उस रात पल्लवी के माता-पिता ने उसे उपहार के रूप में मि. विमानी के बिजनेस सहयोगी के बेटे की तसवीर दिखाई।

"यह किस जाति से संबंध रखता है?" पल्लवी ने फोटो देखकर पूछा। वे लोग लंबे समय के बाद एक साथ डिनर कर रहे थे।

"डार्लिंग, यह जीत है। इस साल शरद् ऋतु में तुम लोगों का विवाह तय हो गया है।"

"मेरा? विवाह? और वह भी यह जुरासिक युग से पहले के प्राणी के साथ? मॉम, आप भी हद करती हो।"

"मैंने उन्हें वचन दे दिया है।" मि. विमानी स्पष्ट शब्दों में बोले।

"डैड, 'सॉरी' एक सुंदर शब्द है। उन्हें कह दीजिए और वे परवाह नहीं करेंगे।"

"तुम्हें पता है, मैं अपनी बात वापस नहीं ले सकता।"

"तो मुझे क्या करना होगा?"

"इस प्रस्ताव के लिए हामी भर दो।"

"जब आपने पहले ही तय कर लिया है तो मेरी हामी क्यों चाहिए?"

"नहीं, फिर भी, तुमसे हामी तो भरवानी ही है।"

"नहीं।"

"क्या?"

पल्लवी ने अपना चम्मच प्लेट पर पटका, कुरसी खिसकाई और कमरे की ओर भागते हुए फटाक् से दरवाजा बंद कर लिया। फिर वह चिल्लाई, "मेरी ओर से 'न' है!"

नीचे मि. विमानी ने अपनी पत्नी को देखा। "हमने इसे गोद लिया था न!" उनके चेहरे पर व्यंग्य झलक रहा था।

मिसेज विमानी ने कुछ देर सोचकर कहा, "हमने सारी जिंदगी इसे पाला है। यह हमारी बच्ची है।"

"अच्छा? आज तो ऐसा नहीं लग रहा। मैं दूसरे तरीके से सोचने पर मजबूर हो रहा हूँ।" वे भी कमरे से चले गए और मिसेज विमानी बचे हुए भोजन को ताकती रहीं। एक मिनट बाद वे भी उठीं।

"पल्लो, तुम क्या चाहती हो?"

"मैं अपना जीवन अपने तरीके से जीना चाहती हूँ।" पल्लवी की आँखें लाल थीं और वह सुबकियाँ भर रही थी।

"पर यह बताओ कि पिछले इक्कीस सालों में मैंने या पापा ने कभी तुम्हें किसी बात के लिए दबाव दिया?"

"तो? क्या आप इसका बदला चाहती हैं?"

"नहीं।"

"मॉम, आप क्या कहना चाहती हो?"

"हम तुमसे बहुत प्यार करते हैं, मैं यह कहना चाहती हूँ।"

"वह तो मैंने अभी देख ही लिया।"

चुप्पी।

"क्या तुम्हारी जिंदगी में कोई और है?"

अचानक पल्लवी के आगे डीनो का चेहरा नाच गया। "नहीं।"

"तो इस तरह पेश क्यों आ रही हो?"

"मैं विवाह के लिए बहुत छोटी हूँ, मॉम।" उसने आँखें मलीं और इस तरह उनकी लाली बढ़ गई।

"तुम्हारे डैड से ब्याह हुआ तो मेरी उम्र उन्नीस बरस थी।"

"पर समय बदल गया है। मैं ऐसा नहीं कर सकती।"

"तो तुम क्या चाहती हो?"

"मैं जिंदगी का आनंद लेना चाहती हूँ।"

मिसेज विमानी ने बेटी की सूजी हुई आँखें देखीं।

"तीन साल।"

पल्लवी ने मॉम को देखा।

"मैं तुम्हें तुम्हारा मनचाहा करने के लिए तीन साल का समय देती हूँ। और फिर वही होगा, जो मैं चाहूँगी। डील!"

पल्लवी के चेहरे पर अचानक मुसकान आ गई और उसने माँ को गले से लगा लिया।

"डील! पर डैड का क्या होगा?"

"मैं उन्हें सँभाल लूँगी; पर मेरी दो ही शर्तें हैं।"

पल्लवी पलंग से उठी और मॉम के आगे झुककर बोली, "कहिए महारानी, कौन सी शर्तें?"

"तुम कभी नशा नहीं करोगी और प्रेगनेंट नहीं होगी, चाहे जो भी हो।"

"आपकी इच्छा मेरे लिए आदेश के समान है, महारानी। ऐसा ही होगा।"

अगले दिन से पल्लवी ने दोस्तों को फोन घुमाना चालू कर दिया। कुछ लोग दिल्ली में थे तो कुछ देश के अलग-अलग हिस्सों में जा चुके थे। कुछ लोग हायर स्टडीज की तैयारियों में थे। पल्लवी ने तीसरी श्रेणी को अनदेखा कर दिया।

एक दिन, दो सप्ताह बाद पल्लवी को ऑरकुट पर एक फ्रेंड रिक्वेस्ट आई। वह श्वेता की ओर से थी।

"हे पल्लवी! मुझे भूली तो नहीं? मैं श्वेता!"

पल्लवी को उसका नाम पढ़ते ही मैथ्स की ट्यूशन और डीनो की याद सताने लगी। उसने झट से जवाब दिया।

'हाय, तुम कैसी हो और कहाँ हो? और डीनो कहाँ है?'

ठीक सात दिनों तक श्वेता का जवाब उसका इंतजार कर रहा था।

'शुक्र है कि तू मुझे भूली नहीं। मैं ठीक हूँ। पुणे में एक बी.पी.ओ. में काम करती हूँ। डीनो का कुछ पता नहीं था। उसे ऑरकुट पर खोजा था, नहीं मिला। तो तू सुना और अपना नंबर मेल करना।'

पल्लवी ने श्वेता से बात करते ही तय कर लिया कि उसे पुणे जाना होगा। उसने सामान पैक किया और श्वेता के पीजी में आ गई। वह उस जगह दो और लड़कियों के साथ रहती थी। उसे अपनी पुरानी दोस्त से मिलकर बहुत खुशी हुई। पूरा सप्ताहांत गप्पों में ही बीत गया। श्वेता ने नौकरी से लेकर नए दोस्त तक सबकुछ बता दिया और पल्लवी बार-बार डीनो का ही राग अलापती रही, पर कोई नतीजा नहीं निकला।

पल्लवी को एक बी.पी.ओ. में काम मिलने में दो सप्ताह लगे। हालाँकि, वेतन उसके कॉलेज की पॉकेट मनी से थोड़ा ही ज्यादा था, पर बाकी काम माँ के डेबिट कार्ड से हो जाता था। और पहला वेतन मिलते ही वह सारी लड़कियों को अपने साथ शहर के लोकप्रिय पब 'एरिया 51' में ले गई। वहीं उसके कॅरियर ने अचानक एक नया मोड़ लिया।

"ओह, तुम कितनी हसीन लगती हो!"

"हाय! यह पल्लवी है।"

"मैं थॉमस। मैं रेजीडेंट डीजे हूँ। कभी मॉडलिंग के बारे में सोचा?"

"कुछ खास नहीं।"

"ओह, कोशिश तो करनी ही चाहिए। तुम्हारा चेहरा इसी काम के लिए बना है।" उसने पल्लवी को सिर से पैर तक देखा।

"मैं इस बारे में सोचूँगी।"

"ओह, सोचना क्या, मौका मिलते ही चौका जड़ देना चाहिए। यह लो मेरा नंबर। जब मन करे, तब कॉल कर लेना।" उसने अपना नंबर एक टिश्यू पेपर पर लिखकर दिया और काम पर लौट गया।

पीजी में पल्लवी ने श्वेता से इस बारे में बात की।

"तुम्हें क्या लगता है?"

"मॉडलिंग का मतलब है—गंदगी के ढेर में उतरना।"

"बी.पी.ओ. भी तो यही माने जाते हैं, डार्लिंग।"

"हम्म, ठीक कहा। पहले अपने घर बात कर लो।"

'उन्हें तो बहुत जरूरत होने पर ही कॉल करना है।' "मैं ऐसा नहीं कर

सकती। यही वजह है कि तुमसे बात की है।"

"प्रतियोगिता कड़ी होगी। तुम्हें मुंबई रहने भी जाना पड़ सकता है।"

"यही तो मुसीबत है। मैं तो उस जगह किसी को नहीं जानती और इतना पैसा भी नहीं कि उस जगह का खर्च निकल सके। मतलब, अपने खर्च पर यह काम करना है, ताकि किसी की जवाबदेही न रहे।"

"तब तो पहले कुछ महीने काम करो और फिर थॉमस से बात करना।"

पल्लवी ने कुछ देर सोचा और फिर हामी भर दी।

ठीक सात महीने बाद उसने थॉमस को कॉल की।

"हे थॉमस! मैं पल्लवी बोल रही हूँ। मेरे बारे में याद है कुछ?"

"हाय! सॉरी, मैंने पहचाना नहीं।"

"हम पुणे में एक पब में मिले थे और तुमने कहा था कि मेरा चेहरा मॉडलिंग के लिए बना है।"

"मैंने कहा था। फिर तो मैंने पहचान लिया। तुम अभी कहाँ हो?"

"पुणे में।"

"ओह, मुंबई आकर कॉल करना। मैं इन दिनों यहीं के नाइटक्लब में हूँ।"

"ठीक है, मुंबई आकर कॉल करती हूँ। बाय।"

पल्लवी अगले ही सप्ताह मुंबई चली गई और नेरुल में पायल के साथ पीजी में रहने लगी, जो पुणे में पहले उसके साथ काम कर चुकी थी।

थॉमस ने अंधेरी स्टेशन के मैकडोनॉल्ड्स पर मिलने को कहा। पायल ने पल्लवी को रास्ता बता दिया और वह समय पर पहुँच गई।

"तो बताओ?" वे हाथों में चिकन बर्गर लिये आमने-सामने बैठे थे।

"मैं मॉडलिंग में हाथ आजमाना चाहती हूँ।"

"मॉडलिंग? यह क्या कोई जंक फूड है? बेबी, इसे गंभीरता से लेना होगा। जिंदगी में गंभीर हुए बिना कोई बात नहीं बनती। इस फील्ड में मैं तुम्हारा साथ दूँगा। इस जगह भेड़ियों की कमी नहीं है और उनका असली रूप रात को ही दिखता है। पर जब तक मेरी गाइडेंस में रहोगी, तुम्हें आगे

बढ़ने से कोई नहीं रोक सकता। तुम स्टार्स से भी आगे जा सकती हो।" थॉमस ने पल्लवी का हाथ दबाकर छोड़ दिया। पल्लवी को लगा कि उसने जरूरत से ज्यादा कसकर हाथ दबाया था। वह हलका सा मुसकरा दी।

तीन ही दिनों में थॉमस ने पल्लवी को फोटोग्राफर से मिलवा दिया, जिसने पल्लवी का सुंदर पोर्टफोलियो बनवाने में मदद की। वह मॉडल्स के लिए ही काम करता था। और थॉमस ने उसके लिए जो भी मीटिंग्स तय कीं, उनके नतीजे आने लगे। पाँच महीनों में ही पल्लवी शूटिंग करने लगी थी। हालाँकि, वह अनजान साबुनों, परदों और साड़ी के ब्रांडों की शूटिंग कर रही थी और बहुत कम पैसे मिलते थे।

"हे श्वेता! जल्दी ही बोरिंग सीरियल्स के बीच कुछ अच्छा आने वाला है। मैंने सात विज्ञापन शूट किए हैं।" पल्लवी ने उत्साहित होकर अपने बचपन की सहेली को सब बताया।

"ग्रेट! हम इंतजार करेंगे जी!"

परंतु उन्हें बहुत इंतजार करना था। पल्लवी ने तीन और शूट किए, पर एक भी नहीं आया। वह बाजार में गई और उन ब्रांडों के बारे में बात की तो दुकानदारों ने बताया कि वे तो ऐसी कंपनियों के नाम तक नहीं जानते।

"हे थॉमस! कोई विज्ञापन कहीं आ तो नहीं रहा? फिर यह शूट का क्या मतलब?"

कुछ देर बाद जवाब मिला।

"चिंता मत करो। मैं समझाता हूँ। रात को 11 बजे के करीब पॉयजन पब में मिलना। ठीक?"

"वह कहाँ है?"

"बांद्रा वेस्ट। कैब कर लेना।"

जब पल्लवी उस जगह गई तो थॉमस पहले से उसका इंतजार कर रहा था। हमेशा की तरह संगीत तेज था। उन्हें सामान्य बात करने के लिए चिल्लाना पड़ रहा था।

"थॉमस, यह क्या चल रहा है?" पल्लवी के स्वर में संदेह था।

"कुछ नहीं। तुम ड्रिंक लो।"

पल्लवी ने कुछ घूँट भरकर थॉमस को देखा, "अब बताओ।"

"कंपनियों का अपना मार्केटिंग एजेंडा होता है। इससे तुम्हें क्या लेना है? उन्होंने विज्ञापन शूट कर लिया। जब उनका मन करेगा, वे उसका इस्तेमाल करेंगे।"

"पर अगर मैं कहूँ कि उन ब्रांड और कंपनियों का कोई अस्तित्व ही नहीं है?"

"क्या बकवास कर रही हो?"

"मैंने तो पता किया था। बाजार में कोई उनके बारे में जानता तक नहीं है।"

"ओह, मैंने कहा था न कि वे सब नए हैं।"

"तुमने 'नए' नहीं कहा था। तुमने कहा था कि वे आने ही वाले हैं।"

थॉमस ने कुछ सोचा और बोला, "मैं अभी उनसे बात करता हूँ।" फिर वह उस जगह से उठ गया। इस दौरान पल्लवी अपना ड्रिंक लेती रही और फिर दूसरे के लिए ऑर्डर कर दिया। आज पहली बार पब में बैठना उसे अच्छा नहीं लग रहा था। उसे घर की याद आ रही थी। वह माँ के गले लगकर उनकी गोद में सोना चाहती थी। इस तरह माँ और डैड की ज्यादा याद सताने लगी। वह चाहती थी कि अपने आजाद जीवन के अनुभव उन्हें बताए; पर अहं ने उसे ऐसा करने नहीं दिया।

"एक और लेंगी, मैम?" बार टेंडर ने पूछा।

"जरूर।"

वह आदमी झुका और ड्रिंक बनाकर रेप-ड्रग की आखिरी डोज पल्लवी के गिलास में डालकर थॉमस को मैसेज किया।

'हो गया, सर। बस, पंद्रह मिनट और।'

'ग्रेट।' झट से जवाब आया।

"हे स्वीटहार्ट! उनसे अभी मेरी बात हुई है।"

"और?"

“वे लोग कह रहे हैं कि लेबर की दिक्कत थी। पंद्रह दिनों में सबकुछ सही तरह से चालू हो जाएगा। और तुम चिंता मत करना, तुम ही उनकी एड-गर्ल रहोगी। चलो, इसी बात पर टोस्ट हो जाए।”

पल्लवी इस उत्तर से संतुष्ट नहीं थी। नशे की दवा अपना असर दिखा रही थी। वह कुछ बोली नहीं और कुछ देर बाद ऐसा लगा, मानो वह उड़ रही हो। थॉमस ने अपनी सिगरेट से थोड़ी राख उसके बाजू पर गिराई। वह जानती थी कि वह ऐसा कर रहा है, पर सब देखने पर भी कुछ नहीं बोली। दरअसल, वह बोल ही नहीं सकती थी।

‘चढ़ गया नशा!’ थॉमस ने अपनी सीट से उठकर उसे थाम लिया। फिर बार टेंडर की मदद से उसे अपनी कार में बिठाकर अपने घर ले गया।

उसने पल्लवी को पलंग पर पटका और फिर कोने में वीडियो कैमरा सेट किया, ताकि सबकुछ शूट हो सके। इस तरह, उसने अपने और पल्लवी के शारीरिक संबंध बनाते हुए पूरी वीडियो शूट कर ली।

सुबह के समय वह उसे उसके पीजी छोड़ आया।

जब पल्लवी जागी तो उसका सिर चकराया हुआ था। वह बुरी तरह से उलझन में थी। दोपहर हो चुकी थी। उसने नहाकर थॉमस को फोन किया।

“हाय, कल रात क्या हुआ? क्या मैंने बहुत पी ली थी?”

थॉमस केवल हँसा, जिससे पल्लवी की उलझन और बढ़ गई। उन्होंने लंच पर मिलना तय किया।

“जरा इसे तो देखो!” थॉमस ने अपना मोटरोला सेल पल्लवी को थमा दिया। पल्लवी ने वीडियो देखा और थॉमस से नजरें नहीं मिला सकी। फिर वह कुछ देर चुप रही। जीवन में पहली बार किसी ने उसे मात दी थी। वह जानती थी कि अब उसे क्या करना था, या इसके बाद और क्या होगा? अंदर-ही-अंदर गुस्सा बढ़ने लगा। उसका पूरा शरीर काँप रहा था। थॉमस को देखते ही वह सामान्य हो गई।

“थॉमस, यह सब क्या है?” उसने वीडियो डिलीट कर फोन वापस कर दिया।

"ओह, डिलीट की चिंता मत करो। इसकी डी.वी.डी. तो घर में रखी है।"

"पर क्यों?"

"दरअसल, जब तक कॉण्ट्रेक्ट नहीं होता, इनसान पेशेवर नहीं बन पाता। यह मेरा और तुम्हारा वही कॉण्ट्रेक्ट है।" वह दुष्टता से मुसकराया। "ब्लू फिल्म इंडस्ट्री में स्वागत है।"

"मैं?" पल्लवी फिर से थॉमस को ताकने लगी।

"बेबी, कुछ पाने के बदले में कुछ खोना भी पड़ता है। बेशक, तुम भी कमाओगी, हर कोई कमाता है। कुछ लोग दिमाग से कमाते हैं तो कुछ लोग जिस्म से कमाते हैं।"

"अगर मैं इनकार कर दूँ तो?"

थॉमस ने उसे हैरानी से देखा। "मुझे तो लगा था कि तुम इतनी स्मार्ट हो कि ऐसा सवाल नहीं करोगी। देखो, दो ही रास्ते हैं—अच्छी लड़की की तरह काम करो या मुझे जबरदस्ती करवाना होगा।"

कुछ देर तक वह थॉमस को घूरती रही। उसके भीतर लावा-सा उबल रहा था। 'तुमने इस बार गलत जगह चुनौती दे दी है, थॉमस।' पल्लवी ने सोचा और उसे देखकर मुसकराई।

"तुम जो कहोगे, वही करूँगी; पर मेरी एक शर्त है!"

"शर्त! वह क्या है?"

"तुम मुझे पूरे होशो-हवास के बीच अपनाओगे। कल तो मुझे सुध ही नहीं थी।"

थॉमस की कोल्ड कॉफी गले में ही अटक गई।

दोनों के बीच कोई परदा नहीं था, क्योंकि वे जानते थे कि दोनों थॉमस के घर क्या करने आए हैं। एक भी सेकंड लगाए बिना वे अपने असली काम पर आ गए। थॉमस को हैरानी थी कि वह पल्लवी को अच्छी तरह समझ नहीं सका। वह उसके साथ का भरपूर सुख उठा रहा था। अचानक पल्लवी ने उसके गुप्तांग पर जोर से काटकर अपना प्रतिशोध ले लिया। वह खून से लथपथ चिल्लाता ही रह गया। आखिर में, मारे दर्द के बेहोश हो गया।

पल्लवी ने चादर से अपने मुँह पर लगा खून साफ किया। वह अपना बदला ले चुकी थी। एक ऐसा बदला, जिसे थॉमस सारी जिंदगी याद रखता। उसने उसे एक ठोकर मारी और उस पर थूक दिया । फिर उसने पूरे घर में तलाशी ली। आखिर, उसे मनचाही डी.वी.डी. मिल गई और उसने उसे नष्ट कर दिया। फिर वह वापस लौट आई।

उसने पीजी आकर श्वेता को कॉल की, सामान पैक किया और उसे बताया कि वह अगले ही दिन उसके पास आ रही है। उसने अपना सिम कार्ड तोड़ा और कमरे में रहनेवाली दोस्त को झूठ लिखा कि वह कानपुर जा रही थी। फिर वह बस पकड़कर पुणे चली गई।

श्वेता के नए पीजी में छत पर बैठकर पल्लवी ने उसे सारी घटना सुनाई।

"अब मुझे क्या करना चाहिए?"

"क्या उसके पास तुम्हारा पता वगैरह है?"

"नहीं। मेरे पोर्टफोलियो और शूट वीडियो ही होंगे।"

"पर ये लोग आसानी से पीछा नहीं छोड़नेवाले।"

"सही कहा तुमने।"

श्वेता ने कुछ देर सोचकर कहा, "मुझे नहीं लगता कि तू यहाँ सुरक्षित है। कुछ गुंडों से उसके संपर्क होंगे और उसे पता है कि तू देर-सबेर पुणे ही आएगी। वहीं तुम पहली बार मिले थे, इसलिए..."

"तो?"

"तो पल्लो, तू घर चली जा।"

"मैंने बताया था कि मैं नहीं जा सकती।"

"ओह, अब बस भी कर। माँ-डैड से कैसा नखरा? कम-से-कम यह जगह तो छोड़ ही दे। क्या उसे पता है कि तू पहले कहाँ काम करती थी?"

"शायद उसे पता है।"

"फिर तो कहूँगी कि किसी और क्षेत्र में काम देख।"

"हे भगवान्! मैं क्या करूँगी? मुझे बी.पी.ओ. का छह महीने का अनुभव हो गया था।"

"देख पल्लो, यह कोई बड़ी बात नहीं है। तुझे पता है कि अगर एक बार नाम बदनाम हो गया तो तेरे लिए जीवन में कुछ नहीं बचेगा। बेहतर होगा कि दिल्ली निकल जा। अगर घर न मिले तो किसी दोस्त के पास ठहर जाना। कम-से-कम वह तेरा होम टाउन तो है।"

"और फिर?"

"अलग तरह की नौकरी खोज।"

"जैसे?"

"जैसे···एयरलाइंस।" श्वेता ने आँखें बंद कर कुछ देर सोचा और बोली।

दो दिन बाद पल्लवी दिल्ली में अपनी एक दोस्त के घर रोहिणी में रहने चली गई। उसे फ्रैंकफिन एकेडमी में दाखिला लेने के लिए चार महीने इंतजार करना पड़ा, क्योंकि उनका एक साल का कोर्स शुरू हो चुका था। एक साल के बाद उसे जेट एयरवेज में एयर होस्टेस की नौकरी मिल गई। उसे कोर्स के दौरान ही समझ आ गया था कि यह काम बी.पी.ओ. के जॉब से ज्यादा मजेदार होने वाला था। पुणे में तो वह झूठे नाम और लहजे के साथ अजनबियों की मदद करती थी। हालाँकि, यहाँ भी थोड़ा दिखावा तो था, पर बादलों के बीच उड़ने की बात ही कुछ और थी। ऑफिस में तो उसे लगता था, जैसे किसी सब्जी मंडी में बैठे हों।

पल्लवी को अपना काम पसंद आ गया। लोगों की अटेंशन उसे बहुत भाती थी—उनके बीच घूमते हुए खाना परोसना, रैक पर उनका सामान रखते हुए उनकी निकटता को महसूस करना—हर उम्र के पुरुषों और सुंदर व लंबे पायलट्स के साथ का आनंद ही कुछ और था। वह अकसर सोचती और महसूस करती, पुरुष समाज को चलाते हैं और हम पुरुषों को काबू रखते हैं। यह सोच जितनी आनंददायक थी, उतनी ही परपीड़क भी थी। एक और साल इसी तरह बीत गया। 'तुम्हें केवल तीन साल मिलेंगे।' माँ के शब्दों ने याद दिलाया कि उसका समय बीत गया था। पल्लवी को अब माँ को जवाब देना था।

"मुझे थोड़ा और समय चाहिए, माँ।" पल्लवी ने फोन पर कहा। वह उनके सामने जाने का साहस नहीं कर सकी।

कोई जवाब नहीं मिला।

"मैंने कहा कि मुझे थोड़ा और समय चाहिए।"

किंतु उस ओर से लाइन काट दी गई।

पल्लवी ने पंद्रह माह में ही जेट एयरवेज को छोड़कर किंगफिशर में नौकरी कर ली। वहीं उसकी मुलाकात लोकप्रिय कमर्शियल पायलट कैप्टन विक्रम सिंह राठौड़ से हुई।

"मैं तुम्हें सब दे सकता हूँ, पर···" उसने के.एफ.सी. आउटलेट में बैठकर दूसरी ही डेट में कहा था।

"पर कोई वादा नहीं कर सकता।"

"हम्म, मैं पुरुषों से ऐसी कोई उम्मीद भी नहीं रखती।"

"मैं चाहता था कि हमारे बीच यह बात पहले से ही तय हो जाए, अगर हम एक-दूसरे का साथ चाहते हैं तो!"

'जो पुरुष एक स्त्री के मन को समझता है, वह जीवन में किसी दूसरी स्त्री के पीछे नहीं जाता और जो पुरुष ऐसा करता है, वह स्त्री का मन पाने के लायक ही नहीं होता।' पल्लवी ने सोचा और जोर से बोली, "क्यों नहीं! मुझे भी यही ठीक लगता है।"

"क्यों नहीं! और अगर मैं किसी दूसरी लड़की के साथ दिखूँ तो फालतू में इमोशनल सीन मत बनाना! ठीक ?"

'प्यार करने और वचन देने की बात आती है तो पुरुष दो तरह के होते हैं—एक वे, जो अपनी बेवफाई के लिए ईमानदार होते हैं और दूसरे वे, जो इसके लिए बेईमान होते हैं।' पल्लवी ने निष्कर्ष निकाला।

"कोई मसला ही नहीं।"

पहले छह महीने उनके बीच न के बराबर बात होती थी। बस, उनके बीच शारीरिक संबंध बने रहे। इसके बाद वे आपस में दिलचस्पी के साथ बातें करने लगे। फिर अगले तीन महीनों में बातें व मुलाकातें—दोनों ही

कम होने लगीं और पल्लवी की विक्रम से दो महीने बाद बात होने लगी। फिर उन्होंने एक-दूसरे को भुला दिया और जीवन में आगे बढ़ गए। हर रात पल्लवी की आत्मा उससे एक ही सवाल करती थी—अगर डीनो के साथ उसका संबंध हुआ होता तो क्या उसमें भी बनावट की बू आती? या फिर अपने प्यार के साथ आत्मीय पल बिताने का आनंद कुछ और होता होगा?

वर्तमान में, जब पल्लवी पब से बाहर आई तो सारा पैसा शराब पर लग चुका था। वह अपने सपनों के बीच गहरी नींद में खो गई। 'क्या तुम्हें पता है कि पोंस्यो क्या है? डीनो की एक सहेली है। पल्लवी, तुमने मेरे साथ एक अनुबंध किया है। पल्लो, तेरे पास तीन साल हैं। मेरे दोस्त का बेटा तेरा इंतजार कर रहा है। यह कितनी हॉट है! चल, आज रात फिर। मैं बाकी सब दे सकता हूँ, पर वफादारी····। तुम अच्छी लड़की की तरह इसे करोगी या तुमसे जबरन करवाया जाएगा। डीनो, मैं तुमसे प्यार करती हूँ। डीनो! डीनो! डीनो!'

अचानक ही दूर से सायरन की आवाज सुनाई दी। सपने बुरी तरह से बिखरे और उसकी सुध वापस आ गई। वह चकराए हुए सिर और उनींदी आँखों से जागी और घड़ी देखी।

"ओह, जब भी नींद खुलती है तो दस क्यों बजे होते हैं? हद हो गई।"

एक पल के लिए वह बिस्तर पर पड़ी रही। टी.वी. अब भी ऑन था और किसी सीरियल में अस्पताल का दृश्य दिखा रहा था। वह सीधा बाथरूम की ओर भागी। पंद्रह मिनट बाद बाहर आई और फोन खोजने में दस मिनट निकल गए। वह उसे मैले कपड़ों में रखी जींस के पॉकेट में मिला।

उस पर नौ मिस्ड कॉल्स और एक मैसेज था। मैसेज खोला गया—

'पगली, उठ जा। आज तेरी दिल्ली-मुंबई की नाइट फ्लाइट है।'

उसने झट से नंबर मिलाया।

"हे तनु, क्या चल रहा है?"

"क्या तुझे पता है कि कितनी बार देर से आने पर चेतावनी मिल चुकी है?"

"जो बीत गया, सो बीत गया।"

"ठीक है। अभी किस जगह है?"

"पीजी। क्यों?"

"जल्दी निकल। दो घंटे रह गए हैं।"

"यह क्या कह रही हो?" पल्लवी ने दोबारा देखा तो समझ आया कि दिन के नहीं, रात के दस बजे थे। वह अठारह घंटों से भी ज्यादा समय तक सोती रही।"

"हे भगवान्! यह क्या हुआ?"

"जी हाँ!"

"तू धर्मजी से कहेगी कि मुझे लेने आ जाएँ।"

"पहले ही भेज दिया है।"

"थैंक्स डार्लिंग! बस, यही कह सकती हूँ।"

"आज यह ग्यारहवीं बार हो गई।"

"अच्छा, अच्छा! चल, मिलती हूँ।"

पल्लवी झट से रसोई में गई। फ्रिज में एक फ्रूट बीयर, एक बन और जरा सा मक्खन रखा था। उसने जल्दी से बन पर मक्खन लगाकर खाया और बीयर पी ली। उसे तुरंत उलटी हो गई। बीयर खराब थी और एक्सपायरी डेट निकल चुकी थी। उसने बेमन से पानी पिया और अपनी यूनिफॉर्म पहनकर फ्लैट से निकल गई।

☐

इस दौरान नितिन की मुंबई वापसी की उड़ान के सिक्योरिटी चेक का ऐलान हो चुका था। बिजनेस मीटिंग बहुत कमाल रही। हालाँकि, उसे हासिल की कमी महसूस हुई। वह तो चर्चा के आरंभ में ही ग्राहक का मन जान लेता था और सारी बात को आसानी से सकारात्मक नतीजे पर लाना जानता था। ज्यों ही सिक्योरिटी अधिकारी ने उसके बोर्डिंग पास पर मुहर लगाई, वह

अपना हैंडबैग और फोन लेने बढ़ा, जिन्हें स्कैन मशीन से निकाला गया था।

वह गेट के पास ही एक आरामदेह जगह पर बैठ गया। वहीं से दिल्ली-मुंबई किंगफिशर के यात्रियों को विमान में सवार होना था। वह अपनी ही सोच में डूबा हुआ था। पहली बार, एक सफल मीटिंग के बाद उसके बारे में नहीं सोच रहा था।

'अगर आज रात उड़ान के दौरान ही मेरा एक्सीडेंट हो और मैं न रहूँ! तो मेरे सपनों, मेरे काम और संजना का क्या होगा? ओह! हमारा भविष्य केवल एक क्षण की दया पर निर्भर करता है। अगर कोई मुझे जीवन से एक क्षण निकालने को कहे तो कोई अंतर नहीं पड़ेगा; पर फिर जीवन बदल देनेवाले एक्सीडेंट क्षणों में ही घटते हैं। उनका एक्सीडेंट भी तो ऐसे ही हुआ होगा। और अब कुछ नहीं रहा। हासिल ने पालकी को खो दिया और जैसे यह काफी नहीं था, उसने खुद को भी खो दिया था। मैं पालकी की अस्थियाँ तक नहीं ला सका। दरअसल, उसकी बॉडी आज तक नहीं मिली और न ही हासिल को पालकी की मौत के बारे में बताने का उसका साहस हुआ। इन दिनों जोड़े में निस्स्वार्थ प्रेम बहुत बड़ी बात होती है और उसका दोस्त आजीवन एक निरर्थक प्रतीक्षा करता रहेगा।' नितिन के जबड़े अचानक ही कुंठा से भिंच गए। ऐसा लगा, जैसे किसी ने कलेजा मरोड़ दिया हो। सबकुछ कुछ समय के लिए इंतजार कर सकता है।' वह शांत हो गया। इस समय तो अपने झूठ को ढकने के लिए कुछ सोचना है। 'जब वह पालकी को कॉल करने के बारे में पूछेगा तो उसे क्या जवाब देना होगा? सच? नितिन ने एक पल को सोचा। नहीं...मैं अपने सबसे अच्छे दोस्त को खोने का जोखिम नहीं ले सकता। उसे समय चाहिए और मैं...'

तभी एक ऐलान ने उसका ध्यान अपनी ओर खींचा। सभी यात्रियों को बोर्डिंग प्रक्रिया के लिए गेट पर लाइन लगाने को कहा गया था। नितिन अपना बैग उठाकर लाइन की ओर बढ़ा तो घोषणा करनेवाले बॉक्स से एक लड़की को बाहर आते देखा। उसके हाथ से बैग छूटकर नीचे गिर गया। जबड़े खुले

हुए थे और एक पल के लिए सुध खो-सी गई। जैसे सबकुछ थम-सा गया था। उसकी नजरें लड़की के चेहरे पर जा चिपकीं। कुछ ही क्षण बाद उसने चश्मा उतारा और फिर सिर से पैर तक जड़-सा हो गया। दिल ने धड़कना ही बंद कर दिया था।

"पालकी!"

उसके आसपास के लोग रुककर उसे देखने लगे।

□

स्वधा-हासिल

एन.एच. कंसल्टेंट्स प्राइवेट लि. चार साल पुरानी एच.आर. कंसल्टिंग फर्म है। इसे दो मैनेजमेंट ग्रेजुएट लोगों ने एक उद्यम के रूप में आरंभ किया था। उनमें से एक का नाम है नितिन पंजाबी और दूसरा''उसने झट से थूक निगला और आगे बोली, "आप, हासिल सिन्हा।" हालाँकि, पहले साल में इतना अच्छा जवाब नहीं आया, पर जब कंपनी ने तीन साल पहले देश के सबसे बड़े आई.टी. सॉल्यूशन प्रोवाइडर—'मैकइनफो' को अपना ग्राहक बनाया, तब से इसके पास जैकपॉट आ गया। पिछले साल इसने 'इंडिया टुडे यंग अचीवर्स अवार्ड' भी जीता। यह कंपनी 32 प्रतिशत की दर से हर वर्ष बढ़ रही है और इस समय कुछ अंतरराष्ट्रीय ग्राहकों को अपने साथ जोड़ने की कोशिश में है।

पहली बार में स्वधा की आवाज नहीं निकली थी और दूसरी बार में तो जैसे शब्दों का प्रवाह थमने का नाम ही नहीं ले रहा था। वह तब तक बोलती रही, जब तक हासिल ने अगला सवाल नहीं पूछा। वह पानी के झरने की तरह लगातार बोल रही थी और राह में आनेवाले हर रोड़े को साथ बहाए ले जा रही थी। स्वधा ने झट से घड़ी देखी। उसका इंटरव्यू पिछले तेईस मिनट और दो सेकंड से जारी था।

"थैंक्स, मिस कश्यप।" हासिल ने अपने लैपटॉप पर कुछ टाइप करते हुए कहा।

'सिली जिली! तूने कर दिखाया।' स्वधा सोचने लगी, 'क्या मैंने सच में कर दिखाया?'

हासिल ने उसे देखा, "आप कुछ कहना चाहती हैं?"

"नहीं।" उसने मुश्किल से कहा।

"तो मिस कश्यप, आप जा सकती हैं। आपका इंटरव्यू हो गया है।"

'क्या इसे पता भी है कि इसने मेरी क्या हालत कर दी है!' उसने हासिल को फिर से लैपटॉप पर काम करते देखा।

कुछ सेकंड बीते और हासिल ने उसे फिर से ताकते हुए पाया।

"जी?"

"थैंक्स, सर।" स्वधा कमरे से बाहर आ गई और ऐसे आह भरी, मानो उसका कॅरियर नहीं, बल्कि पूरी जिंदगी दाँव पर लगी थी।

एक ही महीने में सारी कंपनियों ने भरती का काम पूरा कर लिया तो स्वधा को तीन जगह से काम के लिए प्रस्ताव आए। तीनों ही मानव संसाधन विभाग से थे और नौकरियों के पे पैकेज 7.5 लाख और 7 लाख रुपए सालाना थे। जबकि तीसरी कंपनी एन.एच. कंसल्टेंट्स की ओर से 6.8 लाख रुपए सालाना का प्रस्ताव आया था। स्वधा ने झट से पहले दो पत्र फाड़े और तीसरे पत्र को गले से लगाकर चूम लिया।

"अरे, कौन सा दिलबर मिल गया है?" प्रीति ने पूछा।

स्वधा मुसकराकर रह गई।

"क्या पगला गई है?"

"हम्म, पगला ही गई हूँ।" उसने खुशी से ऐलान किया।

सच्ची, स्वधा ने तो कभी सोचा भी नहीं था कि उसके साथ ऐसा हो सकता था। जीवन के उस अनुभव के बाद तो ऐसा ही लगता था। सच्चाई आज उसके सामने नग्न रूप में खड़ी थी, जब उसने हासिल को देखा था। जैसे कोई जवानी से निकलकर बुढ़ापे की ओर जा रहा हो और उसका बचपन अचानक सामने आ जाए। स्वधा ऐसे ही भावों से गुजर रही थी। उसे पहले भी प्यार हुआ था, पर ऐसा लग रहा था कि वह सब तो जैसे इस दिन की तैयारी थी। यह उसकी परीक्षा थी! वह हासिल को पल भर के लिए भी मन से नहीं निकाल पा रही थी और न ही वह ऐसा करना चाहती थी। हर दिन

उसके इंटरव्यू के बाद से बेचैनी से बीता था। उसे अपने बचे हुए प्रोजेक्ट में भी कोई रुचि नहीं रही थी। उसने किसी तरह उसे समय पर पूरा करके जान बचाई।

फेयरवेल की रात को स्वधा अपने ग्रुप में सबसे ज्यादा खुश थी।

□

उसे एन.एच. कंसल्टेंट्स का हिस्सा बनने में एक सप्ताह का समय और लग गया। चौदह दिनों तक अलग ऑफिस में ओरिएंटेशन प्रोग्राम के बाद स्वधा ने मुंबई के प्रमुख ऑफिस में कदम रखा। हर कर्मचारी के लिए अलग कक्ष बने थे और सारे केबिन काँच के थे, जिनमें से सब दिखाई देते थे।

पहले दिन स्वधा ने पूरी नजर रखी। ऑफिस रोमांस कइयों के लिए फैशन होगा। रोमांस हो गया, इसलिए ऑफिस आना पड़ा, यह बात कुछ निराली ही थी। इस तरह कौन और कहाँ से ज्यादा जानना जरूरी था कि वह कहाँ है? 'मैं स्वयं ही हासिल को खोजूँगी।' उसने खुद से वादा किया था। पर पहले दिन हासिल का कोई पता नहीं मिला। दूसरे दिन भी वह नाकाम रही। पहले शुक्रवार तक कोई खोज-खबर नहीं मिली।

अगले ही सोमवार को लिफ्ट से निकलते हुए वह एक युवती से टकराई, जो हवा में उछलती फाइलें सँभालते हुए नीचे जा गिरी।

"आई एम सो सॉरी।" स्वधा ने उसे उठने में सहायता की।

"आउच!" उसने किसी तरह स्वधा की मदद से खुद को पासवाली बेंच पर बिठाया।

"मैं स्वधा कश्यप, तीसरी मंजिल, एच.आर. विभाग।"

"हाय! मैं नेहा, मि. सिन्हा की पर्सनल सेक्रेटरी।"

"मिलकर अच्छा लगा।" ओह, फिर उसे पूरी बात समझ आई।

"मि. सिन्हा, दूसरी मंजिल?" उसने पक्का करना चाहा।

"नहीं! मि. सिन्हा, पाँचवीं मंजिल।"

"ओह, भगवान् का शुक्र है कि तुमसे टकराई। उम्मीद है कि ज्यादा लगी तो नहीं। आई एम सो सॉरी, यार।"

"ठीक है, तुम्हारी गलती नहीं थी। मैं ही थोड़ा कमजोर महसूस कर रही थी…"

'हासिल के इतना पास रहने का दुष्प्रभाव। तुम्हारा कसूर नहीं है।'

"कल से बुखार है।"

स्वधा ने उसके माथे पर हाथ रखा। "हम्म! थोड़ा, तुम्हें तो तेज बुखार है।" 'चालाकी अच्छी की, सिली जिली।'

"सच्ची!" नेहा सकते में आ गई। "मैंने देखा था, एक सौ एक ही था।"

"चलो, डेस्क तक छोड़कर आती हूँ। तुम थोड़ा आराम कर लेना।"

"ओह! कोई नहीं…मैं अपने आप चली जाऊँगी।"

"अरे, हम एक ही ऑफिस में काम करते हैं। कमऑन।" स्वधा ने उसे लगभग खींचते हुए उसके कंधे पर हाथ रखा और उसे सहारा देते हुए उसकी मंजिल तक ले गई।

"बाईं ओर।" नेहा थोड़ा लँगड़ा रही थी और स्वधा उसे सहारा देने के अलावा अपने आसपास मुस्तैदी से देख भी रही थी। वे लोग नेहा के केबिन में आए तो स्वधा ने उसे बिठाकर पूछा, "पानी पिओगी?"

"नहीं, थैंक्स। मेरी मदद के लिए भी थैंक्स।"

"अरे, ऐसी क्या बात है!"

"तुम्हें ज्यादा देर तक नहीं रोकूँगी। तुम्हारा काम…"

"अरे, चिंता मत करो, मुझे अपना काम पता है। मैं सँभाल लूँगी।"

डेस्क का इंटरकॉम बजा। नेहा ने दूसरी घंटी पर फोन लिया।

"जी, सर?"

'ओह शिट! लाइन पर वह है।' स्वधा ने सोचा और उसके रोंगटे खड़े हो गए।

"ओके, सर।"

नेहा ने रिसीवर रखकर उठना चाहा तो स्वधा ने उसे रोक दिया।

"क्या कर रही हो?"

"बॉस बुला रहे हैं।"

'नहीं, जल्दी वे मुझे चाहेंगे।' "पर तुम थोड़ा आराम कर लो। लाओ, फाइल मुझे दे दो।"

"पक्का!" 'हर पी.ए. के दिमाग में थोड़ी अतिरिक्त समझदारी होती है।' नेहा समझ गई कि दाल में कुछ काला है। "क्या यह ज्यादा नहीं हो जाएगा?"

"क्या? मि. सिन्हा को फाइल देना। अरे, बिल्कुल भी नहीं!"

नेहा उसे देखकर अच्छी तरह समझ गई कि उसकी सहकर्मी सामान्य से अलग बरताव कर रही थी। "अगर मि. सिन्हा ने पूछा तो क्या कहोगी?"

"मुझ पर छोड़ दो।" स्वधा ने आँख मारी और फाइल लेकर केबिन से बाहर हो गई। फिर वह धीमे कदमों से हासिल के कमरे की ओर बढ़ चली। वह उसे अपने कमरे में फोन पर बात करते देख सकती थी। दिल धड़कना भूल गया था। उसने दाईं ओर मुड़कर काँच के पार्टीशन को देखा।

"बढ़िया है।" फिर उसने दरवाजा खटखटाया।

"हम्म, आ जाओ।"

स्वधा ने दरवाजा खोला और उसके पास खड़ी हो गई। डोर स्टॉपर ने दरवाजा बंद करना चाहा और वह उसमें आकर लगा। स्वधा आगे को लड़खड़ा गई। "ओह!" उसके मुँह से निकला। हासिल ने उसे देखकर भौंहें सिकोड़ीं।

"अभी कॉल करता हूँ। बाय!" उसने झट से कॉल बंद की और स्वधा की ओर आया।

"तुम्हें लगी तो नहीं?"

"मुझे फाइल है और यह सॉरी है।"

हासिल उसे ताक रहा था। जल्दी ही उसने सुधार किया।

"यह फाइल है और मेरी ओर से सॉरी।" उसने आखिरकार साँस ली।

"कहो, क्या काम है ?" हासिल ने फाइल को दो सोफों के बीच रखी मेज पर रख दिया।

"स्वधा कश्यप। यहीं काम करती हूँ।"

"नहीं, मतलब मेरे साथ अपॉइंटमेंट था क्या ?"

स्वधा को यह समझाने में एक मिनट लगा कि वह नेहा के बदले उस जगह क्या कर रही थी!

"देखो, स्वधा," वह उसके सामने रखे सोफे पर बैठ गया, "तुम्हारी इस सहायता के लिए शुक्रिया। दरअसल, कॉरपोरेट वर्ल्ड में ऐसा नहीं होता। लोग तो अपने काम तक नहीं करते और तुम···तुम अपने से बाहर जाकर सहकर्मी की मदद कर रही हो। यह तो अच्छी बात है। हमारी कंपनी को ऐसे टीम प्लेयर चाहिए।" हासिल पल भर को रुका और फिर आगे बोला, "पर तुम्हें यह भी समझना होगा कि लोगों को अलग-अलग काम के लिए पैसे दिए जाते हैं। कई बार हमें मानवता को भुलाकर पेशेवर तरीके से काम करना होता है, और तुम जैसे समझदार लोग यह अंतर समझते हैं। समझ रही हो न ?"

स्वधा के पल्ले एक शब्द नहीं पड़ा। वह तो उसकी आँखों में खोई थी, जो ऐसी खुशी से भरी थीं, जिसके पीछे लोग सारी जिंदगी भागते हैं। बदकिस्मत उसे झूठ मानते हैं और किस्मतवाले···

"हैलो!"

"जी ?"

"मैंने कहा।"

"आपने जो भी किया, मैं उसे सराहती हूँ।" स्वधा ने झूठ कहा।

"ठीक। मुझे थोड़ा काम करना है!"

"थैंक्स ए लॉट, मि. सिन्हा।"

"मुझे 'हासिल' कहो। अभी सिर सफेद नहीं हुआ मेरा।"

'स्वधा हासिल सिन्हा।' "ठीक, हासिल।" वह मुसकराई।

"मिलते हैं।" उसने कहा।

'हमेशा।' उसने सोचा, पर बोली, "जी।"

उस रात वह हासिल के कमरे में हुई बातों को ही दोहराती रही। हर बार आखिर तक आते ही बिस्तर पर करवट लेती और फिर से सबकुछ दोहराने लगती।

स्वधा के लिए रोज बहाना बनाकर हासिल से मिलना मुश्किल था। इसी तरह कुछ महीने बीत गए और वह उसे मुश्किल से दो बार देख पाई। दोनों बार वह ऑफिस कैंपस से अपनी कार में निकल रहा था। वह असहाय-सी इंतजार में रही। और फिर, कुछ महीने बाद यह हुआ—

एक दिन शाम के समय, वे दोनों लिफ्ट में एक साथ चढ़े। केवल वे दो ही थे। हासिल कुछ नहीं बोला और स्वधा उसे लगातार ताकती रही। तभी बिजली जाने से लिफ्ट बंद हो गई। अंदर अँधेरा था और वे एक-दूसरे की साँसें महसूस कर सकते थे।

"ठीक हो?" हासिल ने पूछा।

"मैं ठीक हूँ।" स्वधा बोली।

और अगले ही पल उसे अपनी टाँगों में एक स्पर्श-सा महसूस हुआ। उसने थूक गटका। 'हासिल क्या कर रहा था?' उसका दिमाग अपनी ही अटकलें लगा रहा था। अचानक लाइट आ गई और उसने हासिल को सामने खड़ा पाया, तब जाना कि उसकी टाँगों के पास किसी अन्य चीज का स्पर्श था। वह मारे डर के चीखी और सहारे के लिए हासिल की ओर छलाँग लगा दी। हासिल ने हालात को समझते हुए जल्दी से उसकी टाँगों पर रेंग रहे जीव को पकड़ा और दूर उछाल दिया। स्वधा अपना सारा डर भूल गई, क्योंकि उस कीड़े को हटाने के लिए हासिल ने उसे छुआ था। 'ओह, उसकी पहली छुअन!'

'नो कमेंट्स सिली जिली!'

□

एक साल बाद कुछ खुशनुमा-सा प्रसंग सामने आया। या फिर स्वधा को ऐसा लगा।

"क्या तुम मेरे साथ बाहर चलना चाहोगी?" हासिल ने पूछा।

‘वेट! लिटिल बेबी, यह क्या हो रहा है? क्या यह हकीकत है?’

“सॉरी, अगर…”

“क्यों नहीं, जरूर!”

“थैंक्स, थोड़ा निजी कारण है।”

‘प्यार भी निजी होता है। मैं समझती हूँ।’

“मैं किसी और को भी ले जा सकता था, पर ऐसा लगा कि इस काम के लिए तुम सही रहोगी।”

‘ओहो! मैं तुम्हारी खुशी के लिए जान तक दे सकती हूँ।’

“और तुम्हें मेरी मदद करनी होगी।”

“क्यों नहीं, खुशी से।”

लंच के बाद हासिल उसे एक जाने-माने सुनार की दुकान पर ले गया और उसकी पसंद व माप के हिसाब से हीरे की अँगूठी ली। हालाँकि, स्वधा ने कुछ नहीं पूछा और हासिल ने भी कुछ नहीं बताया, पर वह उसकी योजना भाँप चुकी थी।

‘हम्म! पहले इसने बहाने से मुझसे अँगूठी खरीदवा ली कि उसे किसी को देनी है और फिर मुझे ही विवाह के लिए प्रपोज करके हैरान कर देगा। सरप्राइज देना चाहता है।’

एक सप्ताह बाद हासिल ने उसे अपने घर आने का निमंत्रण दिया।

“क्या तुम इस रविवार को फ्री रहोगी?”

“जी।”

“अगर लंच के लिए न्योता दूँ तो क्या आओगी? दरअसल, कोई तुमसे मिलना चाहता है।”

‘अरे! इसके पैरेंट्स होंगे। हमारी जोड़ी कमाल होने वाली है।’

“पक्का! जरूर!”

वह समय पर उसके घर पहुँची। उसने जानकर चिकन की कढ़ाई वाला सलवार-कमीज पहना, ताकि वह घरेलू लड़की लगे। अगर उसके माँ व पिता थोड़े पुराने जमाने के हुए!

एक बूढ़े नौकर ने दरवाजा खोला और एक युवती ने उसका स्वागत किया। वह मुसकरा रही थी।

"स्वधा कश्यप?"

'हम्म। यह मम्मी तो नहीं लगती। शायद बहन होगी।'

"हाय! मैं पालकी हूँ, हासिल की मंगेतर।"

स्वधा को साँप सूँघ गया। दिल का दौरा, दिमाग की नस फटना। नर्वस ब्रेक डाउन, किडनी फेल और दमे का दौरा। एक जटिल मौत! उसे लगा कि उसके सिर पर आसमान टूट पड़ा हो।

"आने के लिए थैंक्स। हम तुम्हारा ही इंतजार कर रहे थे। आओ! प्लीज, अंदर आओ।"

उस जगह बिताए तीन घंटों में स्वधा ने जाना कि वे दोनों एक ही सप्ताह में विवाह करने वाले थे।

"बधाई हो!" 'मुझे जान से मारने की।'

"थैंक्स! तुम्हें आना होगा।"

"जी, कोशिश रहेगी।"

"पता है, ज्यों ही मुझे हासिल ने अँगूठी दिखाई तो मुझे पसंद आ गई। यह ठीक वैसी है, जैसी मैं अपने लिए पसंद करती। और तभी मैंने कहा कि मुझे तुमसे मिलना है। हमारी पसंद कितनी मिलती है न!" पालकी ने कहा।

स्वधा ने हामी भरी। 'हम्म, हमारी पसंद मिलती है।' हालाँकि, उनके विवाह की बात ने उसके दिल को बहुत बुरी तरह से तोड़ा था, पर स्वधा को पालकी भी बहुत अच्छी लगी, जिससे हासिल विवाह करने जा रहा था। कितनी प्यारी, सादगी से भरी, खुशमिजाज, सुंदर और गरिमामयी लगती थी, जैसे भगवान् ने दिल लगाकर बनाया हो। इसे तो मुझसे ज्यादा ही मिलना चाहिए। मैं तो पूरी नाकारा हूँ।

"और अब मुझे पता है…" पालकी ने आगे कहा।

"हमारे स्वभाव भी मिलते हैं। क्या कहती हो?"

“ठीक कहा।” ‘जो मुझे चाहिए, अगर वह तुम्हें न मिल रहा होता तो शायद हम एक जैसे हो सकते थे।’ स्वधा मुसकराई।

उस दिन स्वधा के जाने के बाद पालकी ने हासिल से कहा, “जानते हो, वह तुम्हें प्यार करती है?”

“कौन?”

“स्वधा।”

“सच्ची? तुम्हें कैसे पता?”

“एक स्त्री को यह जानने में देर नहीं लगती।”

“हम्म…”

“वह अच्छी लड़की है। मेरी तरह सादगी-पसंद और संस्कारी है।”

“सच कहूँ तो ऑफिस में इसे देखकर मुझे तुम्हारी याद आती है।”

“ओहो! तो मन बदलने के बारे में तो नहीं सोच रहे, जनाब?”

“उम्म, इस बारे में सोच रहा था; पर एक छोटी सी परेशानी है। मेरे बच्चे तो तुम्हें ही अपनी माँ बनाना चाहते हैं।”

वे आपस में एक-दूसरे को किस करने लगे।

इस दौरान देर रात डिनर और ऑफिस जाने से पहले नाश्ते के दौरान स्वधा को अहसास हुआ।

एक पुरुष के जीवन में आधा सिर दर्द स्त्री के कारण होता है और स्त्री के जीवन में आधे दु:ख-दर्द पुरुष के कारण होते हैं।

‘मुझे कुछ देर से समझ आया।’ उसने सोचा, ‘पर मैं इसे स्वीकार करूँगी।’

‘कुछ पाने के लिए कुछ खोना होता है। याद है न, सिली जिली!’

□

ज्यों ही स्टीव वंडर का संगीत बंद हुआ, बहुत सारे भावों ने उस पर हमला बोल दिया। स्वधा ने अपने सिर पर काले आसमान को देखा और पल भर को लगा कि समय आ गया था। अचानक कानों में शोर पड़ने लगा और वह धीरे से वर्तमान में वापस आ गई।

हर घर की लाइटें बंद हो चुकी थीं। कुछ खिड़कियाँ खुली थीं और कुछ कसकर बंद थीं। वह आसानी से ऊपरी मंजिल से भी दरबान के कदमों की आहट सुन सकती थी। आखिरकार एक और दिन बीत गया था।

स्वधा बड़े कमरे में आई, सीडी निकालकर केस में वापस रखी और ड्रेसिंग टेबल के आगे बैठ गई। अब तक उसने अपने रख-रखाव पर कभी इतना ध्यान नहीं दिया था, पर अब···उसने झट से मॉइस्चराइजर उठाया और अपनी टाँग की मुलायम सी त्वचा पर लगाने लगी। यह काम पूरा होने के बाद उसने अपने घने व लंबे बालों को ब्रश से कंघी किया। पलंग के पास रखी बोतल से कुछ घूँट पानी गटककर बिस्तर पर लेट गई और लाइट बंद कर दी। उसने ए.सी. का तापमान सेट किया और गले तक कंबल ओढ़ लिया।

हासिल को काम पर वापस आने में लगभग दो माह और लगेंगे। पर मैं अपना प्रस्ताव कैसे रखूँगी? 'सिली जिली! उस पर सीधा झपट्टा मत मार देना।' वह सहमत थी। उसे इंतजार करना होगा और हासिल को थोड़ा समय देना होगा। पर अब तक यही तो करती आई थी···इंतजार!! शायद इस बार कदम बढ़ाने का मौका मिले! हो सकता है कि वह ऑफिस आने के कुछ समय बाद ध्यान देने लगे।

स्वधा ने आह भरी और करवट ले ली। उसने अपने पास रखे तकिए को सीने से लगाया और अपना चेहरा उसमें छिपा लिया। "आई लव यू!" वह हौले से बोली।

'आई लव यू हासिल···बहुत सारा प्यार।' यही शब्द दिमाग में गूँजते रहे। 'और मुझे तुम्हारी रुचि में शुमार नहीं होना···मैं तुम्हारी आदत बनना चाहती हूँ···' उसके दिल ने कहा।

□

पल्लवी-हासिल

"पालकी!"

नितिन दूसरी बार चिल्लाते हुए पल्लवी के पीछे भागा। कुछ सुरक्षाकर्मी उसकी आवाज सुनकर उसके पीछे भागे। उन्होंने उसे घेर लिया और तभी जाने दिया, जब उसने पहचान जाहिर की। वह धीरे से पल्लवी की ओर बढ़ा, जो बोर्डिंग की लाइन में खड़े लोगों की लाइन के पास व्यस्त थी और बीच-बीच में वॉकी-टॉकी पर बात कर रही थी। वह सामान्य बरताव करने की कोशिश कर रही थी; हालाँकि, वह कनखियों से उस आदमी को भी देख रही थी, जो उसकी ओर बढ़ रहा था।

"पालकी?" यह हर तरह से मूर्खता से भरा सवाल था। फिर भी, वह खुद को पूछने से रोक नहीं सका।

पल्लवी ने खुद को सँभाला, "मैं पल्लवी विमानी हूँ।"

नितिन ने कुछ देर उसके चेहरे को देखा और उसे अहसास हुआ कि वह सच कह रही थी।

"ओह! मुझे···आई एम सॉरी।"

"कोई बात नहीं। हम लोग बोर्डिंग पास चेक कर रहे हैं। प्लीज, अपना सीट नंबर दीजिए।"

नितिन ने बोर्डिंग पास दे दिया।

"आगे बढ़िए, सर!"

नितिन धीमे कदमों से गेट से बाहर हो गया।

"कौन था?" मिताली ने धीरे से पूछा।

पल्लवी ने होंठ बिचकाए, "भगवान् जाने!" फिर वे बचे हुए यात्रियों के साथ व्यस्त हो गईं।

नितिन के फ्लाइट में बैठने से पहले एक और सिक्योरिटी चेक हुआ। और इस दौरान पल्लवी का चेहरा उसकी आँखों के आगे नाचता रहा। एक हेयर कट और बोलचाल में थोड़ा सा बदलाव··· 'यह सब नहीं था, फिर भी मैंने उसे पालकी मान लिया। अगर वह पालकी जैसी दिखती है तो क्या अंतर पड़ता है? कोई-न-कोई किसी-न-किसी से मिलता ही है। उसने घड़ी देखकर मायूसी से आह भरी। अब से कुछ घंटों बाद हासिल को जवाब देना होगा। शायद सच बोलना पड़े और फिर···' अचानक उसका मन भारी हो आया। हे भगवान्! असहाय नितिन ने सीट की पॉकेट से अखबार निकाल लिया। अखबार में अचानक ही एक खबर पर नजर गई—

'कल सूर्य ग्रहण है!'

सूर्य ग्रहण। उसने केवल 'ग्रहण' शब्द पर ध्यान दिया।

फ्लाइट रुकते ही नितिन ने अपनी सीट छोड़ी और बैग लेकर बाहर भागा। अपना सामान लेने और उसके बाद पल्लवी को खोजने में पंद्रह मिनट लग गए।

"आपसे कुछ बात करनी है।"

पल्लवी ने नितिन को एक नजर देखा और जान गई कि वह जो भी बात करना चाहता था, उसके जीने-मरने के सवाल से जुड़ी थी।

"जरूर।"

"क्या कहीं चलकर बैठ सकते हैं?"

वे लोग कैफेटेरिया की ओर चल दिए।

"कहिए, क्या बात है?"

"मैं चाहता हूँ कि आप मेरे सबसे अच्छे दोस्त की पत्नी की भूमिका निभा दें।" नितिन ने सीधे काम की बात की।

एक पल के लिए पल्लवी को लगा कि बंदा पागलखाने से भागकर आया होगा।

"एक्सक्यूज मी? शादी? क्या आपको मेरी मॉम ने भेजा है?"

"अरे, नहीं! मैं तो···"

"देखिए, मैं ऐसे काम नहीं करती।"

"सॉरी, मेरा कहने का यह मतलब नहीं था। मैं आपको बताता हूँ।" फिर अगले दस मिनट तक नितिन बोलता रहा।

जब वह रुका तो उनके बीच एक सन्नाटा था। पल्लवी ने कॉफी का आखिरी घूँट भरा और कप को हाथ से मोड़ते-तोड़ते हुए बोली, "तो आपके दोस्त की पत्नी दुर्घटना में मारी गई। अब वह एक तरह की भूलने की बीमारी से जूझ रहा है। और क्योंकि मेरा चेहरा पालकी से मिलता है, इसलिए आप चाहते हैं कि मैं उसकी जगह ले लूँ?"

"बस, एक या दो महीने के लिए। इससे ज्यादा समय नहीं।"

"मेरी नौकरी का क्या होगा?"

"मेरी जान-पहचान है। चिंता मत करो। दो महीने बाद फिर से नौकरी पर आ सकती हो। इस दौरान छुट्टी मिल जाएगी।"

"इसके बाद क्या होगा?"

"मैंने कहा न कि दोबारा एयरलाइंस की नौकरी मिल जाएगी।"

"नहीं, मैं आपके दोस्त को छोड़ दूँगी तो उसका क्या होगा?"

"वह···" नितिन के खाली चेहरे से ही उसका जवाब मिल गया।

"अगर आपको दूसरों की सलाह सुनने की आदत है तो मेरी बात सुनें। यह योजना काम नहीं आने वाली। जल्दी ही आपके दोस्त को सच पता चल जाएगा तो अभी क्यों न बता दिया जाए! इस तरह उसके दिल को चोट भी कम लगेगी। खैर! आपने कहा कि वे एक-दूसरे को प्यार करते थे, जैसा कि रोमांटिक उपन्यासों में दिखाते हैं। तो पालकी की मौत के लिए इतना परेशान न हों। उसका जीवन···ऐसा हो जाएगा, जैसे किसी की जवानी में हारमोन्स ही न हों। आप समझ गए न?"

नितिन अडोल बैठा था। पालकी की जगह पल्लवी को लाने की संभावना कोई आसान काम नहीं था। परंतु उसे लगता था कि ऐसा हो सकता था।

"मेरा निजी जीवन भी है। मैं कोई खास उद्देश्य या कारण न होने पर ऐसा कोई काम क्यों करने लगी?"

नितिन अपने ही खयालों में खोए हुए मुसकराया। 'जब हम अपने दोस्त की मदद करना चाहते हैं तो हम हर चीज पर भरोसा करना चाहते हैं···समझ और नासमझी सब बराबर हो जाते हैं।' उसने सोचा।

"पल्लवी, तुम्हारा समय लेने के लिए माफी चाहूँगा। शायद तुम ठीक कह रही हो।"

नितिन बेमन से उठकर जाने को था कि अचानक पल्लवी ने उसे रोका—"बेस्ट ऑफ लक!"

"थैंक्स!"

"क्या आपके पास पालकी की कोई तसवीर है? उसे देखने की इच्छा हो रही थी। आपने कहा कि मेरा चेहरा···"

नितिन ने पर्स खोलकर उसे फोटो दिखाया। "वह एक दोस्त से कहीं ज्यादा मेरी बहन की तरह थी।" उसकी आँखें भर आईं।

उसने पहले हासिल को देखा, "यह कौन है?"

"मेरा दोस्त।"

"आपने इसका नाम क्या बताया?"

"मैंने नाम तो बताया ही नहीं। यह हासिल है।"

"हासिल, हासिल सिन्हा?"

"हाँ, पर···"

पल्लवी चकराई हुई थी। उसने तसवीर को एक बार फिर से देखा और फिर नितिन को देखा।

"उसका एक निक नेम भी है न?"

"सबका होता है, पर हासिल को पसंद नहीं था, इसलिए हम उसे कभी···"

"डीनो नहीं कहते?" दोनों एक साथ बोले।

"तुम्हें कैसे पता?"

नितिन की आँखें जवाब का इंतजार कर रही थीं; पर पल्लवी को अपना जवाब मिल गया था। वह जवाब, जिसने सारा कौतूहल शांत कर दिया था। दिल के वे हिस्से भी रोशन हो गए थे, जिनमें पहले प्यार की खरोंचें उभरी हुई थीं।

"बैठिए।" पल्लवी ने तसवीर से नजरें नहीं हटाईं।

"शायद हमें आगे बात करनी चाहिए।"

□

उन्हें बात पूरी करने में ज्यादा देर नहीं लगी। पल्लवी ने अपने हिस्से की कहानी नितिन को सुना दी। उन्हें मुंबई के लिए उड़ान भरनी थी। एयरपोर्ट से उसका ड्राइवर उन्हें सीधे पालकी के घर बेलापुर ले गया। और जब उसके पिता ने दरवाजा खोला तो एक पल के लिए तो वे भी अपनी आँखों पर यकीन नहीं कर सके।

'पालकी!' उनके भीतर से यह नाम उमड़ा, पर वे उसे मुँह से नहीं बोल सके।

"यह पालकी नहीं है।" नितिन ने उनके पैर छूते हुए हौले से कहा। वह उनके चेहरे के भावों से मन की बात जान गया था। पल्लवी ने भी उनके पैर छुए। दोनों को भीतर ले जाया गया, जहाँ मिसेज राव टी.वी. देख रही थीं। एक पल के लिए लगा कि उनकी बेटी आ गई। वे वहीं स्थिर हो गईं।

"अंकल, माफ कीजिए, मैं बिना बताए इतनी देर रात आपके घर आ गया। पर आप देख सकते हैं, थोड़ा जरूरी काम था।" मि. और मिसेज राव नितिन की बात तो सुन रहे थे, पर उनकी नजरें पल्लवी पर ही लगी थीं। और पल्लवी मारे शर्मिंदगी के सबकुछ अनदेखा करते हुए नितिन को देखती रही।

"यह पल्लवी विमानी है।" उसने पल्लवी का परिचय दिया। "मैं इससे कुछ ही घंटों पहले दिल्ली एयरपोर्ट पर मिला। यह किंगफिशर एयरलाइंस में

काम करती है और अब इसे सब पता है।" उसने पहले पल्लवी और फिर पालकी के माता-पिता को देखा—"हासिल।"

जब से दरवाजा खुला था, तब से नितिन उन दोनों के चेहरे के भावों को देख-देखकर ही अपना उत्तर दे रहा था। इस बार उनके माथे पर बल देखकर उसने कहा, "ये लोग स्कूल टाइम में एक साथ कुछ समय तक पढ़े थे। हासिल ने कभी इसके बारे में नहीं बताया।"

जब नितिन ने अपनी बात समाप्त कर चैन की साँस ली तो कमरे में सन्नाटा छाया था। "और अब," उसने धीरे से कहा, "हमारे सामने ये हालात हैं।"

मि. राव ने नितिन को देखकर पहली बार कहा, "बैठो।" फिर उन्होंने मिसेज राव से सबके लिए कॉफी बनाने को कहा।

मिसेज राव उसी समय किचन में चली गईं। उनके पति पल्लवी के सामने सोफे पर बैठे और कहा, "तो तुम इसे हासिल के पास पालकी बनाकर ले जाना चाहते हो?"

नितिन ने हामी भरी।

"क्या तुम्हें लगता है कि इस तरह कोई मदद मिलेगी?"

नितिन ने सिर हिलाया।

"चाहे थोड़ी देर के लिए ही सही, उसके मन को खुशी मिलेगी।" फिर से सन्नाटा छा गया। "और आप भी जानते हैं कि पालकी हमेशा हासिल को खुश देखना चाहती थी।"

"क्या कोई कानूनी समस्या नहीं आएगी?"

"अगर पालकी जीवित होती तो हो सकती थी। मुझे पता है कि हमें अभी उसकी बॉडी नहीं मिली, पर हमें यह भी पता है कि पुलिस इस मामले में कुछ नहीं कर पा रही। खैर, अभी तक किसी ने अखबार में दिए गए विज्ञापन के लिए भी कोई कॉल नहीं की।"

मि. राव ने अपना सिर हिलाया।

"तब तो पालकी के जाने के बाद हासिल किसी के भी साथ रह सकता

है। और अगर हम मान लें कि कल को पालकी वापस आ जाएगी तो पल्लवी हासिल को बिना कुछ बताए उस जगह से हट जाएगी।" नितिन ने पल्लवी को देखा, जो मन में यही सोच रही थी कि ऐसे हालात कभी न बनें।

"क्या तुम्हें लगता है कि इस तरह एक की जगह दूसरे इनसान को रखना बहुत आसान काम है?"

"नहीं। पर अंकल, क्या आपको लगता है कि अब भी पालकी जिंदा होगी?"

तभी मिसेज राव कॉफी लेकर आ गईं। दो कपों में दूध वाली कॉफी थी और दो कपों में काली कॉफी थी। किसी ने कुछ नहीं कहा। वे अपने ही खयालों में खोए हुए प्यालों से चुस्की भरते रहे। उनके विचारों का सागर भविष्य के किनारे को समझने के लिए लहरों पर लहरें उछाल रहा था। जब मि. राव ने अपना प्याला खाली कर मेज पर रखा तो वे बोले, "ठीक है, अगर इससे हासिल को खुशी मिलेगी तो मुझे कोई परेशानी नहीं है।"

□

दरवाजे की घंटी की आवाज सुनकर हासिल ने दरवाजा खोला।

"तुम इस जगह क्या कर रहे हो? जेनिफर और रघु चाचा किधर हैं?" नितिन ने पूछा।

"कोई बात नहीं, मैं ठीक हूँ। हमारी बिजनेस डील कैसी रही?"

"वह तो अच्छी रही, पर ये दोनों।"

"अरे, मैंने जेनिफर को छुट्टी दी है और रघु चाचा किचन में हैं। मेरे दर्द में काफी आराम है।"

"फिर भी, अभी डॉक्टर ने आराम करने को कहा है।"

"मेरा यकीन करो। मैं अभी आराम ही तो कर रहा था। अब मुझे आराम से भी आराम चाहिए।"

नितिन ने हासिल को कंधों से पकड़ा और हॉल में सोफे पर बिठा दिया।

"दर्द चाहे हो या न हो, तुम अभी बहुत कमजोर हो। जेनिफर के बारे में मुझे बता देते। अच्छा, डिनर कर लिया?" नितिन ने पूछा।

"अभी नहीं।"

"तो चलो, एक साथ करेंगे।"

"क्या फ्लाइट में डिनर नहीं था?"

"डिनर परोसा गया था। वह मेरे पेट में है और अभी थोड़ी जगह खाली है।" नितिन ने पेट पर हाथ फिराया।

"जरूर!" नितिन ने हँसते हुए सिर मोड़ा और रघु चाचा को आवाज दी। "रघु चाचा!"

"जी साब!" किचन से जवाब आया।

"खाना लगा दीजिए। नितिन भी हमारे साथ खाएँगे।"

"जी साब!"

डिनर के दौरान उनकी बातचीत जारी रही।

"मुझे नहीं लगता है कि मुझे पूरी तरह से भूलने की बीमारी या एम्नेशिया है। समय-समय पर मुझे कोई आवाज सुनाई देती है और एक चेहरा बार-बार दिखता है; पर वह धुँधला-सा है। पर मुझे पता है कि वह पालकी ही है।"

नितिन ने खाना खाते हुए कहा, "मैं समझ सकता हूँ। डॉक्टर ने भी बताया था कि ऐसा होगा। कुछ यादें अभी लौटेंगी तो कुछ कई साल बाद याद आ सकती हैं। पर तुम्हें लगातार अपने अतीत के संपर्क में रहते हुए वर्तमान में धीरे-धीरे रमना होगा, ताकि सबकुछ सही ठिकाने पर आ जाए।"

हासिल अपने दोस्त को देखकर मुसकराया। "समझ नहीं आता कि तेरा शुक्रिया कैसे करूँ!"

नितिन के चेहरे पर अचरज का भाव था। "पुराने दोस्त को धन्यवाद करने का एक खास तरीका होता है। जब भी वह आए तो ऐसी अनमोल मुसकान से स्वागत करना चाहिए।" वे दिल खोलकर हँसे। 'ओह, लगता है, पुराना समय लौट आया।' नितिन ने सोचा। और अगर मैं वह सब दोबारा पाने के लिए थोड़ा जोड़-तोड़ करता हूँ तो इसमें कोई हर्ज नहीं होना चाहिए। मेरी मंशा तो सच्ची ही है न!

"क्या वह आज फोन करेगी?"

नितिन ने कुछ सेकंड के बाद उत्तर दिया, "हाँ।" फिर वह दोस्त के चेहरे पर अचानक आई बेचैनी को भाँप गया।

"क्या हुआ?"

हासिल ने सिर हिलाया। वह नितिन को देखकर बात नहीं कर पा रहा था।

"तुम तो उससे बात करने के इंतजार में थे न?"

"हम्म, बात तो सही है; पर अब मन डूब रहा है।"

"क्यों? वह तो तुम्हारी पत्नी है।"

"यही तो परेशानी की बात है। वह मेरी पत्नी है और मैं यह तक नहीं जानता कि क्या मैं उसे किसी खास नाम से बुलाता था! क्या हमारे बीच किसी खास तरह से बातचीत होती थी? क्या…"

"शांति रख, यार!" नितिन अपने पराँठे का आखिरी कौर खा रहा था।

"कल मैंने उसे सबकुछ बता दिया। अब चिंता मत कर। वह अपनी ओर से उन सभी यादों को जिंदा करने की कोशिश करेगी, जिन्हें किस्मत ने मिटाना चाहा।"

हासिल ने धीरे से गरदन हिलाते हुए नितिन को सराहा।

"एक और खबर है।" नितिन ने आधा गिलास पानी भरा।

"क्या?"

"पालकी इस सप्ताह के अंत में आ जाएगी।" 'मेरे पास पल्लवी को तैयार करने के लिए इतना समय बहुत होगा।' उसने मन में सोचा।

"सच कह रहे हो?"

"उसके एजेंट ने किसी तरह आनेवाले शुक्रवार को सीट का प्रबंध कर दिया है।"

"उसका नंबर क्या है?"

नितिन जल्दी से सचेत हुआ। 'पल्लवी के पास तो इंडियन नंबर है। इसे आसानी से पता चल जाएगा कि वह विदेश में नहीं, बल्कि भारत में ही है।'

"वह एक आई.एस.डी. नंबर है।"

"पता है। हम मुंबई से अमेरिका के लिए लोकल का इस्तेमाल नहीं कर सकते।"

"नहीं, मेरा मतलब है कि तुम्हारे लैंडलाइन पर आई.एस.डी. नहीं है।"

"मेरा सेल फोन किधर है?"

"वह तो एक्सीडेंट में टूट गया था। मैं जल्दी ही दूसरा ला दूँगा। तब तक तुम मेरे नंबर से बात कर लेना, ठीक?"

"कोई नहीं, यार।"

नितिन ने अपना फोन निकालकर एक नंबर मिलाया। "हैलो पालकी, वहाँ सब ठीक है?"

"सब ठीक है। क्या वह आसपास ही है?" पल्लवी ने पूछा। नितिन ने उसे अपनी मंगेतर संजना के साथ रखा हुआ था।

"यहीं है। ...यह लो, अपनी पालकी से बात करो।"

नितिन ने फोन हासिल को थमा दिया और उसने फोन लेकर कानों से लगा लिया।

"हैलो!"

पल्लवी ने थूक गटका। वह किसी ऐसे से बात करने जा रही थी, जिसके लिए वह जाने कितनी रातों तक रोती रही। कोई ऐसा, जिसने एक बार उसके सपनों के कौतूहल से भरे बीजाणु में सुंदरता का पवित्र वीर्य प्रवाहित कर उन्हें दैवीय आशा से गर्भवान् कर दिया था। कोई ऐसा, जो अब भी उसकी सबसे गुप्त इच्छा था। कोई ऐसा, जिसके लिए वह हमेशा प्रतीक्षा करने को तैयार थी। कोई ऐसा, जिसके लिए वह कुछ भी जीत सकती थी। कोई ऐसा, जिससे वह दूर नहीं होना चाहती थी। कोई ऐसा, जिससे वह तुरंत लिपट जाना चाहती थी। कोई ऐसा, जो अनजाने में ही उसे पीड़ा का उपहार दे गया था। कोई ऐसा, जिसे वह बदले में मुसकानें देना चाहती थी। कोई ऐसा, जिसने कभी उसे भावों की कब्र की मासूमियत दिखाई थी और कोई ऐसा, जिसके लिए पल्लवी को लगता था कि जिस क्षण वह उसकी आवाज सुनेगी, वह उसी समय उन तीन शब्दों को सुनने के लिए अपने प्राण दे देगी,

जिनके बिना भाषा की धारणा ही निरर्थक लगती है।

"आई लव यू, हासिल!" वह 'डीनो' कहना चाहती थी, पर नितिन का कहना था कि शुरुआत में 'हासिल' कहना ही सही होगा। नाम चाहे जो भी हो, जीत उसकी ही थी।

"आई···आई लव यू टू।"

वे दोनों पति-पत्नी थे, परंतु हासिल को उसके स्वर में थोड़ी सी औपचारिकता लगी। 'या यह मेरे मन में था?'

"जब नितिन ने तुम्हारे एक्सीडेंट के बारे में बताया, तब से मर-मरकर जी रही थी···।" हालाँकि, पल्लवी रोने लगी, पर यह चीज उनकी स्क्रिप्ट में नहीं थी।

"चिंता मत करो, डियर, तुम्हारे घर वापस आते ही मैं जल्दी से अच्छा हो जाऊँगा।"

चाहे कैसे भी, वह अब उसकी पत्नी बनने जा रही थी। उसे यह मौका तभी से क्यों नहीं दिया गया, जब से वह उसे चाहने लगी थी?

"मैं जानती हूँ।" पल्लवी ने आँखें मलते हुए कहा, "अब कैसा महसूस कर रहे हो?"

"शरीर में दर्द में तो बहुत आराम हो गया है और अब मैं सही तरह से चल भी सकता हूँ। सॉरी, मेरी वजह से तुम्हें अपना कोर्स बीच में छोड़कर आना पड़ रहा है।"

"तुम्हारे लिए तो अपनी जिंदगी भी बीच में छोड़ सकती हूँ, कोर्स कोई बड़ी बात नहीं है।"

अचानक एक सन्नाटा-सा छा गया और वह उसकी साँसों की आहट सुन सकती थी।

"तुम्हारे घर वापस आने का इंतजार करूँगा।" हासिल ने कहा।

"मैं भी तुमसे मिलने को मरी जा रही हूँ।" हम 'एक ही घर, एक ही डाइनिंग टेबल, एक ही कमरे···और एक ही पलंग पर होंगे।' पल्लवी ने कभी सपने में भी नहीं सोचा था कि उसके साथ ऐसा हो सकता था। उसने स्वयं

से कहा कि यही जीवन है और इसके बाद दोबारा फोन पर बात करने लगी।

"बस, अपना खयाल रखना, बाकी मैं आकर सब सँभाल लूँगी। लव यू!"

"सेम हियर। कल फिर बात करेंगे। बाय!"

हासिल ने फोन नितिन को वापस कर दिया। वह सारी बातचीत के दौरान अपने दोस्त के चेहरे पर खिली मुसकान को देख रहा था। नितिन सोचने लगा कि अगर उसका एक झूठ उसके दोस्त के चेहरे पर मुसकान ला सकता है तो अब उसे पूरा यकीन था कि आगे भी इसी तरह जारी रखने में फायदा था।

'तेरे लिए कुछ भी, दोस्त!'

□

पल्लवी ने सबसे पहले अपनी नौकरी से इस्तीफा दे दिया। अगर पहली योजना की तरह, दो महीने बाद दोबारा नौकरी करने की बात होती तो नितिन उसे काम पर लगवा देता, पर अब हासिल के सामने आने के बाद दो महीनों की कोई गिनती नहीं थी। 'कौन जाने, उसे उसके साथ सारी जिंदगी बिताने को मिल जाए! पल्लवी के अंदर एड्रेनलिन उमड़ पड़ा। और जहाँ तक मॉम व डैड की बात है, वे मेरे पीछे तब तक नहीं आने वाले, जब तक मैं उनसे संपर्क नहीं करूँगी। एक बार हासिल मुझसे शादी करने का फैसला कर लेगा तो उन्हें भी सब बता दूँगी।' पल्लवी को अचानक ही अपनी योजना में दम नजर आने लगा था। हासिल का प्यार दोबारा पाने की उत्तेजना ने उसके सोए हुए सारे अरमान जगा दिए थे।

पल्लवी के मुंबई आने के चार दिन के अंदर नितिन ने पल्लवी को पालकी से जुड़ी हर अहम जानकारी दे दी। पालकी की शादी की अँगूठी की भी नकल तैयार करवाई गई, जो दो दिन में बनकर आ गई। दरअसल, उन्हें बहुत ज्यादा गहराई और बारीकी में उतरने की जरूरत नहीं थी, क्योंकि नितिन ने वे बातें हासिल के आगे दोहराई नहीं थीं।

इस दौरान जब भी नितिन हासिल के पास जाता, वह अपने फोन से

पालकी का नंबर मिला देता। हासिल को उसके नंबर की पड़ताल करने की जरूरत नहीं थी कि वह आई.एस.डी. था या नहीं। और वीरवार रात को पल्लवी की नींद उड़ी हुई थी। 'एक और दिन, मैं अपने डीनो से मिलने वाली हूँ···मेरा पहला और आखिरी प्यार!' वह सारी रात पलंग पर पड़े-पड़े मुसकराती रही। वह सोच रही थी कि वे दोनों मिलेंगे तो क्या-क्या दीवानगी होगी? ट्यूशन में पहली बार हासिल··· 'नोटबुक पर रोमानी संदेश लिखना, हर जगह दिल बना देना, अपनी हर किताब पर 'पल्लवी लव्स डीनो' लिखना। उन दोनों की शरारती मुलाकातों के सपने देखना, जो कभी हुई ही नहीं थीं, बिना किसी वजह के उसकी खुशी के लिए प्रार्थना करना, उसकी सलामती की दुआ करना, क्योंकि वह उससे प्यार करती थी। खाते हुए, पढ़ते हुए और यहाँ तक कि नहाते हुए भी अपने घर में उसकी उपस्थिति को महसूस करना···।'

उसने मन में सोचा कि यह सब कितना मजेदार था! आज जो बेवकूफी लगती है, उन दिनों वही मेरे लिए सबसे कीमती और मजेदार हुआ करता था।

जब पल्लवी को नींद आई तो शुक्रवार की सुबह होने को थी।

11 बजे के करीब नितिन की कार गेट के बाहर आकर रुकी। दरबान ने अपने शेड से बाहर आकर दरवाजा खोला। नितिन ने कार को दोबारा स्टार्ट किया और उसे हासिल की कार के पीछे ले जाकर खड़ा कर दिया। फिर वह पल्लवी की ओर मुड़ा, "तुम्हारी जिंदगी एक अहम मोड़ लेने जा रही है। क्या तुम तैयार हो?"

"मैं तैयार हूँ।" इस सवाल ने पल्लवी की घबराहट और बढ़ा दी।

जेनिफर और रघु को सप्ताह के अंत में छुट्टी दे दी गई थी। नितिन और पल्लवी दरवाजे की ओर बढ़े। दरबान सारा सामान ले आया।

पहली घंटी पर ही दरवाजा खुल गया।

"ओह, कोई अपने घर आ गया!" नितिन दमका। जब वे तीनों घर में घुसे तो पल्लवी सीधा हासिल के सामने थी। सामान्य बुद्धि तो कहती थी कि वे कोई प्रतिक्रिया दें, पर कोई और ही रहस्यमयी सुध मजबूर कर रही थी कि वे सबको भुलाकर उस एक पल को जी लें। पल्लवी ने सोचा, 'यह

तो पहले से और दिलकश हो गया है।' 'क्या मैं सचमुच इतना लकी हूँ?' हासिल ने सोचा। अंदर से दोनों सहज थे, पर बाहरी तौर पर एक असहजता महसूस हो रही थी।

"अब यह मत कहना कि मुझे पति और पत्नी का परिचय करवाना होगा!" नितिन ने किचन से कमरे की ओर आते हुए कहा। उसके हाथ में पानी की बोतल थी।

हासिल ने कहा, "अंदर आओ।" दरवाजा दरबान ने बंद कर दिया था, जो सामान कमरे के एक कोने में रखकर चला गया था।

पल्लवी को पहली बार बात का सिरा पकड़ने में परेशानी हुई। जबकि कार में उसने अपनी ओर से तैयारी कर ली थी कि किस तरह बात करनी होगी, पर अब कुछ समझ नहीं आ रहा था। उसके साथ ऐसा बहुत कम होता था।

"तुम्हारी फ्लाइट तो ठीक रही? कोई परेशानी तो नहीं हुई?" हासिल ने पल्लवी से पूछा; पर वह नितिन को देख रहा था। वे तीनों सोफे पर जा बैठे। पल्लवी व हासिल एक सोफे पर थे और नितिन उनके सामनेवाले सोफे पर बैठा।

"तुम मुझसे क्यों पूछ रहे हो? फ्लाइट से मैं नहीं आया, यह आई है।"

वे सभी हँसने लगे।

"नहीं, सब ठीक था।" पल्लवी ने हासिल को देखे बिना कहा, "बस, थोड़ी सी थकान है। तुम कैसे हो?"

"पहले से कहीं बेहतर।"

वे दोनों एक-दूसरे को देखकर मुसकराए। योजना के अनुसार नितिन के फोन पर संजना ने मिस्ड कॉल दी। "लगता है, मुझे जाना होगा। अगर कुछ जरूरत हो तो फोन करना, ठीक?" पहले उसने हासिल को देखा और फिर पल्लवी की ओर नजरें दौड़ाईं। दोनों ने हामी भरी। एक मिनट बाद वह जा चुका था।

पल्लवी ने धीरे से जाकर अपना सामान उठा लिया। हासिल ने जल्दी

से उसकी मदद की। दोनों मुसकराए। किन्हीं शब्दों की जरूरत नहीं थी। पल्लवी ने सोचा, 'हम अपने भावों से ही कितना कुछ कह रहे हैं।' वह दो बड़े सूटकेस खींचने लगी और हासिल ने दो बैग उठा लिये। वे सीढ़ियों की ओर बढ़े। हासिल दो सीढ़ियों से आगे था कि उसने पल्लवी के चीखने की आवाज सुनी। उसने गलती से एक सूटकेस का पहिया अपने पैर पर चढ़ा लिया था। हासिल चिंतित-सा पीछे मुड़ा और बोला, "क्या हुआ?"

पल्लवी ने अचानक सूटकेस छोड़ दिया, जो लुढ़कते हुए सीढ़ियों से नीचे चला गया और उसने अपना संतुलन साधने के लिए हासिल की बाजू पकड़ ली। हासिल ने झट से उसे अपने पास खींचा, और जब उसने सिर उठाया तो उसके होंठ हासिल की चिबुक से टकराए। दोनों ने एक-दूसरे को देखा। यह पल्लवी के आने के बाद से दूसरी बार हुआ था। उनकी आँखों ने आपस में बात की और हथियार डाल दिए। अगले ही पल वे एक-दूसरे को चूम रहे थे। ऐसा लग रहा था, मानो ईश्वर कोई नया ब्रह्मांड रच रहा हो।

हासिल ने उखड़ती साँसों के बीच उसे उठा लिया। हालाँकि, उसकी बाजू में दर्द हुआ, पर पल्लवी की मदमाती नजरों के आगे वह सब भूल गया था।

वह उसे अपने सोने के कमरे में ले आया और पलंग पर बिठा दिया। हासिल और पल्लवी के बीच जैसे सोए हुए अरमान एक साथ जाग उठे। वे एक पल के लिए भी अलग नहीं हो पा रहे थे। पल्लवी जानती थी कि आज उसके सपने के साकार होने का दिन था, और वह उसे साकार होते हुए देख रही थी।

हासिल और पल्लवी के बीच जो हुआ, उसने पल्लवी को अहसास दिला दिया, मानो उसकी आत्मा का बपतिस्मा हो गया हो। पल्लवी अपनी बंद आँखों के बावजूद सब देख रही थी। वह उन क्षणों को गहराई से महसूस कर रही थी।

'अब मैं जानती हूँ कि आप जिससे प्रेम करते हों, उससे शारीरिक संबंध बनाने का क्या अर्थ होता है!' उसकी आँखों से आँसू छलक आए। सेक्स का असली स्वाद तो प्रेम में ही है। यदि इसे कोई प्रेम के बिना करता है तो वह

उसकी मूर्खता ही कही जाएगी। प्रेम के बिना या प्रेम के साथ संबंध बनाना व्यक्ति की प्राथमिकता पर निर्भर करता है; परंतु इनकी तुलना करनी हो तो यही कहा जाएगा कि प्रेम के बिना संबंध बनाना वातानुकूलित कमरा है या प्रेम सहित संबंध स्विट्जरलैंड के आनंद के समान है।'

कभी बरसों-बरस पहले पल्लवी ने जो अपनी नोटबुक में लिखा था, वह आज उसके सामने आ गया था और एक लय-ताल में उसके कानों में गूँज रहा था—'पल्लवी डीनो से प्यार करती है! पल्लवी डीनो से प्यार करती है! पल्लवी डीनो से प्यार करती है!'

जब ज्वार थमा तो हासिल ने चेहरा उठाकर पल्लवी को देखा, जो उसे ही देख रही थी। दोनों ही पसीने से तर-बतर थे और साँसें उखड़ी हुई थीं। वे मुसकराए और हासिल ने पल्लवी का माथा चूम लिया। उसने हासिल की चिबुक को चूमा।

"आई लव यू, डीनो··हासिल।"

उसने पल्लवी को एक बार और चूमा और कहा, "आई लव यू, पालकी।" उसने अपना वाक्य पूरा किया।

उस एक क्षण में पल्लवी के दिल के हजारों टुकड़े हो गए और जब वे आपस में जुड़े तो पल्लवी को पहली बार अहसास हुआ कि हासिल के जीवन में इस तरह आने का यह फैसला उसके अपने जीवन के साथ क्या कर सकता था! उसने हासिल की आँखों में दोबारा देखा तो उसे भरोसा दिखाई दिया। वहाँ भरोसे, विश्वास, आदर और प्रेम के सिवा कुछ न था। उसने झट से उसे गले से लगा लिया।

'मैं इससे पालकी को भुलवा दूँगी।' उसने अपने आप से वादा किया।

"पता है, तुम्हें दीवानावार याद किया।" वह बोला।

"मैं भी तुम्हारे लिए दिन-रात बेचैन थी; तुम्हें बहुत याद करती थी।" पल्लवी ने कहा।

□

पल्लवी ही पहले उठी। उसने अपने बाल बाँधते हुए पलंग के एक कोने

से हलका सा संगीत सुना। तभी उसे एक छोटे से स्टूल पर रखी सुंदर डिजाइन वाली घड़ी दिखी, जिसका रुपहले रंग का पेंडुलम उस धुन पर नाच रहा था। शाम के 6 बजे थे। पल्लवी हैरान रह गई। पूरे सात घंटे हो गए थे और अभी उसने अपना सामान भी नहीं खोला था। एक-दूसरे के बीच हर दूरी को पाटते हुए लगभग दो घंटे लगे और वे फिर से गहरी नींद सो गए। पल्लवी ने अपना सिर घुमाकर हासिल को देखा। 'उसका पहला प्यार…उसका पति…' ओह, इस बात पर विश्वास करना इतना मुश्किल भी नहीं था। अभी वह मुसकराने ही वाली थी कि उसे हासिल की कमर पर बना एक सुंदर टैटू दिखाई दिया। उसने आगे झुककर चादर हटा दी तो टैटू अच्छी तरह दिखने लगा। उस पर लिखा था—'पालकी-हासिल।'

उसकी खुशी को जैसे ग्रहण-सा लग गया। पल्लवी उठी और कमरे में बिखरे अपने कपड़े उठाने लगी। उसने देखा कि वहीं कुरसी पर हासिल का बाथरोब पड़ा था। उसने उसे ही पहन लिया और फिर धीरे-धीरे नीचे से अपना सारा सामान कमरे में ले आई। उसने सामान निकाला और बाथरूम में चली गई।

उसने बाथटब में लेटकर खुद को सुकून दिलाना चाहा। जल्दी ही मन का डर सामने आ गया, 'अगर हासिल को पता चल गया कि मैं पालकी नहीं? पर उसे पता कैसे चलेगा, जब तक उसे कोई उसका भरोसेमंद बताएगा नहीं! और उसका भरोसे का आदमी नितिन ही था। मैं भी सारा जीवन उसके लिए पालकी बनकर नहीं जीना चाहती। मैं पालकी को मिटाकर उसके आगे स्वयं को पल्लवी के रूप में पेश करना चाहती हूँ। मुझे यकीन है कि वह मुझे भी प्रेम करेगा। मैं उसे खुश रखने की हरसंभव कोशिश करूँगी। मेरी कोशिश यही होगी कि वह कभी पालकी को याद न करे, या मेरे अंदर अपनी पालकी को न खोजे।' इन बातों के बाद पल्लवी ने अपने पिछले सात घंटों को याद किया और उसके भीतर से एक नई पल्लवी का जन्म हुआ। या फिर वह पुरानी पल्लवी थी, जो कई बरसों से कहीं छिपी हुई थी। इससे पहले उसने कभी सोचा तक नहीं था कि वह किसी लड़के को प्रसन्न करने के लिए

उसके आगे झुकेगी या किसी का ध्यान और प्रेम पाने के लिए दीवानगी की हद तक चली जाएगी। पर इससे पहले उसने प्रेम को चाहा भी कब था! खैर, मैं कभी प्यार में थी और आज भी प्यार में हूँ···और यह खुशकिस्मती है कि आज भी उसके ही प्यार में हूँ, जिसके प्यार में पहले कभी थी।'··· पल्लवी मुसकराई। उसके दिमाग में वे सब बहाने घूमने लगे, जो उसने हासिल को भुलाने के लिए बनाए थे और वह सोचने लगी कि चाहे कितनी भी कोशिश कर लो, अपने प्यार को भुलाना आसान नहीं होता।

डिनर का समय होने तक पल्लवी वही कर रही थी, जो वह सबसे बेहतर कर सकती थी—बातें।

उसने डिनर के लिए बैठते हुए कहा, "पता है, मैं चाइनीज बहुत अच्छा बनाती हूँ!" हासिल ने ही उसे चाइनीज बनाने को कहा था।

हासिल ने मंचूरियन खाते हुए कहा, "तुमने पहली बार चाइनीज खाना कब बनाया था?"

"आज रात 10 बजे।" और वे दोनों हँसने लगे।

डिनर के बाद वे फिर से बिस्तर पर थे। पल्लवी रेशमी नाइटी में थी। हासिल उसके पेट पर सिर रखकर लेटा। उसे अपने एक्सीडेंट के बाद होने वाले असर के बारे में बता रहा था—

"पता है, अजीब सी चीजें दिखाई व सुनाई देती रहती हैं। मैंने सपने में जो सुना, उससे ही अनुमान लगाया कि कोई मेरा इंतजार कर रहा है और मैं अस्पताल से तुम्हारे लिए जीवित वापस आ गया। बस, तुम्हारे लिए, पालकी! मैं तुमसे बहुत प्यार करता हूँ।"

पल्लवी एक पल के लिए कहीं खो-सी गई। जब हासिल ने उसका माथा चूमा तो वह वर्तमान में वापस आ गई।

"मैंने कहा कि तुमसे बहुत प्यार करता हूँ।"

"आई लव यू टू।" वह उसकी आँखों में देखकर मुसकराई। 'मैं तुम्हें पालकी से जीतना चाहती हूँ।' हासिल को अहसास हुआ कि पालकी की दार्शनिक मुद्रा में अचानक शरारत छलक उठी।

'और मैं तुम्हें जीतकर दिखाऊँगी।' पल्लवी उसकी ओर मुड़ी और हासिल को जैसे सब भूल गया। फिर अचानक वह उसकी मंशा जानने की गरज से बोला, "अच्छा, बताना, तुम्हारे अंदर कितने प्रतिशत अल्कोहल है?"

"पहले तुम्हें सच-सच बताना होगा, तुम कितने बड़े पियक्कड़ हो?" पल्लवी ने पूछा।

'सब ठीक है न?'

'हम्म!'

नितिन उनकी गोपनीयता में सेंध नहीं लगाना चाहता था, इसलिए वह हर चार-पाँच घंटे बाद पल्लवी को मैसेज करके हालात का जायजा ले लेता था।

वैसे वह सारी काररवाई से प्रसन्न था; पर उसे कुछ मैसेज ऐसे भी आए, जिन्होंने उसे चिंता में डाल दिया।

'वह मेरे मॉम-डैड के बारे में पूछ रहा था।'

'तुम उसे बता क्यों नहीं देतीं कि वे शहर से बाहर हैं!'

'हम्म, मैंने यही कहा था कि वे आध्यात्मिक भारत दर्शन पर निकले हैं। तीन महीने बाद लौटेंगे।'

'अच्छा किया!'

'जब भी अगली बार पूछेगा तो क्या हम उसे मेरे मॉम-डैड से मिलवा नहीं सकते?'

'देखेंगे!'

हासिल की रविवार की दोपहर 12 बजे आरंभ हुई। और जब उसने आँखें खोलीं तो पल्लवी हाथों में गुलाब लिये खड़ी थी।

"गुड मॉर्निंग एंड गुड आफ्टरनून, जनाब!"

हासिल चकरा गया था। वह फूल सुंदर था या उसके चेहरे पर पँखुड़ियों जैसी खिली मुसकान।

"थैंक्स!"

"यह होटल नहीं है और मैं रूम सर्विस से नहीं आई। आपको दिखाना होगा कि आप आभारी हैं।"

"अच्छा जी।" हासिल उठकर पल्लवी के सामने खड़ा हो गया—आमने-सामने। "मुझे इजाजत दें, मैडम।" इससे पहले कि पल्लवी कुछ समझ पाती, उसने उसे कंधों पर उठाया और बाथरूम की ओर ले चला।

पल्लवी ने ब्रंच में पनीर पफ, फ्राइड राइस और प्रॉन्स बनाए थे।

"तुमने इतना सब कब बना लिया?"

"जब तुम सो रहे थे।"

"तुम इतनी जल्दी उठ गई थीं?" वह हैरान और प्रभावित दोनों ही था।

"नहीं, तुम इतनी देर से उठे थे।" उसने आँख दबाई।

यह भी अजीब है, पल्लवी सोचने लगी। आपस में लगाव भी इनसान की जिंदगी में कितना कुछ बदल देता है! यह उसे सही मायनों में इनसान बनाता है। कभी उसे हमेशा मम्मी से लेक्चर मिलता था कि लड़कियों को घरेलू कामकाज आने चाहिए और अब क्या वे यकीन करेंगी कि उनकी बेटी ने सुबह 6 बजे उठकर किसी के लिए खाना पकाया है?

मैं तो यकीन नहीं कर सकती।

ब्रंच करने के बाद वे डीवीडी पर फिल्म देखने बैठे। पल्लवी जानती थी कि घर में कौन सी चीज किधर रखी थी। उसे हासिल से ज्यादा पता था। उसने टी.वी. स्टैंड में रखी डीवीडीज में से 'द ब्रिजिस ऑफ मैडीसन काउंटी' फिल्म निकाली।

पल्लवी काउच पर बैठी और अपनी टाँगें मेज पर पसार दीं। हासिल भी वहीं उसकी गोद में सिर रखकर लेट गया। वह कभी फिल्म देखता तो कभी उसे ताकने लगता। जब वह फिल्म देखता तो वह उसे देखने लगती और जब वह उसे देखता तो वह फिल्म देखने का दिखावा करती।

फिल्म के बीच में जब मैरिल का पति और बच्चे घर पर नहीं होते तो क्लिंट ईस्टवुड के साथ मैरिल स्ट्रीप शारीरिक संबंध बनाती है। तब हासिल ने पूछा, "यह अच्छा है न?"

"हम्म, यह मेरी पसंदीदा फिल्म है।" पल्लवी बोली।

"मैं मूवी की बात नहीं कर रहा।"

"तो फिर?"

"यही कि मैं वन वूमन मैन हूँ और तुम वन मैन वूमन हो।"

शर्मिंदगी के जहर-बुझे बाण ने पल्लवी पर सीधा और गहरा वार किया। वन-नाइट स्टैंड, ब्लाइंड डेटिंग, पहली डेट में सेक्स, अलग-अलग मर्दों के साथ सेक्स—एक बार, दो बार, तीन बार या फिर कई दफा तो चार बार—उसने यह सब बिना किसी परेशानी के किया था। न तो उसकी ओर से कोई दिक्कत हुई और न ही सामनेवाले की ओर से कोई समस्या आई। पर अब, हासिल के पास बैठकर अपनी जिंदगी के उन दिनों को दोहराना, मानो वह अपनी ही नैतिकता के गुप्तांगों की जाँच कर रही थी। ऐसा तो उसके साथ पहले कभी नहीं हुआ था।

"यह अहमियत रखता है?" उसने अपना सिर हासिल की ओर मोड़ते हुए पूछा।

"मेरे लिए, हम्म।"

"पर मर्द तो तुम्हारी तरह नहीं सोचते; न ही औरतें सोचती हैं।"

"वे क्या सोचते हैं?"

"हर किसी को पूरी आजादी है कि जिन्हें वे पसंद करें, उनके साथ अपना जीवन जीएँ।"

"बेशक, वे लोग आजाद हैं।"

"और अगर इस दौरान वे कभी गलत तरह के लोगों से टकरा गए हों तो यह उनकी भूल नहीं कहला सकती।"

"तुमने मुझे गलत समझा। मैं यह कहना चाहता था कि यह जानने में अच्छा लगता है कि हम एक-दूसरे का अतीत थे, हम एक-दूसरे का वर्तमान हैं और भविष्य भी होंगे। लोगों को इतने किस्मतवाले साथी कम ही मिलते हैं। तुम नहीं जानतीं कि जब नितिन ने मुझे यह बताया कि मैं तुम्हें अपनी किशोरावस्था से ही जानता था, तो मुझे कितनी खुशी महसूस हुई! जब भी

मैं तुमसे वे तीन दिव्य शब्द कहता हूँ तो मैं जानता हूँ, और इस बात से खुश हूँ कि मेरे जीवन में कभी किसी और के लिए ये शब्द नहीं दोहराए जाएँगे। और तुम्हारे लिए भी यह सच है, है न?"

हासिल उसे ही देख रहा था। ज्यों ही पल्लवी ने उसे देखा, पल भर को उनकी नजरें चार हुईं। उसने हौले से कहा, "हाँ। पर उन लोगों के लिए क्या कहेंगे, जो पहले किसी के साथ हमबिस्तर हो चुके हों और उन्हें अपने जीवन का प्यार ही उसके बाद मिले?"

"कह नहीं सकता। यह उलझी हुई बात है। कई बार हम नहीं जानते कि हम किसी से प्यार करते थे, इसलिए उसके साथ संबंध बनाए या हम किसी से इसलिए प्यार करते थे, क्योंकि उसके साथ शारीरिक संबंध बनाना चाहते थे। स्वीटहार्ट, हमारे हारमोन की मंशा जानना बहुत कठिन होता है। किसी भूल या गलती के बाद बहाने, वजह और सफाइयाँ जीवन में आगे बढ़ने के लिए जरूरी होते हैं। पर मेरा मानना है कि उन सफाइयों की वैधता पूरी तरह से व्यक्तिनिष्ठ होती है। मैं यह नहीं कहता कि किसी मर्द या औरत को डेट करना बुरा है या पाप है, या किसी तरह का नैतिक पतन है। मैं तो केवल यही कह रहा था कि मैं सुपर लकी हूँ कि मेरे पास तुम हो और केवल तुम। मुझे किसी तरह की वैरायटी नहीं चाहिए।" हासिल ने पल्लवी के बुझे हुए चेहरे को देखा।

"और क्या तुमने कभी सोचा कि हम अपने बच्चों के आगे कैसी मिसाल कायम करेंगे? उन्हें यह जानकर अच्छा लगेगा कि उनके पापा ने पूरा जीवन केवल उनकी मॉम को ही प्यार किया। और उनकी मॉम ने भी यही किया है न?"

"है न?" हासिल ने दोबारा पूछा।

'मेरे साथ ऐसा मत करो!' "हाँ।" पल्लवी ने हौले से कहा।

वह अपने होंठ उसके होंठों के पास ले आया। उनके बीच एक छोटा सा चुंबन लिया-दिया गया और वह फिर से उसकी गोद में सिर रखकर लेट गया।

"पालकी, एक बात बताओ, हमारे विवाह के इतने समय के दौरान हमारे बीच कभी बच्चों के बारे में बात हुई? मतलब हमारे बच्चे?"

पल्लवी ने उसे ऐसे देखा, मानो उसकी बात का जवाब देने जा रही हो; पर असल में उसे कुछ पता नहीं था। नितिन ने इस बारे में उसे कोई बात नहीं बताई थी।

"हमारे बीच एक बार यह बात हुई थी।"

हासिल ने उसका हाथ चूमकर पूछा, "हमने क्या बात की थी?"

"यही कि हम एक-दूसरे को अभी एक-दो साल और देंगे। तब तक मेरा कोर्स···।"

आखिरी हिस्से की जरूरत नहीं थी। पल्लवी को जल्दी अहसास हो गया।

"तुम विस्कोन्सिन में थी न?"

"हाँ, सोशल वर्क में मास्टर्स कर रही हूँ।" पल्लवी को यह सारी जानकारी थी।

"तुम्हारी वापसी कब है?"

यह सवाल पल्लवी के होमवर्क में नहीं था।

उसने थूक गटका। "मैं···मैंने कोर्स छोड़ दिया है।"

"क्या?" हासिल उठकर बैठ गया, "हद कर दी तुमने!"

"वे लोग कोर्स के बीच में नहीं आने दे रहे थे, इसलिए मेरे पास और कोई चारा नहीं था।"

"पर···" वह कुछ परेशान हो गया था।

"डार्लिंग, कोई भी कोर्स तुमसे ज्यादा जरूरी नहीं हो सकता। आई लव यू!" उसने हासिल के गाल चूम लिये, "जब तक तुम पूरी तरह से ठीक नहीं हो जाते, मुझे कहीं नहीं जाना।"

"और उसके बाद?"

"फिर हम विवाह कर लेंगे।"

हासिल के माथे पर बल आ गए।

"फिर से।" पल्लवी ने बात पूरी की।

पल्लवी को उस रात खाना नहीं बनाने दिया गया। उन्होंने पास के रेस्तराँ से खाना ऑर्डर कर दिया और खाना खाने के दौरान भी बातचीत जारी रही।

"समझ नहीं आता कि ऑफिस के काम का दबाव कैसे सँभाला जाएगा? मैं तो इसी माह से जाना चाहता था, पर नितिन का कहना है कि अभी मुझे एक महीने का अवकाश और लेना चाहिए।"

"मैं चाहती हूँ कि तुम मुझसे एक वादा करो। तुम जब तक काम करने लायक नहीं होते, तब तक तक तुम हम दोनों के सिवा कुछ नहीं सोचोगे।" पल्लवी के स्वर में मातृत्व भाव छलक रहा था।

"वादा।" हासिल ने पल्लवी को देखते हुए मुसकान दी।

"अच्छा, अब जो पूछने जा रहा हूँ, उसके लिए पहले से माफी। जब तुम्हें मेरे एक्सीडेंट के बारे में पता चला तो सुनकर तुम्हें कैसा लगा था?" हासिल ने अपना चम्मच प्लेट के कोने में रखा और पल्लवी को देखने लगा।

'जब मुझे अहसास हुआ कि यह हासिल सिन्हा है तो मेरी पहली प्रतिक्रिया क्या थी?' उसका मन बदल गया।

"मैं तो यकीन नहीं कर सकी। मैंने कभी सोचा नहीं था कि मेरे साथ भी ऐसा हो सकता था! मेरा मतलब···हमारे साथ।" उसने थोड़ा सा पानी पिया। यह सब बहुत भीषण था···। 'जब पहली बार तुम्हारी फोटो देखी तो यह एक करिश्मा लगा···जैसे अंदर-ही-अंदर खलबली मच गई···संभावना बनी कि मैं तुम्हें अपने जीवन में दोबारा पा सकती थी—और कैसे?—मेरे फेफड़े जाम हो गए···मैंने नितिन से सारी जानकारी ली और भगवान् से पूछा कि उसने मेरी बजाय तुम्हारे साथ ऐसा क्यों किया? मेरी इस प्रतीक्षा, मेरी भावनाओं को चोट देने, मेरी मासूमियत को खत्म करने और फिर, मुझे बदले में तुम्हारा पुरस्कार देने के पीछे उसका क्या तर्क है?'

"हम्म! और इतने दिनों तक तुमने क्या किया? मतलब, एक्सीडेंट के कारण हमारा संपर्क नहीं रहा था।"

'जब तुम्हारे पास मैं नहीं थी, तब तुमने उन दिनों में क्या किया?'

'मैं अपने दिमाग में सोचने लगी कि क्या जगह बताऊँ, पर कुछ समझ नहीं आया।' "मैं दो दिन तक रोती रही। मैं सच में रोई थी। हर बार नितिन से कहती कि मुझे तुम्हारे पास ले जाए, पर वह कहता कि अभी तुम्हें थोड़े समय की आवश्यकता है। मैंने लैंडलाइन भी मिलाया, पर नितिन ने सारे हालात बता दिए। और···"

"मैं समझ गया।" हासिल का डिनर हो गया था। उसने थोड़ा पानी पीकर पूछा, "अगर मैं एक्सीडेंट में मारा जाता···"

पल्लवी ने एक पल के लिए उसकी आँखों में देखा। हासिल को उनमें डर दिखाई दिया। "मैं इस बारे में बात नहीं करना चाहती।" वह बोली।

"देखो, आई एम सॉरी। मुझे यह बात इस तरह नहीं कहनी चाहिए थी।"

वे लोग पलंग पर उसी चादर पर एक-दूसरे की बाँहों में लिपटे थे और ए.सी. पूरी तेजी से चालू था।

"क्या तुम्हें हमारा पहला चुंबन याद है?" पल्लवी को सीढ़ियों पर उनका पहला चुंबन और उसके बाद का दृश्य याद आ गया। "हमने बारिश में एक-दूसरे को चूमा था।" उसने उदासीनता से कहा।

"हाँ।" उसने उसका गाल चूम लिया, "मजे की बात यह है कि यह मुझे नितिन ने बताया।"

पल्लवी ने मुड़कर उसे होंठों पर चूमा। "चिंता मत करो, डार्लिंग, अब से तुम कुछ नहीं भूलोगे। मैं तुम्हें भूलने ही नहीं दूँगी।"

कुछ ही देर बाद हासिल ने एक और सवाल पूछ लिया—

"क्या तुम कुछ और ऐसा बताना चाहोगी, जो मैं नहीं जानता?"

पल्लवी पहले ही सचेत हो गई थी। "तुम कहना क्या चाहते हो?"

"हालाँकि, नितिन ने हमारे अतीत के बारे में सब बताया, पर वह सबकुछ नहीं जानता। वह सबकुछ नहीं जान सकता। कुछ मसले, बातें और रहस्य ऐसे होते हैं, जो पति और पत्नी के बीच ही होते हैं। तो क्या कुछ ऐसा है, जो तुम मुझे बताना चाहोगी?"

'हम्म···यही कि मैं तुम्हारी पत्नी नहीं···मैं पालकी नहीं···मैं पल्लवी

विमानी हूँ···हमने बारिश में पहला चुंबन नहीं दिया···मैंने केवल तुम्हारे साथ शारीरिक संबंध नहीं रखे···सबसे जरूरी बात, तुम्हारी पत्नी पालकी, जिससे तुम इतना प्यार करते हो, वह अब इस दुनिया में नहीं रही।'

"नहीं, ऐसा तो कुछ नहीं है।" उसने कहा और फिर वे दोनों एक-दूसरे में खो गए।

□

हालाँकि, सोमवार से रघु काम पर आ गया, पर पल्लवी ने खाना बनाने का काम अपने जिम्मे ही लिया। पहले तो उसे मेमसाब पर थोड़ा शक-सा हुआ। पहले पालकी उसे 'चाचाजी' कहती थी और अब वह उसे 'रघु चाचा' कह रही थी, जैसे दूसरे बुलाते थे। पर अपने साब को एक्सीडेंट के बाद पहली बार इतना प्रसन्न देखकर और यह देखकर कि मेमसाब उनकी कितनी देखरेख कर रही थीं, उसने यही अनुमान लगाया कि मेमसाब भी अभी एक्सीडेंट के झटके से पूरी तरह उबरी नहीं हैं।

जेनिफर को झट से पल्लवी पसंद आ गई। वह हासिल को खुश करने के लिए दीवानगी की हद तक जा सकती थी, मानो उसे अचानक ही यह मौका मिला हो। मानो अभी सप्ताह के अंत में ही उनका विवाह हुआ हो। खैर, यह तो साफ था कि वह हासिल को बहुत याद करती थी। जेनिफर ने जाने से एक सप्ताह पहले कहा, "आपसे मिलकर अच्छा लगा, मिसेज सिन्हा!"

'मिसेज सिन्हा! आह, सुनकर कितना अच्छा लगा!'

"हासिल की इतनी अच्छी सेवा करने के लिए तुम्हारा शुक्रिया।"

"ओह, यह तो मेरा काम था; पर मैं जाने से पहले कुछ कहना जरूर चाहूँगी।"

"जरूर, क्यों नहीं! बोलो!"

"आप दोनों को देखकर अहसास हुआ कि किसी के जीवन में किसी एक के होने का क्या अर्थ होता है! आप दोनों एक-दूसरे के लिए बने हैं और यह भगवान् का शुक्र है कि आप दोनों जीवन में इतना पहले मिले कि आपको उसे खोजने के लिए कई दूसरे रिश्तों से नहीं गुजरना पड़ा। मुझे

पाँच लड़कों से ब्रेकअप के बाद अपने पति से मिलने का मौका मिला। क्या आपको यकीन आएगा?"

पल्लवी ने थूक निगला।

"और अब सोचती हूँ कि मैं उनके साथ अपना समय नष्ट क्यों कर रही थी? मैं अपने पति के साथ कितना अच्छा समय बिता सकती थी।"

"कम-से-कम तुम्हें वह मिल तो गया।" पल्लवी ने उसे दिलासा दी। पर वह उसे दिलासा दे रही थी या खुद को, वह यकीन से नहीं कह सकती थी। फिर उसे लगा कि वह खुद को ही दिलासा दे रही थी।

जेनिफर ने मुसकराते हुए आगे कहा, "जब भी काम के कारण पति से दूर रहना पड़ता है तो यही लगता है, जैसे जीवन कहीं छूट रहा है। पता है, दोबारा काम पर जाने से पहले पूरे एक सप्ताह की छुट्टी लेने वाली हूँ। जब तक हम आपस में एक-दूसरे को खुश रखने की कोशिश करते हैं, तब तक हमारे बीच कोई नहीं आ सकता। आपका क्या कहना है?"

"बिल्कुल ठीक।"

"सॉरी, आपको बोर किया। अब चलती हूँ। आप अपना और हासिल का ध्यान रखें। वे जल्दी अच्छे होंगे। बाय!"

"बाय!"

'जब तक हम आपस में एक-दूसरे को खुश रखने की कोशिश करते हैं, तब तक हमारे बीच कोई नहीं आ सकता।' पल्लवी ने दरवाजा बंद कर दिया।

अगले दो महीनों में पल्लवी और हासिल के आगे एक नई ही दुनिया थी। वे दोनों एक नई ही दुनिया में थे और हासिल की पत्नी उसे सरप्राइज देने का कोई मौका नहीं छोड़ती थी।

"आज तो कुछ पकाने का मन नहीं है। क्या हम बाहर से कुछ मँगवा नहीं सकते?"

हासिल को बाहर का खाना कोई खास पसंद नहीं था, पर उसने बेमन से कहा, "ठीक है, मैं नहाकर ऑर्डर कर देता हूँ।"

और जब वह बाथरूम से बाहर आया तो अपने मनपसंद व्यंजन की खुशबू ले सकता था।

"हासिल, आज तबीयत कुछ ठीक नहीं है।"

"ओह, मैं नितिन को कॉल करता हूँ। वह डॉक्टर भेज देगा।"

"पर दवा तो अपने घर में ही है।"

"कहाँ?"

और पल्लवी उसे बाँहों में भर लेती।

"अच्छा जी, तो यह दवा है!"

"ओह, जब तुम उदास होती थीं तो मैं क्या करता था?"

"तुम मुझे अपनी बाँहों में भर लेते थे।"

"और जब मैं उदास होता था तो तुम क्या करती थीं?"

"मैं तुम्हें और भी कसकर बाँहों में भर लेती थी।" और वे दोनों हँसने लगते।

एक दिन जब वह अलमारी में कपड़े लगा रही थी तो हासिल ने पूछा, "पता है, मैं तुम्हें प्यार क्यों करता हूँ?"

"क्यों?"

"मैं तुम्हें प्यार करता हूँ, क्योंकि मैं तुम्हें बहुत प्यार करता हूँ। और तुम मुझे प्यार क्यों करती हो?"

'मैं तुम्हें इसलिए प्यार करती हूँ, क्योंकि तुमने मेरे जीवन के साथ वह किया, जो मैं करती, अगर यह मेरे वश में होता।' हासिल उस जवाब को सुनने की उम्मीद में था, जो उसने अपने सपने में सुना था।

"मैं तुम्हें इसलिए प्यार करती हूँ, क्योंकि तुम्हारी वजह से मैं अपनी आत्मा को महसूस कर पाती हूँ।"

हासिल ने भौंहें सिकोड़ीं।

"क्या हुआ?"

'खैर, वह एक सपना था और यह हकीकत है!' "कुछ नहीं, जाने दो।"

"पता है?" वे लोग एक साथ बाथटब में थे।

"क्या ?" पल्लवी ने उसे मुड़कर पूछा।

"मैंने जो सोचा था, तुम उससे बहुत अलग हो।"

"सच्ची! तुमने क्या सोचा था ?"

"मैंने सोचा था, तुम्हारी तसवीर से लगा था कि तुम बहुत शांत प्रकृति की होगी।"

"बेशक! ऐसी ही तो हूँ, पर शांत होने से पहले बहुत बोलती हूँ।"

वे मुसकराए और गले लग गए।

"दरअसल, मुझे नहीं लगा था कि तुम पहला कदम नहीं बढ़ाओगी और मुझे ही हमारे रिश्ते को फिर से शुरू करना होगा, जिससे हालात और भी बदतर हो जाते।"

"अब मेरे बारे में क्या सोचते हो ?" पल्लवी ने उसे देखकर पूछा।

"मैं इतना खुश तो जिंदगी में कभी नहीं रहा।"

'इसका मतलब है कि अब यह पालकी को नहीं, बल्कि मुझे प्यार करने लगा है।' "आई लव यू!" वह धीरे से चिल्लाना चाहती थी, पर उसने हौले से उसके कान में कहा और उसे काट लिया।

डॉक्टर ने दो महीने का आराम कहा था, इसलिए बाहर जाने का मतलब ही नहीं था। इस तरह, पल्लवी ने अपनी ओर से हासिल को नीरसता और कुंठा से बचाने के लिए हरसंभव प्रयास किया। वह उसे कभी लंबे समय तक अकेला नहीं छोड़ती थी। कई बार वे पूरी-पूरी रात लिपटकर सोए रहते और अगली सुबह गहरे संतोष के बीच जागते। हर दिन एक साथ स्नान करते। वह अकसर हासिल की पीठ पर 'पालकी-हासिल' टैटू को साबुन से रगड़कर साफ करने की कोशिश करती, पर हर बार असफल हो जाती। बस, उसके मन में पालकी को हराने की इच्छा बढ़ती जा रही थी और वह हासिल के अस्तित्व से उसकी हर याद को मिटा देना चाहती थी।

हर रात वह हासिल को जी भरकर प्यार करने के बाद गहरी नींद में सोता देखती रहती। उसे नींद में हासिल और भी प्यारा लगने लगता था।

लंच, डिनर या दिन के अन्य हिस्सों में वे आपस में बहुत सारी बातें

करते। पल्लवी उसके मुख से जो भी सुनती या जितनी भी बार उसकी ओर देखती, हासिल के लिए उसका प्यार उतना ही बढ़ता जाता था। हासिल जिस तरह बात करता था, उससे न केवल पल्लवी के मन में उसके लिए आदर व प्रशंसा का भाव बढ़ रहा था, बल्कि वह खुद को भी विशेष और भाग्यशाली महसूस करने लगी थी। किसी भी दशा में उसका अहं आड़े नहीं आता था। वह आज तक जिन पुरुषों के बीच रही, वे वासना के पुजारी थे; परंतु हासिल उसे अनंत साथ का वादा देता हुआ लगता था।

इस दौरान नितिन और पल्लवी मैसेज के माध्यम से आपस में बात करते रहते थे।

'पक्का, यह हमारी ओर से छल नहीं है न?'

'देखो पल्लवी, अगर पालकी जीवित होती तो इसे छल कह सकते थे।'

'क्या हासिल इसे समझेगा?'

'उसे समझने की जरूरत नहीं है। हम उसे कुछ नहीं बताने वाले। लोग तो व्यभिचार करके भी सारा जीवन चुप रहते हैं। हम तो उसे एक खुशहाल जीवन दे रहे हैं!'

'क्या कभी ऐसा भी होगा कि मैं उसके सामने पालकी बनकर नहीं, पल्लवी बनकर जा सकूँ? क्या वह पालकी के बजाय पल्लवी को प्यार नहीं कर सकता?'

'डियर, नाम में क्या रखा है?'

'कभी-कभी कुछ नहीं और कभी-कभी सबकुछ।'

'अभी तो बस, आज बीत रहे दिन को ही देख सकते हैं। आगे के बारे में बहुत ज्यादा विचार मत करो।'

'ठीक है।'

'और प्लीज, किसी तरह की उम्मीद मत पालो। उम्मीद पालने से दुःख मिलने का खतरा बढ़ जाता है।'

'पता है; पर सच में बताना, हम में से कौन बेहतर है—मैं या पालकी?'

'डियर, अज्ञान में ही सुख है।'

हालाँकि, जब भी नितिन संजना के साथ हासिल के पास जाता तो भीतर से गहरी बेचैनी महसूस करता, पर उसे किसी भी तरह से यह दिखाना नहीं था।

पहले महीने में तो नितिन और संजना ही हासिल के घर जाते रहे।

"कम-से-कम तुम दोनों नितिन के घर तो आ ही सकते हो!" एक दिन संजना ने कहा।

"दरअसल, डॉक्टर ने इन्हें घर पर ही रहने को कहा है।"

"नितिन का घर भी घर ही है। तुम लोगों को घर में रहकर बोर होने की जरूरत नहीं है।"

पल्लवी ने एक-दूसरे को देखकर मुसकान दी, "नहीं, हम एक साथ बोर नहीं होते।"

"तुम लोग सारा दिन करते क्या हो?" संजना को अगली बार नितिन के साथ आने पर जवाब मिल गया।

पल्लवी और हासिल एक-दूसरे में खोए हुए थे कि दरवाजे की घंटी बजी। उन्हें किसी तरह खुद को सँभालना पड़ा। पल्लवी ने झट से दरवाजा खोला और नितिन व संजना को देखकर हैरान रह गई। और फिर, उनके चेहरे पर नटखट मुसकान खेल गई।

"ऊँह! ऊँह!" नितिन ने गला खखारा।

"क्या?"

"तुम्हें नहीं लगता कि जब हम पिछल बार आए थे तो हासिल ने यह जींस और टी-शर्ट पहनी हुई थी।" नितिन ने संजना को देखते हुए कहा।

पल्लवी को समझ आ गया और वह धीरे-धीरे सीढ़ियों की ओर बढ़ी। "तुम लोग बैठो, मैं हासिल को बुलाकर लाती हूँ।"

"रघु चाचा किधर गए?" संजना ने पूछा।

"छुट्टी पर हैं।"

"आज फिर से?" संजना ने पूछताछ की।

"ओह!" नितिन ने जवाब दिया। पल्लवी भागकर कमरे में गई तो

देखा कि हासिल उसका टॉप पहनने की कोशिश में था, जो उसके गले से नहीं उतर रहा था और लो वेस्ट जींस घुटनों तक आ रही थी। वह रुककर पल्लवी को देखने लगा।

"अरे, मैं तुम्हें बताने ही वाला था…"

अगले महीने से वे नितिन के घर भी जाने लगे।

"अब इसे घर से बाहर जाना चाहिए।" उसने कहा।

"बिल्कुल।" नितिन उन्हें एक साथ देखकर बहुत खुश था। उसने सोचा भी नहीं था कि योजना इतनी कारगर होगी। बस, उसका दोस्त अतीत के दुःख से बच जाएगा, यही बहुत था।

"शायद तुमने ठीक कहा था।" नितिन उनके लिए जाम तैयार कर रहा था कि हासिल ने काउच पर बैठते हुए कहा। पल्लवी संजना के साथ उसकी निजी नर्सरी देखने गई हुई थी।

"क्या चीज ?" नितिन ने उसे गिलास थमाया और साथ बैठते हुए कहा।

"मैं कितना भाग्यशाली हूँ कि पालकी मेरी पत्नी है। शायद सजीव प्राणियों के इतिहास में परिवार की खोज की अवधारणा सबसे अहम मानी जा सकती है। जीवन में परिवार का स्तर ही तय करेगा कि आप एक अच्छा और सुखी जीवन जी सकते हैं या नहीं!"

"बिल्कुल सहमत हूँ।"

"पालकी कहती है कि अभी कुछ महीने और आराम करना चाहिए। उसके बाद ही ऑफिस के बारे में सोचा जाए।"

"हम्म।" नितिन ने अपने गिलास से घूँट भरा। "तू क्या कहता है ?"

"मैं तो इसी महीने से आने की सोच रहा था। जितनी ज्यादा देर होगी, काम को फिर से समझने में उतना ही ज्यादा समय लगेगा।"

"बात तो सही है; पर मैं तुम्हें अभी से ऑफिस के काम के बारे में बताना शुरू कर देता हूँ। हमारे नए व पुराने ग्राहक और हमारी नीतियाँ वगैरह!"

"यही ठीक रहेगा।"

"ठीक है, कल से यही करेंगे। चीयर्स!"

उन्होंने गिलास आपस में टकराए।

"एक और बात बतानी थी।"

"बोलो।"

"याद है, मैंने तुम्हें बताया था कि अस्पताल से आने के बाद से मुझे एक आवाज सुनाई देती थी।"

"हम्म!"

"अब नहीं सुनाई देती।" हासिल कुछ चिंतित लगा—"और सुनाई भी क्यों देगी! जो कहती थी, वह तो अब मेरे ही साथ होती है।"

नितिन ने कोई जवाब न देना ही बेहतर समझा।

छत पर नर्सरी देखने के बाद संजना और पल्लवी वहीं बेंत से बनी कुरसियों पर बैठी थीं।

"पल्लवी, सब ठीक चल रहा है?" संजना जानना चाहती थी।

"सब ठीक है।"

"मुझे कुछ कहना है।"

पल्लवी ने उसे हैरानी से देखा।

"जब नितिन ने पहली बार तुम दोनों की योजना के बारे में बताया तो मुझे यही लगा था कि यह कामयाब नहीं होगी। एक स्त्री किसी पुरुष को जाने बिना उसकी पत्नी की भूमिका कैसे निभा सकती है?" कितनी अजीब बात है! नितिन ने संजना को वह एक बात नहीं बताई थी, जिसकी वजह से पल्लवी ने हामी भरी थी। पल्लवी ने उसे ऐसा करने से मना किया था। वह नहीं बताना चाहती थी कि हासिल उसका पहला प्यार था। वह हमेशा से उसे चाहती आई थी। वह संजना की बात सुनती रही।

"माता-पिता, रिश्तेदार, समाज और दोस्त—मतलब हम लोग कितने लोगों के संपर्क में रहते हैं—जाने और अनजाने में ही सही! हमें हमेशा अपना हर फैसला इन लोगों को ध्यान में रखते हुए ही लेना होता है।"

"मेरे लिए माता-पिता, दोस्त और रिश्तेदारों की कभी अहमियत नहीं

रही। मैं जानती हूँ कि मैं क्या कर रही हूँ।"

"हम्म! फिर भी, तुम्हें पहली बार देखा तो समझ आ गया था कि हासिल की जिंदगी में कुछ बेहतर होने वाला था, खासतौर पर पालकी के जाने के बाद!"

"तुमने यह नतीजा क्यों निकाला?"

"मैं जब तुम्हारे घर आई तो एक ऐसे इनसान को देखा, जो हासिल से बहुत प्यार करता था।"

"क्या तुमने अंदाजा लगाया था?"

"डियर, जब कोई स्त्री प्यार करती है तो उसकी पूरी बॉडी लैंग्वेज ही बदल जाती है।"

"सच कहूँ तो जब से हासिल से दोबारा मिली हूँ, मेरा पूरा अस्तित्व ही बदल गया है।" पल्लवी भी थोड़ा भावुक हो गई और वह कह गई, जो नहीं कहना था।

"दोबारा?"

पल्लवी ने एक बार संजना को देखा और फिर काले आसमान को देखने लगी। एक स्त्री दूसरी स्त्री के साथ अपना अतीत बाँट सकती है, उसे किसी अभियोग या दोषारोपण का भय नहीं होता, उसने सोचा और संजना को बता दिया कि वह हासिल से दस साल पहले भी मिल चुकी थी। पल्लवी पिछले कुछ सप्ताहों से अपनी छाती पर पड़े बोझ को कम करने के लिए यह सब कह रही थी और संजना को सबकुछ विस्तार से बता देना चाहती थी; पर कुछ भावनात्मक उतार-चढ़ाव इतने गहरे थे कि वह सबकुछ बताने से कतरा गई।

उसने अपनी जीवन-यात्रा के कुछ चुने हुए हिस्से संजना को बता दिए और खुद से वादा किया, 'मैं हासिल को भी जल्दी ही यह सब बता दूँगी। बस, एक बार पता चल जाए कि वह भी मुझसे प्यार करने लगा है…बस मुझसे, पालकी से नहीं।'

□

अगली मुलाकात में नितिन हासिल के लिए ऑफिस से कुछ फाइलें ले आया, ताकि वह समय मिलने पर उन्हें देख सके। उसने उसे बताया कि दोनों साझेदारों ने कंपनी के लिए क्या सपना देखा था और उसे कैसे पूरा किया। पाई चार्ट, पावर प्रेजेंटेशन, बार ग्राफ और आँकड़ों व फाइलों में छिपी सारी जानकारी को जानने के बाद हासिल के अंदर ऑफिस जाने का हौसला और बढ़ गया। जब नितिन ने अपने दोस्त के निजी और पेशेवर आत्मविश्वास को बढ़ता हुआ पाया तो उसने चैन की साँस ली।

'दो महीने पहले लगता था कि उसे सँभलने में सारा जीवन लग जाएगा।' नितिन ने पल्लवी को मैसेज किया।

'एक पत्नी अपने पति से कोई भी चमत्कार करवा सकती है।'

'हम्म! पालकी की जगह कोई नहीं ले सकता था, पर...। तुम तो असली जैकपॉट निकलीं, डियर!!'

'मतलब जैकपॉट नहीं, जिलीपॉट।'

नितिन औपचारिक तौर पर हासिल को ऑफिस ले जाने से एक सप्ताह पहले अपने साथ ऑफिस ले गया।

"मेरे हाथ ठंडे पड़ रहे हैं।"

"देखा, मुझे पता था।"

हासिल ने अपने दोस्त को हैरानी से देखा।

"समय आ गया है, तुम्हें आईस ब्रेक करनी है।"

"आईस ब्रेक? मुझे तो लगा था कि मुझे आईस निगलनी होगी। लोग मुसकराकर देख रहे हैं और मैं जानता तक नहीं कि सामनेवाला कौन है!"

"तुम्हें हर समय बात करने की जरूरत नहीं है। सभी तुम्हारे मातहत हैं। अगर कुछ याद भी आए तो बस, हैलो-हाय कर देना। सबको एक्सीडेंट के बारे में तो पता है, पर कोई भी उसके असर के बारे में नहीं जानता।"

"ठीक है।"

अगले पाँच घंटों में हासिल ने कुछ एक्जीक्यूटिव्स, अपनी सेक्रेटरी वगैरह से भेंट की, अपना कमरा देखा और वहीं कुछ देर बैठकर पल्लवी से फोन पर बात की। फिर लंच के समय नितिन के साथ जनरल कैफेटेरिया में आ गया।

"वहीं एक अलग कमरा है, जहाँ हम दोनों लंच करते थे। मैंने तुम्हें अपने केबिन के पास सुबह दिखाया था।"

"हम आज भी वहीं लंच कर लेते।"

"कोई बात नहीं, आगे से ऐसा ही करेंगे। हमें कैफेटेरिया आने की जरूरत नहीं है।"

वे लंच करने लगे। हासिल ने लंच के दौरान एक युवती को अपनी ओर घूरते हुए पाया। जब हासिल ने उसे घूरा तो वह शर्मिंदा होकर अपना लंच करने लगी। हासिल ने खाना खाते हुए उसे फिर से कनखियों से देखा। फिर वह नितिन की ओर झुककर बोला, "वह युवती मुझे कुछ देर से घूर रही है। क्या मैं उसे जानता हूँ?"

नितिन ने सिर घुमाकर कैंटीन में उस ओर देखा, जिधर हासिल ने इशारा किया था।

"ओह, वह तो स्वधा कश्यप है। तुम आज सुबह उससे मिले थे।"

"पर आज सुबह तो मैं कई लोगों से मिला था। वे तो इस तरह नहीं घूर रहे हैं?"

"किस तरह?"

"जैसे यह मुझे कुछ बताना चाहती है।"

"हम्म! यह पिछले तीन साल से हमारे साथ काम कर रही है और हमारी कंपनी के लिए रियल एस्टेट है। हमें इस तरह के प्रगतिशील लोगों की जरूरत है।"

"ओके।"

"पर हो सकता है कि तुम्हें इसके बारे में कुछ और पता हो तथा तुमने न बताया हो!" नितिन ने चुटकी ली।

"तुम कहना क्या चाहते हो ?"

"देखो तो उसे, कमाल की चीज है!…"

हासिल ने फिर देखा और उनकी नजरें मिलीं। वह हौले से मुसकराया और स्वधा ने घबराकर अपना चेहरा घुमा लिया। नितिन आगे बोला, "तो हो सकता है कि कभी थोड़ी-बहुत फ्लर्टिंग हुई हो।"

"ओह, बकवास मत करो। मैं ऐसे काम नहीं करता। पालकी के आगे ऐसी बात कभी मत करना।"

"मैं ऐसा कभी नहीं करूँगा। यह हमारी आपस की बात है।" नितिन ने हासिल को आँख मारी। फिर हासिल ने स्वधा को एक बार और देखा तो उसे लगा, 'यह जरूर मुझसे कुछ कहना चाहती है। पर क्या कहना चाहती है ?'

□

पल्लवी-हासिल-स्वधा

उनके होंठ आपस में मिले हुए थे, मानो किसी और चीज का अस्तित्व ही न हो। कुछ भी नहीं, बस, केवल वही दोनों। वे दोनों अच्छी तरह जानते थे कि बाकी सबके सिवा केवल वे दोनों ही थे, जो वह चुंबन पूरा होते ही अस्तित्व में आ जाएँगे। उस क्षण के बाद जैसे उनके भीतर उजली भरपूर रोशनी से जगमगाता सूरज निकल आया था।

हासिल ने काले रंग का चुस्त टक्सीडो पहना और पालकी गुलाबी रंग के सुंदर बॉल गाउन में थी। ज्यों ही वह हासिल की उँगली थामकर अपने पंजों के बल घूमी, जैसे मेघों को पीछे कर नीला आसमान निखर आया। इसके बाद उसने अपनी देह को पीछे की ओर मोड़ा। हासिल ने उसकी पीठ को अपने हाथ से सहारा दिया और किसी पवित्र वादे की तरह उसकी जंघा को छुआ···वे दोनों भावभीने नृत्य में खोए थे। सफेद बादलों ने इस रोमानी नृत्य को देख जोड़े पर अपना प्यार बरसाया, जो हिम के नाजुक दिव्य कणों के रूप में गिरने लगा।

उसने एक ही झटके में नृत्यरत पालकी को उठाया और अब उनके चेहरे आमने-सामने थे। "मैं···" ज्यों ही उसने कुछ कहना चाहा, पालकी ने अपनी उँगली उसके होंठों पर रखकर हामी भरी। "मुझे इसके बारे में मत बताओ। मुझे खुद इसका अहसास होने दो।" उसने उसे कसकर गले से लगा लिया। बर्फ से ढके मैदान पर इधर-उधर पड़े लकड़ी के टुकड़ों ने खुद ही आग पकड़ ली। उन्होंने एक-दूसरे को फिर से चूमा। कहीं दूर से एक पक्षी

ने ऐसी धुन में अपने साथी को पुकारा कि चारों ओर शाश्वत प्रेम की प्रार्थना सुनाई देने लगी। फिर वे गहरे आलिंगन में बँधे रहे।

"एक सपने और प्यार में क्या अंतर है?"

"एक सपना तुम्हें इतना विश्वास देता है कि तुम हकीकत से लड़ सको और प्यार उस भयंकर हकीकत में आशा का संचार करता है, ताकि तुम्हें उसे स्वीकार करने में मदद मिल सके।"

उनके दिल अपनी धड़कनों से ही आपस में बातें कर रहे थे।

"कौन ज्यादा ताकतवर है? प्यार या किस्मत?"

"हालाँकि, एक पुरुष स्त्री से शारीरिक रूप से ज्यादा बलशाली होता है, पर आजीवन वह उस एक स्त्री की प्रतीक्षा करता है, जिसके आगे वह स्वेच्छा से घुटने टेक सके। इसी तरह, किस्मत भी प्यार से ज्यादा ताकतवर है—हमेशा; परंतु वह भी प्रतीक्षा करती है कि कोई युवती सच्चा प्रेम रखते हुए उसे उस पराजय का स्वाद चखा सके।"

"झूठ, कपट और व्यभिचार की इस दुनिया में कोई इनसान सच्चा प्रेम कर भी कैसे सकता है!"

"अगर कोई एक क्षण या यात्रा तुम्हारी सहायता करती है तो इसके तरीके या नतीजों की परवाह मत करो। अपने बारे में सबसे सुंदर पहलू को खोजो और फिर यह सच्चा प्यार है।"

जब उनकी आँखें दोबारा मिलीं तो आकाश वर्षा के साथ भावुक हो गया था। यह वास्तव में एक अद्‍भुत दृश्य था। सूर्य, हिम और वर्षा—सबकुछ एक साथ! सैकड़ों बार उस जोड़े ने यह विचार किया कि प्यार ही प्रकृति के लिए सबसे अधिक प्रिय सामग्री क्यों है?

जब वे एक-दूसरे से अलग हुए तो हासिल की आँखें अब भी बंद थीं। पालकी ने उसके कान में हौले से कहा, "ओह, यह कितना अच्छा था!"

"क्या?"

"बरसात में वह एक चुंबन।" इस बार उसका उत्तर थोड़ी दूरी से आता हुआ महसूस हुआ। हासिल ने अपनी आँखें खोलीं तो महसूस हुआ

कि अब हवा और तेजी से बह रही थी। उसने घबराकर अपने आसपास देखा, पर वहाँ पालकी के बजाय बर्फ पर उसके पैरों के निशान ही दिखाई दे रहे थे।

उनमें से एक निशान के पास खड़े होकर क्षितिज के पार ताकते हुए हासिल अपनी पूरी ताकत के साथ चिल्लाया, "पालकी, तुम कहाँ हो?"

'तुम्हें पता है, हासिल...' जाने कहाँ से उसे एक आवाज सुनाई दी—'दरअसल, सबसे कमाल की प्रेम-कहानियाँ जिंदगी और मौत के बीच ही घटती हैं। उन दोनों का अपने अंदर से एक ही उद्देश्य होता है—उन्हें देर-सबेर एक-दूसरे से मिलना होता है।'

हासिल चकराया हुआ था। उसने उन पैरों के निशानों पर ही चलने का निर्णय लिया, जो बर्फ पर दूर-दूर तक बचपन की मासूमियत की तरह फैले हुए थे। फिर एक जगह जाकर वे निशान दिखाई देने बिल्कुल बंद हो गए। वह मायूस हो गया था। तभी एक और स्त्री स्वर आकाश को चीरता हुआ सुनाई दिया।

'ओह, मेरे दिल के ग्लोब में केवल एक ही सागर और एक ही महाद्वीप है—हासिल।'

और ज्यों ही उसे ये शब्द सुनाई दिए, पूरी तरह से अलग दिशा में एक और जोड़ी पैरों के निशान दिखने लगे। उसने तब तक उनका पीछा किया, जब तक वे आगे जाकर ओझल नहीं हो गए।

'तसवीर में खूबी नहीं होती। उसे बनानेवाले सभी टुकड़े कमाल होते हैं, जो उसे एक तसवीर बनाते हैं...एक दिन में एक टुकड़ा...हर एक दिन...अगर उन सभी टुकड़ों पर ध्यान दिया जाए तो तसवीर अपने आप ही सुंदर होगी...संबंध...स्वयं ही अपने आप को पूर्णता की ओर ले जाएगा।'

वांछित लक्ष्य की तलाश फिर से चालू हो गई।

'प्यार जिंदगी और मकसद के वाक्य के बीच का जोड़ है।'

अंत में, एक जोड़ा पैरों के निशान जिस जगह जाकर खत्म हुए, वहाँ उसने कुछ देखा। कोई बाँहें फैलाए खड़ी थी। उसने पालकी का गाउन पहन

लिया था। जब उसका चेहरा दिखाई दिया तो वह यकीन नहीं कर सका, 'यह वह कैसे हो सकती थी?'

"मेरा इंतजार खत्म हुआ।" वह चिल्लाई, "हासिल, मेरे पास आ जाओ।"

"तुम···" उसने अपनी उँगली उसकी ओर उठाई। पर उसके बात पूरी करने से पहले ही नितिन की आवाज सुनाई दी।

"ओह! वह तो स्वधा कश्यप है।"

□

हासिल इस तरह झटके से उठ गया, मानो किसी ने एक्सप्रेस गाड़ी को ब्रेक लगा दी हो। दिल तेजी से धड़क रहा था, शरीर पसीने से तर-बतर था और सुध-बुध बिसराई हुई थी। पल्लवी ने जल्दी से लाइट जलाई। उसने उसे थामा और माथे पर आया पसीना पोंछ दिया।

"क्या हुआ, डार्लिंग?"

"मैं···" वह कुछ उलझन में दिखा—"पता नहीं, एक लड़की को देखा···"

"ठहरो।" वह पास वाली मेज से पानी की बोतल उठाकर लाई, "ये लो, थोड़ा पानी पियो।"

ज्यों ही हासिल की सुध लौटी, वह आधा बोतल पानी पी गया। उसने पल्लवी को बोतल वापस करते हुए गहरी साँस भरी।

"क्या अब ठीक लग रहा है?"

"थोड़ा ठीक लग रहा है।"

"तुम कुछ कह रहे थे?"

हासिल ने पल्लवी को एक बार देखा, "हाँ।"

"क्या है, बोलो?"

"मैंने देखा कि मैं किसी लड़की के पैरों के निशानों के पीछे-पीछे जा रहा था।"

"फिर?"

"मैंने उसका चेहरा देखा।"

"कौन थी वह?" पल्लवी के गले में कुछ अटक-सा गया। 'क्या इसकी याददाश्त वापस आ रही है?'

'वह स्वधा कश्यप थी। वह मेरे ऑफिस में ही काम करती है। पर क्या पालकी यह सुनने के बाद सकारात्मक प्रतिक्रिया दे सकेगी?' उसने सोचा और बोला, "पता नहीं कौन थी!"

"ठीक है, अपने दिमाग पर ज्यादा जोर मत डालो। चलो, अब लेट जाओ।" पल्लवी ने लाइट बंद की और हासिल को आराम से वापस पलंग पर लिटा दिया।

'क्या मेरा स्वधा से कोई लेन-देन है?' हासिल ने उस सपने को याद करते हुए सोचा।

हालाँकि, पल्लवी की आँखें भी बंद थीं, पर वह भी एक सवाल पर विचार कर रही थी। 'मुझे पक्का यकीन है कि यह उस स्त्री को जानता है। पर यह झूठ क्यों कहेगा? अगर वह स्त्री···मैं नहीं थी, तभी···'

□

हासिल को ऑफिस में वापस आया देख सबसे ज्यादा खुशी स्वधा को ही हुई। इस बार उसे सबकुछ पहले से कहीं बेहतर लग रहा था। उसने मुझे देखा और एक बार मुसकराया भी। वह पूरी तरह से प्रेम में डूबी हुई थी।

कुछ सवाल भी थे। 'वह इतना शांत और चकराया हुआ क्यों लग रहा था? क्या वह पत्नी को खोने से उदास नहीं था? और नितिन उसे सबकुछ ऐसे क्यों दिखा रहा था, मानो वह ऑफिस में पहली बार आया हो?' जब स्वधा के भीतर से सचेत होने का अलार्म बजने ही वाला था तो भीतर से वही पुरानी आवाज सुनाई दी। वह कुछ बदतमीजी से बोली, 'सिली जिली! एक ओर तो तू भगवान् के आगे बिसूरती रहती है कि भगवान् ने तेरे लिए किसी को नहीं बनाया और जब वह तुझे देखकर मुसकरा रहा है तो उसकी मंशा को ध्यान में रखकर आगे बढ़ने के बजाय अपना ही राग अलापे जा रही है कि उसने ऐसा क्यों किया? अब तुझे पता चला कि तू आज तक अकेली क्यों है! तेरे जैसी लड़कियाँ···'

बस करो! मेरे लिए बस, यही बात मायने रखती है कि वह मुझे देखकर मुसकराया। हम्म, वह मुझे देखकर मुसकराया। यह तो शुरुआत है। हर इनसान के जीवन में अच्छे और बुरे दिन आते हैं। और मेरी अच्छी किस्मत अब शुरू हुई है।

'बहुत बढ़िया!' उसने फिर से वही आवाज सुनी और फिर कैंटीन में हुई घटना को लगातार अपने दिमाग में दोहराने लगी।

हासिल ने अगले ही सप्ताह औपचारिक रूप से अपने ऑफिस 'एन. एच. कंसल्टेंट्स' जाना आरंभ कर दिया। काम के घंटे बिना किसी परेशानी के निकल गए। वह अधिकतर अपने केबिन में ही रहता और अपने अलग कमरे में बैठकर नितिन के साथ लंच करता। ऑफिस के कर्मचारियों ने शाम को ऑफिस टाइम के बाद उसके स्वागत में एक छोटे से भोज का आयोजन किया। स्वधा उसमें खासतौर पर शामिल हुई। उसने उस दिन अपनी साज-सज्जा पर कुछ खास ही ध्यान दिया था, जो साफ दिखाई दे रहा था। सफेद शर्ट के पहले दो खुले हुए बटन और उसकी सुंदरता को उभारता हुआ मोतियों का छोटा सा नेकलेस, क्रीम रंग का बिजनेस सूट और मैचिंग पेंसिल स्कर्ट उसकी देहयष्टि को खूबसूरती से उभार रहे थे। उसने अपने खुले हुए बालों को एक ओर लाकर कान के पास टिका दिया, ताकि कान में डले मोतियों वाले ईयर रिंग्स आसानी से दिख सकें। इसके साथ ही उसके लिप ग्लॉस वाले होंठों की मुसकान उस दिन कई लोगों को नशे में चूर करने के लिए काफी रही।

पर स्वधा के लिए तो यह सारा आयोजन तभी सफल हुआ, जब पार्टी में हासिल की निगाहें उस पर पड़ीं। इस बार वह उसे देखकर मुसकराई और उसने भी मुसकराकर उत्तर दिया। वह भी मुसकराया और उसे देखकर अपना हाथ लहराया। स्वधा को यही भय था कि कहीं यह भी उसके मन की उपज न हो। वह खुद को साबित करना चाहती थी कि हासिल ने उसे देखकर ही हाथ हिलाया। इसलिए उसने एक योजना बनाई। वह जल्दी से भीड़ में घुसी और उसकी नजरों से ओझल हो गई। वह कुछ लोगों के कंधों से झाँकते हुए

हासिल को देख सकती थी। उसे देखकर लग रहा था कि वह किसी को खोज रहा था। मुझे ? वह गर्व से फूल गई, क्योंकि वह उसे आसानी से दिखाई नहीं दे रही थी। जरा इसे थोड़ी देर खोजने दो। वह अभी यह आनंद उठा ही रही थी कि भीतर से किसी ने कहा, 'सिली जिली, वह तुम्हें खोजने की कोशिश कर रहा है और तुम इधर नखरे दिखा रही हो! अगर उसे तुझसे कोई बेहतर मिल गई तो ? तू छिपी रह और भाड़ में जा!'

'सॉरी!' स्वधा धीरे से भीड़ से बाहर आ गई, अपना गला खखारा और धड़कते दिल से हासिल की ओर बढ़ते हुए गहरी साँस भरी। जब वह उससे कुछ कदम की दूरी पर थी तो वह अचानक मुड़ा और उसकी ओर देखा।

"हाय!"

"हैलो! कहो, कैसी हो ?"

"बढ़िया।" एक-एक शब्द घबराहट के साथ बाहर आ रहा था।

"तुम अचानक कहाँ गायब हो गई थीं ?"

'तो यह मुझे ही खोज रहा था! ओह! वह! ड्रिंक!' स्वधा ने अपना हाथ उठाया, जिसमें कोई गिलास ही नहीं था।

"मतलब...मतलब मैं गिलास रखने गई थी। मैं बहुत ले चुकी हूँ।"

"ओह, अच्छा। थैंक्स।"

"किसलिए ?"

"इतने प्यारे स्वागत के लिए।"

"आपको कैसे पता चला ?"

"नितिन ने मुझे बताया कि तुमने ही स्टाफ को यह आइडिया दिया था।"

"मुझे लगा कि आपको अच्छा लगेगा।"

"क्यों नहीं! बहुत अच्छा लगा।"

'यह आइडिया या मैं ? थैंक गॉड!' वह मुसकराई। और अचानक ही हासिल की आँखों के आगे वह सपना कौंध गया, जिसमें वह खुली बाँहों से उसे पुकार रही थी और उसके चेहरे पर जिंदगी बहाल कर देनेवाली मुसकान खिली हुई थी।

"उम्मीद करती हूँ कि आप अब बिल्कुल ठीक हैं!" शब्दों से उसकी तंद्रा भंग हुई।

"हम्म!"

"उम्मीद करती हूँ कि अब आप एक्सीडेंट से उबर गए हैं।"

"अरे, हाँ। जिंदगी और मौत के बीच की रेखा बहुत महीन है। शुक्र है कि अब भी रेखा के सही ओर हूँ।"

"सच कहा। दरअसल, सबसे कमाल की प्रेम कहानियाँ जिंदगी और मौत के बीच ही घटती हैं।"

"हाँ···खूब कहा।"

नितिन ने हासिल को पुकारा और उसने उसे संकेत किया—अभी एक मिनट में आया।

"सॉरी, पर मुझे जाना होगा।"

"ओह, कोई बात नहीं।" स्वधा का दिल टूट गया। इस बातचीत ने उसके पूरे शरीर में खुशी देनेवाले हारमोन्स का दौरा तेज कर दिया था।

हासिल पीछे मुड़ा, अपना खाली गिलास ट्रे में रखा और दूसरा गिलास उठाकर नितिन की ओर चल दिया। वह मन में स्वधा की ही बातें दोहरा रहा था।

'दरअसल, सबसे कमाल की प्रेम कहानियाँ जिंदगी और मौत के बीच ही घटती हैं।' वह एक पल के लिए ठिठका। उसके माथे पर बल आ गए।

'दरअसल, सबसे कमाल की प्रेम कहानियाँ जिंदगी और मौत के बीच ही घटती हैं। उन दोनों का अपने अंदर से एक ही उद्‌देश्य होता है—उन्हें देर-सबेर एक-दूसरे से मिलना होता है।'

उसने याद करना चाहा कि सपने में उस रहस्यमयी आवाज ने उसे क्या कहा था? यह क्या बकवास है? यह सब इस लड़की को कैसे पता है? हासिल ने उसी दशा में स्वधा को एक बार और देखा। वह अब भी उसे ही देख रही थी। फिर से वही मुसकान। एक पल के लिए उनके अंत:करण एक रहस्यमयी बल के ठोस आवरण में जा छिपे, जिसने उनके वर्तमान को इतना शांत कर दिया कि वे एक ही बार में सिक्के के दोनों पहलुओं को देख सकें।

वह उसे ताकते हुए अपने अतीत का पता लगाने की कोशिश में था। वह उसे देखते हुए अपने भविष्य को पढ़ने की कोशिश में था।

"सॉरी मैम!" स्वधा का कंधा एक सहकर्मी से टकराया और वह वर्तमान में वापस आ गई। उसने झट से मुसकराना बंद कर दिया। और उसकी मुसकान खत्म होते ही हासिल भी दोबारा पार्टी के उस माहौल में आ गया। वह उसकी आँखें पढ़ सकती थी। उसमें छिपे भावनात्मक वर्णों को वह अच्छी तरह पहचानती थी। पर वह बोली उसे समझ नहीं आ रही थी, अब तक समझ नहीं आई थी।

'उसके मन में भी कुछ चल रहा था। परंतु वह क्या था?'

□

हासिल ने पल्लवी से पार्टी वाली घटना के बारे में बात न करना ही ठीक समझा। 'पहले मैं स्वयं इस गुत्थी को सुलझा लूँ, फिर पालकी को इसके बारे में जानकारी दूँगा।' उसने ऑफिस से आते हुए पालकी को दरवाजे पर देख अपने आप से वादा किया। हालाँकि, उस रात उसे कोई और सपना नहीं आया, पर स्वधा की मुसकान ने उसे लोरी देकर सुला दिया।

अगले दिन ऑफिस में जब हासिल की सेक्रेटरी सारे दिन की मीटिंगों का ब्योरा देकर जा रही थी तो हासिल ने उसे रोककर सवाल किया, "नेहा, क्या स्वधा ने कोई फाइल जमा करवाई?"

नेहा ने पलटकर आँखें सिकोड़ीं और याद करने लगी कि क्या कोई ऐसी फाइल आनी थी?

"नहीं, उसने कोई फाइल नहीं दी। क्या मैं उसे···"

"नहीं, क्या तुम प्लीज उसे मेरे पास भेज सकती हो?"

"जरूर!" वह चली गई।

इंटरकॉम दूसरी ही घंटी पर उठा लिया गया।

"स्वधा, क्या तुम्हें हासिल को कोई फाइल जमा करवानी थी?"

"नहीं तो! क्यों?"

"वे तुम्हें अपने रूम में बुला रहे हैं, अभी।"

'वे मुझे बुला रहे हैं।' स्वधा के मन में गुदगुदी-सी होने लगी।

"ओह, अब याद आया। मुझे उन्हें एक फाइल देनी थी।" उसने फालतू की अटकलबाजियों से बचने के लिए झूठ बोला। याद दिलाने के लिए शुक्रिया।"

"मेरा तो काम ही है।"

रिसीवर नीचे रखते ही स्वधा हरकत में आई। एक्शन वन—बाथरूम में जाना। एक्शन टू—शीशा! एक्शन तीन—सूट, मेकअप और बाल देखना। एक्शन चार—गहरी साँस लेकर खुद को सँभालना। एक्शन पाँच—हासिल का कमरा।

"प्लीज, अंदर आ जाओ।" हासिल ने हलकी खटखटाहट पर ही उत्तर दे दिया। स्वधा ने कमरे में कदम रखा।

"गुड मॉर्निंग, हासिल।"

"गुड मॉर्निंग। प्लीज बैठो।"

'रिलैक्स सिली जिली!' स्वधा सावधानी से आगे बढ़ी और एक कुरसी खींचकर उसके किनारे पर बैठ गई। "थैंक्स।"

"सॉरी, तुम्हें इस तरह बुलाना पड़ा।"

'सॉरी, काश, तुम्हें पता होता कि यह मेरे लिए क्या मायने रखता है!' "कोई दिक्कत नहीं। नेहा किसी फाइल की बात कर रही थी। पर…"

"उसे भूल जाओ।"

'मुझे पता है कि वह एक बहाना था। यह मुझसे मिलना चाहता है और…' उसने उसे बोलते हुए सुना, "कल तुम जिंदगी और मौत की कमाल की प्रेम कहानी के बारे में कुछ कह रही थीं। तुम्हें याद है?"

"जी।"

"तुमने वह कहाँ से पढ़ा या सुना?"

स्वधा ने जब पिछली शाम वे शब्द कहे थे तो उसे समझ नहीं आया था कि उसने क्या कह दिया! पर अब उसे अहसास हो रहा था कि उससे भूल हो गई।

"मैं उसके लिए आपसे माफी चाहती हूँ।"

"किसलिए?"

"दरअसल, पालकी ने एक बार मुझसे यह कहा था..."

"ठीक!" 'मैं पता नहीं क्या-क्या बेहूदी बातें सोच रहा था।' हासिल ने आह भरी।

"और सॉरी, मैंने यह बात कही और उसका नाम भी लिया।"

"इसमें सॉरी वाली क्या बात है? वह न तो कोई अछूत है और न ही कोई हमारे देश की दुश्मन।"

"नहीं, मेरा मतलब..."

"ओह, छोड़ो भी! तुम्हें वह समय याद है, जब तुम उससे मिली थीं?"

'क्या मुझे याद है? उस दिन तो पूरा दिन फूट-फूटकर रोई थी।' "अच्छा, आपको याद नहीं है?" स्वधा ने उससे पूछा।

"मुझे याद है, बेशक।" हासिल बचाव में हकलाया, "कमाल की बात है कि तुम इतनी छोटी-छोटी बातें भी याद रखती हो।" अब वह केवल टाइम पास कर रहा था।

'मेरे सपनों के राजकुमार को छीननेवाली लड़की से मिलना...एक छोटी बात? यह तो कुछ ऐसा था, मानो जिंदगी के सर्जन ने मुझे बेहोश किए बिना ही मेरे घावों की सर्जरी की थी।' "वह बहुत दिलचस्प मुलाकात थी। शायद तभी दिमाग में रह गई।"

"शायद।"

"वैसे!" स्वधा ने अपने होंठ गीले किए, "क्या आपने बस, यही बात करने के लिए बुलाया था?" 'किस्मत साहसी लोगों का साथ नहीं देती है।' स्वधा साँस रोके जवाब के इंतजार में थी।

'सिली जिली, किस्मत साहसी लोगों का साथ देती है।' इस सुधार से उसके मन को चैन आया।

"नहीं, अब मैं इसे क्या कहूँ? दरअसल, तुम्हें बुलाया था, क्योंकि..." कुछ सोचते हुए वह बोला, "...तुम्हें कुछ बताना चाहता था।"

स्वधा के दिल में तेजी से हथौड़े बजने लगे। वह अपनी सीट पर हिली। 'क्या यह मेरे आगे प्रस्ताव रखने वाला है ? क्या कहना चाहता है ?'

"नहीं, मैं तुमसे कुछ पूछना चाहता था।" हासिल बड़ा अधीर लग रहा था।

'क्या यह मुझे बाहर चलने को कहेगा ?' "हाँ···जी, बताइए।"

"सॉरी, शायद मैं रिक्वेस्ट करना चाहता था।"

'ओह, अब बोल भी दो, प्लीज।'

"अगर आज हमारे घर डिनर पर आ सको तो मुझे अच्छा लगेगा।"

"क्यों नहीं!" उसी समय जवाब आया।

हासिल ने चैन की साँस ली। 'मामला सँभल गया!' जैसा कि नितिन ने बताया था, एक्सीडेंट से पहले वह बहुत ही शिष्ट, दृढ़ निश्चयी और हर चीज को परखकर बोलनेवाला इनसान था। और अब, जब भी कोई बातचीत होती तो उसे बहुत मेहनत से बात को आगे बढ़ाना पड़ता था। 'क्या एक्सीडेंट ने मुझसे सबकुछ छीन लिया है ?'

इस दौरान, स्वधा अपने अंदर से उठते स्वरों को सुनने के लिए मजबूर थी। 'सिली जिली! प्यार में पड़े हुए गुलाम की तरह हामी मत भर। उसे और रिक्वेस्ट करने दे···उसे तेरे लिए तड़पने दे और उसे घुटनों के बल आने के लिए मजबूर कर दे।'

"मेरा मतलब है कि आप सच में मुझे डिनर पर बुला रहे हैं ?"

"हाँ। तुम हम दोनों को जानती हो और हम तुम्हें जानते हैं, तो इसमें औपचारिकता वाली क्या बात है ?"

'पर पालकी तो अब रही नहीं!' स्वधा हासिल से कहना चाहती थी। 'जो इस दुनिया में नहीं रहा, वह जा चुका है। वह चाहती थी कि पालकी का नाम भी न लेना पड़े और वह उसके अवचेतन में बसी पीड़ा को दूर करने में मदद कर सके। वैसे भी, हमारी बातचीत में पालकी का नाम आने से हमारी प्रेम कहानी में रुकावट आ सकती है।' स्वधा ने सोचा और बोली, "पर आपके यहाँ ?" 'केवल तुम, मैं और हमारी भावनाएँ। वाउ!' "क्या आपको नहीं लगता कि कहीं बाहर खाना सही रहेगा ?"

"हम फिर कभी बाहर खा सकते हैं। वैसे भी, मुझे ज्यादा बाहर जाना पसंद नहीं है। पर अगर तुम्हें कोई परेशानी है तो कोई बात नहीं। तुम्हारे ऊपर कोई पेशेवर दबाव नहीं, यह याद रखना।"

'बस भी कर। बहुत हो गया।' "नहीं-नहीं, मुझे कोई दिक्कत नहीं है। मैं पहुँच जाऊँगी। आज रात?"

"आज नहीं।" 'मुझे पहले पालकी से बात करनी होगी।' "पर मैं तुम्हें बता दूँगा।"

भले ही हालात हमारी आशा को कितना भी क्यों न सता लें, पर किसी के लिए हमारा प्यार हमेशा जवान रहता है। कल तक तो वह मेरे लिए एक सपना था और आज वह मेरे साथ डिनर करना चाहता है। स्वधा के प्यार को आखिरकर आशीर्वाद मिल ही गया था। प्रेमी भले ही बूढ़े हो जाएँ, पर उनका प्यार कॉर्क वाली बोतल में बंद तरोताजा रहना चाहिए, जिसमें से हमेशा खुशियों से भरी खुशबू आती रहे। उसने सोचा और हासिल से बोली, "ठीक है, जैसा आप कहें।"

"थैंक्स।" हासिल ने कहा और सोचा, 'इसमें कुछ तो ऐसा खास है, जो मुझे किसी की याद दिलाता है। पता नहीं, पर लगता है कि यह मुझे पसंद है। यह प्यारी है और अपने ही अंदाज में सेक्सी भी।'

□

पल्लवी को सारे दिन के काम निपटाने में देर हो गई। हासिल पलंग पर लेटा उसका इंतजार कर रहा था। वह बेताबी से उसका इंतजार करते हुए 'बिजनेस वर्ल्ड' पत्रिका के पन्ने पलट रहा था।

जब से आज सुबह स्वधा उसके कमरे से निकली तो वह अपनी पत्नी के साथ कुछ बातें करना चाहता था और उसने जान-बूझकर इस बात के लिए रात का यह वक्त चुना था। जब पल्लवी कमरे में आई तो उसने एक बड़ी सी मुसकान के साथ उसका स्वागत किया, "सब काम हो गया?"

"हाँ, डियर! बस, रघु चाचा को कुछ बातें समझानी थीं।" पल्लवी ने अपने बाल शीशे में देखे और हासिल के साथ चादर ओढ़कर लेट गई। उसने

उसकी पत्रिका बंद कर दी और उसे तकिए के पास रखकर लाइट बंद करने ही वाली थी कि हासिल ने उसे रोका, "एक मिनट।"

पल्लवी ने उसे सवालिया निगाहों से देखा।

"क्या तुम किसी स्वधा कश्यप को जानती हो?"

पल्लवी के लिए तो धर्म-संकट पैदा हो गया था। 'क्या कहना चाहिए— हाँ, नहीं या फिर पता नहीं? यह कहना भी जोखिम भरा हो सकता था।'

"तुम क्यों पूछ रहे हो? कुछ हुआ क्या?"

"आज ऑफिस में उससे बात हुई थी।" पहले तो उसने सोचा कि आमने-सामने बैठकर बात करेगा, पर फिर उसने खुद ही आगे बढ़कर लाइट बुझा दी। फिर अपने तकिए को ठीक करते हुए सीधा लेट गया।

"मेरी कल भी उससे बात हुई थी।"

पल्लवी असहजता से हिली और उस अँधेरे में हासिल के चेहरे को कनखियों से देखा।

"वेलकम पार्टी के दौरान?" उसने अंदाज लगाया।

"हाँ।" ये शब्द किसी बुदबुदाहट की तरह आए। इसके बाद ऐसी चुप्पी छाई, जिसे तोड़ने में कई मिनट लग गए। यह चुप्पी उनका दम घोंट रही थी।

"उस रात मैंने तुमसे झूठ कहा था।" हासिल बोला, "मैंने सपने में स्वधा को देखा था; पर मेरा यकीन करो कि मैं नहीं जानता कि ऐसा क्यों हुआ!" उसकी आवाज पहले तेज थी और फिर धीमी होती चली गई, "कल उसने मुझे जिंदगी और मौत के बारे में कुछ ऐसा बताया था, जिसने मुझे उस सपने की याद दिला दी, जो मैं अस्पताल में देखा करता था।" पल्लवी गंभीर चेहरे से छत की ओर देखने लगी। "आज, जब मैंने उससे इस बारे में पूछा तो उसने कहा कि एक बार तुमने ही यह बात उससे कही थी। यह सब कब हुआ था?"

पल्लवी का दिल पहले ही आशंकित था। उसका भय सच हो गया। 'क्या स्वधा ने उसे जरूरत से ज्यादा बता दिया है? क्या उसे पता है कि पालकी मर चुकी है?'

जवाब मिलने में देरी हुई तो हासिल ने उसकी ओर करवट ली। उसने उसके पेट पर हाथ रखते हुए दोबारा पूछा, "हे डियर!" फिर उसने उसकी नाभि को हौले से सहलाया, "तुम स्वधा से कब मिली थीं?"

"यह मेरे विदेश जाने से पहले की बात है।"

"हम्म! वह अच्छी लड़की है। मुझे उसका सलीका पसंद है।" 'पालकी से अलग।'

पल्लवी इन बातों को बिल्कुल सराह नहीं पा रही थी। उसने भी बेमन से जवाब दिया, "हाँ, प्यारी लड़की है।"

"कल उसे डिनर पर बुलाना चाहता हूँ। तुम्हें कोई आपत्ति तो नहीं है?"

अचानक पल्लवी के जबड़े सख्त हो आए और पल भर के लिए पूरी देह अकड़ गई। "डार्लिंग, इसमें पूछनेवाली क्या बात है?" पता नहीं, उसके मुँह से ये शब्द कैसे निकले; पर उसे खुशी थी कि उसने यह बात कही, वरना हासिल को शक हो सकता था।

"थैंक्स।" हासिल ने कहा और उसके गाल चूम लिये।

"मुझे पता है कि वह तुम्हें पसंद करती है।" हासिल ने आगे कहा, "जिस तरह वह बात करती है—जितनी भी करती है—उसमें तुम्हारे लिए बहुत आदर-मान होता है। शायद तुम भी उसे पसंद करती हो।"

"हाँ, अच्छी लड़की है। मुझे भी पसंद है।"

"वैसे, तुम उससे क्यों मिली थीं?"

"ऊँ···पता नहीं जान, कुछ याद नहीं आ रहा।"

"ओह, कोई नहीं, छोड़ो।" हासिल ने उसे अपने पास खींच लिया। इसके बाद सन्नाटा छा गया। पर उस सन्नाटे में दुनिया-जहान का शोर शामिल था। पल्लवी ने इसी शोर से घबराकर हासिल से सीधा सवाल किया, "सच बताना हासिल, क्या स्वधा मुझसे ज्यादा सुंदर है?"

और उसे बदले में खर्राटों की हलकी आवाज सुनाई दी। पल्लवी को समझ आया कि हासिल सो चुका था। उसने चोरों की तरह धीरे से अपनी बाजू उसके सिर के नीचे से निकाली और पलंग से उतर आई। फिर ड्रेसिंग

टेबल से अपना फोन उठाकर कमरे से बाहर निकल आई। सीढ़ियों तक आने से पहले ही वह नितिन का नंबर मिला चुकी थी और इसी दौरान कॉल भी लग गई।

"पल्लवी, इस समय? सब ठीक है न?"

"क्या मेरी आवाज आ रही है?" वह फोन पर बहुत धीरे बोल रही थी।

"हाँ, पर हुआ क्या है?"

"यह स्वधा कश्यप कौन है?"

"तुमने यह नाम कहाँ सुन लिया?"

"हासिल ने इसके बारे में बताया। यह पालकी से पहले मिल चुकी है और कल हमारे घर डिनर पर आ रही है।"

"पर मुझे नहीं लगता कि उसे पालकी की मौत के बारे में पता है।"

"तुम्हें पक्का यकीन है?"

"उम्म···कह नहीं सकता। कौन जाने! एक सेकंड रुको, अमित को पल्लवी की मौत के बारे में पता था। वह एक्सीडेंट के बाद मेरे साथ अस्पताल भी गया था। पर उसे तो मैं पहले ही तुम्हारे बारे में बता चुका हूँ। वह हासिल के बाद मेरा भरोसेमंद है और सारे हालात को अच्छी तरह समझता है।"

"हो सकता है कि उसके मुँह से कभी अनजाने में निकल गया हो···"

नितिन ने कुछ देर सोचा और बोला, "हो सकता है···"

"तो अब क्या करें?" पल्लवी अपनी बात दोहराने ही वाली थी कि नितिन ने कहा, "हमें कल से ही अपने ऑफिस के टूर चालू करने होंगे।"

"जैसे?"

"पहले दिल्ली, फिर बेंगलुरु और आखिर में सिंगापुर।"

"और हासिल को भी साथ ले जाओगे क्या?"

"यही करना होगा। यह टूर उसे स्वधा से दूर रखेगा और हम खतरे से बचे रहेंगे। जब हम वापस आएँगे, तब तक मैं कुछ ठोस उपाय खोज लूँगा। क्या कहती हो?"

"ठीक है। तुम हासिल को दौरों के बारे में बता देना, ओके।"

"हाँ। चिंता मत करो, कल सुबह ही बात करता हूँ। तुम जाकर सो जाओ। बाय।"

"बाय।"

कॉल समाप्त होते ही पल्लवी कमरे की ओर चल दी; पर जाने से पहले उसने नितिन को मैसेज कर दिया—'क्या तुम्हें सच में लगता है कि हम हासिल को खुश रखने के लिए जो कर रहे हैं, वह सही है?'

जब पल्लवी दोबारा हासिल के पास सोने चली गई तो उसके बाद जवाब आया—'कम-से-कम हमारी मंशा तो अच्छी है। बाकी सब भगवान् के हाथ में है।'

□

अगले दिन, ऑफिस खुलते ही नितिन ने दौरे की बात की।

"तुम्हें अब ऑफिस टूर करने चाहिए। हमारी पाँच लोगों की टीम चलेगी। मैं सारा काम देखूँगा, पर तुम्हारी मौजूदगी तुम्हारे और हमारे ऑफिस के लिए फायदेमंद होगी।"

"ओके! हमें कब जाना होगा?"

नितिन ने जो भी बताया, हासिल ने उसके अनुसार ही पल्लवी को कॉल की।

"मुझे बीसेक दिनों के लिए बाहर जाना होगा। दिल्ली-बेंगलुरु-सिंगापुर। क्या तुम मेरे लिए पैकिंग कर दोगी? आज रात की ही फ्लाइट है।"

"हो जाएगा। तुम्हारे लिए ज्यादा परेशानी तो नहीं होगी?"

"नहीं, मैं अब ठीक हूँ। काम का बहुत नुकसान हो चुका है। कंपनी का ध्यान रखना भी जरूरी है।"

"मैं समझ सकती हूँ।"

हासिल स्वधा को अपने टूर के बारे में जानकारी देने जाता, इसका कोई कारण या अवसर नहीं था। 'जरूरत से ज्यादा रुचि दिखाने का गलत मतलब न निकले। वैसे भी, उसे पता चल ही जाएगा कि मैं ऑफिस नहीं

आ रहा। और जब मैं वापस आ जाऊँगा तो उसे कभी भी डिनर पर बुलाया जा सकता है।'

अगले बीस दिन हासिल को काम के नजदीक आने का मौका मिला और उसने अपने व्यवसाय के परिदृश्य को बेहतरी से समझा। नितिन ही क्लाइंट मीटिंग के दौरान अंतिम निर्णय लेता था; पर उससे पहले हासिल से हर पहलू पर पूरी बात कर लेता था। तीन जगह होनेवाली मीटिंग्स के दौरान हासिल को भी बहुत कुछ सीखने का मौका मिला। दिल्ली में वे अपने सबसे बड़े क्लाइंट 'स्काई टेक इन्कॉरपोरेशन' से मिले, ताकि कंपनी के काम के लिए नई और बेहतर रणनीति बनाई जा सके, क्योंकि अचानक ही दुनिया में मंदी का असर दिखने लगा था। दिल्ली में एक बार फिर वे डीमन इमेजेस प्राइवेट लि. के अधिकारियों से मिले। यह एक विज्ञापन एजेंसी थी और वे उनके साथ अनुबंध करने गए थे कि वे अपने मानव संसाधन से जुड़े मामले एन.एच. कंसल्टेंट्स को सौंप दें। बेंगलुरु में, क्रेनियम कॉरपोरेशन की बी.पी.ओ. शाखा के साथ पाँच दिवसीय मीटिंग हुई और एच.आर. के खर्चों में कुछ कटौती के लिए अहम निर्णय लिये गए। एक दिन के लिए वे पुणे में लीडरशिप समिट प्रोग्राम का हिस्सा बने, जिसे एक प्रमुख दैनिक पत्र ने आयोजित किया था। अंत में, वे लोग सिंगापुर रवाना हो गए, जो एन.एच. कंसल्टेंट्स की विस्तार योजनाओं को नई उड़ान देनेवाला था।

हर रात, व्यवसाय से जुड़ी नई बातों को सीखने के बाद हासिल पल्लवी की आवाज सुनने को तरसता था। और दोनों ओर से यही हाल था। हालाँकि, हासिल को टूर पर ले जाने की योजना में पल्लवी भी शामिल थी, पर उसके जाने के बाद उसे अहसास हुआ कि भले ही वह योजना कितनी जरूरी क्यों न रही हो, पर कुछ हिस्से ऐसे भी थे, जो अपरिपक्व रूप से विद्रोही थे।

सकारात्मक बदलाव विकास का संकेत देता है। हासिल के जीवन में आने से वह भी पहले से बेहतर होने लगी थी। पहले वह अपने जीवन में जो भी करती आई या करती थी, वह अब निरर्थक और व्यर्थ लगने

लगा था। जिन बातों को वह मजेदार समझती थी, अब वे जीवन नामक उपहार के अपमान के समान लगने लगे थे। हासिल के प्यार ने नींद की गोली की तरह उसके मन में उठते शोर को दबा दिया था, जो उसे लगातार आत्म-विनाश की ओर धकेलता था। अगर कोई जिंदगी में सबसे बड़ा करिश्मा देखना चाहे तो शायद वह यही होता है कि इनसान किसी के साथ हृदय और आत्मा से बँध जाता है। तभी इनसानों को अपनी सच्ची पहचान का पता चलता है। पल्लवी ने कभी सोचा तक नहीं था कि ऐसा किसी के साथ हो सकता था। कम-से-कम उसके साथ तो नहीं हो सकता था।

"क्यूटी, तुम्हारे बिना जान जा रही है।"

"इधर भी यही हाल है। बस, एक दिन और।"

"हम्म।"

"क्या पिछले सत्रह दिनों में एक दिन में सौ घंटे होते थे?"

"सही कहा।" वे दोनों थोड़ी देर हँसते रहे।

"पता है, कई बार डर लगने लगता है।"

"क्यों?" पल्लवी ने पूछा।

"मेरे पास एक इतना अच्छा दोस्त, कमाल की पत्नी, आलीशान कंपनी और वह सब है, जो एक व्यक्ति अपने लिए चाह सकता है। मैं इनमें से किसी को भी, किसी भी हाल में खोना नहीं चाहता।"

'कमाल की पत्नी···यह क्या है, तारीफ या ताना?' पल्लवी सोचने लगी।

"तुम उस ओर हो?"

"हम्म···सॉरी डियर, डरने की क्या बात है? मैं हमेशा तुम्हारे साथ हूँ।"

"जानता हूँ। आई लव यू!"

"आई लव यू टू!" और केवल वही जानती थी कि उसका प्यार केवल उन तीन शब्दों में नहीं समा सकता था।

जब कॉल समाप्त हुई तो पल्लवी ने कॉर्डलेस को चार्ज पर लगा दिया।

तभी उसका ध्यान डेस्क कैलेंडर की ओर गया। हासिल 21 को वापस आ रहा है। अचानक उसे ध्यान आया। उस दिन तो उसका जन्मदिन है। उसने झट से नितिन को मैसेज किया—'फ्री हो, बात करनी है।'

अगले ही मिनट में नितिन की कॉल आ गई।

"कोई परेशानी?"

"21 तारीख आने वाली है। उस दिन हासिल का जन्मदिन है।"

"ओह, मैं तो भूल ही गया था।"

"अगर मैं घर में एक छोटी सी पार्टी रख लूँ तो?"

"कोई हर्ज नहीं। यह तो बहुत अच्छी बात होगी।"

"ओके, पर इसे सरप्राइज ही रहने देना।"

"हम्म, पक्का। पर सारी तैयारी अकेले कैसे करोगी?"

"यह सब तुम मुझ पर छोड़ दो।"

अगले दिन पल्लवी ने सारी सुबह योजना बनाने में लगा दी। वह हासिल को सरप्राइज ही नहीं देना चाहती थी, बल्कि चोरी से पालकी को भी उसके जीवन से मिटा देना चाहती थी। उसने सोचा कि इतने दिनों का साथ जैसे इस दिन की पार्टी की ही तैयारी था और यही उसके सपने को साकार करने की ओर पहला कदम होगा। यह मामला जलन से कहीं ज्यादा था। जब भी वह कहता था, 'आई लव यू, पालकी' तो उसे लगता था कि वह बुरी तरह से हार गई है।

पर उसे पूरा विश्वास था कि पल्लवी कभी हार नहीं सकती।

पार्टी के लिए सबसे पहले कैटरिंग का इंतजाम करना था। उसने संजना से मदद लेकर शहर के सबसे अच्छे कैटरर को फोन किया और उसे पार्टी के लिए आरक्षित कर दिया। शाम को वह शॉपिंग करने गई। अरमानी, टॉमी हाइलफायर, मार्क्स एन स्पेंस्र, पनाचे, विक्टोरिनॉक्स, शिवास, लुई फिलिप— किसी को नहीं छोड़ा। अपने लिए भी लाल रंग का गाउन लिया। कुछ फ्रेंच परफ्यूम खरीदीं और फिर तीन मंजिला स्विस चॉकलेट केक का ऑर्डर दे दिया। केक ऑर्डर करने के बाद उसका ध्यान चॉकलेट फाउंटेन की ओर

गया। अचानक दिमाग को नटखट-सी शरारत सूझ गई। यह उस पार्टी का हिस्सा हो सकता था, जिसे वह और हासिल अपने मेहमानों के जाने के बाद बिस्तर पर मना सकते थे। उसने बहुत सारी चॉकलेट सॉस और बहुत सारी डार्क चॉकलेट्स ले लीं। इसके साथ ही उसे दिल के आकार में लाल 'लव कैंडल' लेने का भी ध्यान आ गया। वह अपने जन्मदिन को भूल नहीं सकेगा; पल्लवी उस आनेवाले समय की कल्पना से ही लजा गई।

जब वह दुकान से निकली तो एक बैग हाथ से छूट गया। पीछे चल रहे आदमी ने उसे बैग उठाकर दिया।

"यह लीजिए।"

"थैंक्स।" वह चल दी।

उस आदमी ने एक भी क्षण गँवाए बिना अपने फोन पर एक नंबर मिलाया और उसकी आँखें एस्केलेटर से जाती पल्लवी पर लगी हुई थीं।

"मैंने अभी पल्लवी विमानी को देखा।"

"कौन?

"पल्लवी विमानी।" हर शब्द पर जोर दिया गया था।

"क्या? कहाँ?" उस आवाज में खुशी की चहक थी।

"एक मॉल में।" उस आदमी ने उत्तर दिया। वह साथ-साथ पल्लवी पर भी नजर रखे हुए था।

"क्या तुम्हें पक्का यकीन है कि वह वही है?"

"कसम से, सच्ची!"

"और अगर न हुई तो?"

"नाम बदल देना मेरा।"

"ठीक है। अब उसका पीछा करो और पता करो कि कहाँ रहती है। उसके बारे में राई-रत्ती खबर चाहिए। समझ गए?"

"हम्म! जल्दी ही कॉल करूँगा दोबारा।" फिर लाइन काट दी गई।

"मैं जानता था कि कमीनी एक-न-एक दिन पकड़ में आ ही जाएगी।"

थॉमस ने अपनी मालिश कर रही लड़की से धीरे से कहा। उसे वह बीता हुआ समय याद आ गया था।

□

नाश्ते के बाद नितिन ने हासिल को एक पार्कर पेन उपहार में दिया।

"कुछ खास है क्या आज?"

"न!" नितिन ने मुसकराते हुए कहा।

"हमारी फ्लाइट कितने बजे है?"

"हम लोग पहले दिल्ली जा रहे हैं। एक जरूरी मीटिंग में हिस्सा लेना है। बस, एक घंटा लगेगा, फिर वापस मुंबई आ जाएँगे।"

"क्या कोई इमरजेंसी है?"

"यही समझ लो।"

"ठीक है, मैं पालकी से बात कर लेता हूँ।"

"जरूर। मैं सामान पैक कर लेता हूँ।" नितिन अपने कमरे में लौट गया तो हासिल ने पालकी को फोन मिलाया।

"हाय!" वह उसे विश करने को मरी जा रही थी, पर सारा सरप्राइज भी तो खराब हो जाता।

"डियर, आज रात तक घर आ जाऊँगा।"

"रात को? क्या हुआ?"

"दिल्ली में एक अर्जेंट मीटिंग आ गई। हम लोग पहले वहीं जा रहे हैं, फिर रात तक हमारी वापसी होगी।"

"हम्म, ठीक।" पल्लवी के स्वर में हताशा की झलक थी।

"रियली सॉरी, बेबी।"

"ओह, ठीक है। काम पहले जरूरी है।"

"थैंक्स, लव यू।"

"लव यू टू, माई लाइफ। जल्दी आओ, कोई इंतजार कर रहा है।"

जब दोपहर को उनकी एयर इंडिया की उड़ान दोपहर को दिल्ली उतरी तो वे लोग मीटिंग में हिस्सा लेने के लिए सेंटूर होटल गए। उस जगह एक

घंटे से अधिक समय लगा और फिर वे वापस एयरपोर्ट हो लिये, ताकि शाम को किंगफिशर फ्लाइट ले सकें। जब तक हासिल और नितिन अपना सारा लगेज लेकर आए, तब तक 9 बज गए थे।

जब वे अपने सामान से भरी ट्रॉली लिये बाहर आए तो उनके ड्राइवर इंतजार कर रहे थे।

“घर पहुँचकर कॉल करता हूँ। अपना खयाल रखना।” वे गले मिले।

नितिन अपनी शेवरले कार में बैठकर चला गया। उसने सोचा कि जल्दी से नहाकर पार्टी के लिए तैयार हो जाएगा। उसे पता था कि संजना तैयार होकर पार्टी में जाने के लिए उसका इंतजार कर रही होगी।

जब नितिन की कार निकल गई तो हासिल के ड्राइवर ने उसका सामान टॉयटा कार में रख दिया। वे लोग एयरपोर्ट के इलाके से निकल रहे थे कि अचानक हासिल बोला, “एक मिनट!” उसने खिड़की से बाहर झाँका तो माथे पर बल आ गए। जब उसे एक बार पूरी पहचान हो गई तो वह उतरकर उसके पास चला गया।

“अरे, इधर क्या कर रही हो?”

स्वधा को तो यकीन नहीं आया। यह कोई सपना था या सच! सारा दिन वह उसके बारे में ही सोचती रही। आज उसका जन्मदिन है! वह जानती थी और रात 12 बजे से ही उसे जन्मदिन की बधाई देना चाह रही थी, पर अब वह उसके सामने था तो वह कुछ नहीं कह पा रही थी।

“हैलो!”

“ओह! सॉरी। मतलब···इधर क्या हो रहा है?”

“यह तो मैंने पहले पूछा था।”

“सॉरी, मैं परसों लखनऊ गई थी। डैड की तबीयत ठीक नहीं थी।”

“पहले यह बताओ कि टैक्सी का इंतजार कर रही हो?”

“हम्म। पहले एक टैक्सी की तो उसका टायर पंक्चर हो गया और अब कोई मिल नहीं रही।”

“कोई दिक्कत नहीं। मैं तुम्हें छोड़ दूँगा।”

"नहीं, कोई जरूरत नहीं।" 'अगर एक बार और पूछा तो मैं हामी भर दूँगी।'

"कहाँ रहती हो?"

"वर्सोवा।"

हासिल ने जल्दी से ड्राइवर से बात की।

"वह मेरे घर से ज्यादा दूर नहीं है। तुम मेरे साथ चलो।"

"कहाँ?"

"मेरे घर।"

"अरे, नहीं।" 'प्लीज, एक बार और पूछो, प्लीज।'

"अपना डिनर वाला वादा याद है न? चलो, आज कर लेते हैं। कम ऑन।" उसने ड्राइवर को इशारा किया कि वह स्वधा का सामान भी कार में रख दे।

"उम्म···ओके!" 'यिप्पी!'

हासिल के साथ कार में बैठते ही उसने महसूस किया कि जब भी कार सड़क पर हिचकोले खाती तो उनकी टाँग आपस में टकरा जाती। वह उस छुअन की ओर ध्यान नहीं दे रहा था; पर स्वधा का पूरा ध्यान इस ओर था, और एक बार तो उसने जानकर ऐसा किया। और जल्दी से खुद को कोसा। 'कौन है तू सिली जिली? सोलह बरस की?' कार अचानक एक बंपर से टकराई और हासिल ने सहारे के लिए सीट के बजाय उसकी जाँघ पर हाथ रख दिया।

"ओह, माफ करना।" उसने झट से हाथ हटाते हुए माफी माँगी।

'क्या इसे याद है कि इसने लिफ्ट में भी मुझे छुआ था?'

"इट्स ओके।"

कुछ मिनट और बीते। सड़कों पर जाम लगा हुआ था। वाहन और धुआँ। कहीं चैन नहीं था। 'क्या अब विश कर देना चाहिए?' ज्यों ही उसके मन ने कुछ कहना चाहा, तभी हासिल बोला, "तुम्हारे डैड को क्या हुआ?"

"डायबिटीज के मरीज हैं। अचानक ही बीमार हो गए थे। एक दिन अस्पताल में ही थे, पर अब घर में ठीक हैं।"

"अच्छा।" वह कुछ और कहने ही जा रहा था कि उसका फोन बज उठा।

"एक्सक्यूज मी।" उसने कॉल ले ली—"हाँ, डार्लिंग।"

स्वधा ने चकराकर हासिल को देखा। 'डार्लिंग! यह भला इस लहजे में किससे बात कर रहा है?'

"रास्ते में ही हूँ, डियर। और मेरे साथ एक मेहमान भी है। जब घर आएँगे तो तुम जान जाओगी।"

"लव यू!" स्वधा ने एक स्त्री का स्वर सुना।

"हम्म।" हासिल ने थोड़ा असहज होते हुए कहा।

"मिलते हैं।"

जैसे ही कॉल समाप्त हुई, हासिल स्वधा की ओर मुड़ा, "उसे तुम्हारे बारे में नहीं बताया। उसे देखकर अच्छा लगेगा।"

"आप किसकी बात कर रहे हैं?" स्वधा का दिल तेजी से धड़क रहा था। 'इसके घर में पहले से एक स्त्री है।'

"पालकी, और कौन? वह हमारा इंतजार कर रही है।"

कुछ सेकंड के लिए स्वधा को कुछ नहीं सूझा और अचानक ही उसके दिमाग में कुछ बातें चक्कर काटने लगीं। 'हासिल गंभीर है और शायद उसकी पत्नी मारी गई। उसकी पत्नी मारी गई। उसकी पत्नी मारी गई! पत्नी मर गई।' एन.एच. कंसल्टेंट्स में कॉरपोरेट हेड अमित ने यही तो बताया था। क्या उसने मुझसे झूठ कहा था? ओह, शिट! अब, जब मैं पूरे सब्र से अपने सपनों का स्वेटर बुन चुकी थी तो अचानक ही गरमी का मौसम आ गया। ऐसा नहीं हो सकता। उसने ऐसा महसूस किया, मानो वह तैयारी की छत पर असहाय भाव से खड़ी अवसर के विमान को अपने सिर से उड़ते हुए, यथार्थ के बादलों में छिपते हुए देख रही है। यह कोई मजाक होगा! वह इतना क्रूर मजाक क्यों करने लगा? बेशक, वह जानता है कि मैं उससे

कितना प्यार करती हूँ। हालाँकि, मैंने अभी उसे यह बात कही नहीं है, परंतु क्या वह मेरी आँखों और शारीरिक हाव-भाव...मेरे दिल से अंदाजा नहीं लगा सकता? अमित मुझसे झूठ क्यों बोलेगा? या फिर हासिल इस समय मुझसे झूठ कह रहा है?

"और चिंता मत करो, पालकी तुम्हें बहुत पसंद करती है।" उसने हासिल को कहते सुना।

'यह मजाक ही कर रहा होगा।' उसने निष्कर्ष निकाला।

'सिली जिली! यह ऐसा नहीं कर रहा।' स्वधा ने सुनने की परवाह नहीं की।

□

घर बाहर से बहुत शांत लग रहा था। ज्यों ही कार लॉन के पास रुकी तो स्वधा ने देखा कि घर के सारे परदे बंद थे और अंदर से कोई लाइट नहीं दिख रही थी। 'इस घर में कोई नहीं है। कोई हो भी नहीं सकता। कोई होना भी नहीं चाहिए।' स्वधा प्रार्थना करती रही।

ज्यों ही हासिल ने बेल पर हाथ रखा, अंदर से दरवाजा खुल गया। उसने स्वधा को हैरानी से ताका। फिर उसने बेल बजाने के बजाय दरवाजे को धकेला। ज्यों ही उसने अंदर पहला कदम रखा, सारी लाइटें जल गईं और एक स्टीरियो से हैप्पी बर्थडे का स्वर गूँजने लगा। कमरे के हर कोने से तालियों की आवाजें सुनाई दे रही थीं। एक क्षण के लिए हासिल नहीं हिला। उसने नितिन, संजना, अमित, राइमा, अमित की मंगेतर और फिर पल्लवी को देखा। पल्लवी अपने लाल स्ट्रैपलेस गाउन, चमचमाते हीरे के पेंडेंट और कमाल के हेयर कट में संपूर्ण महिला लग रही थी। पल्लवी को उसने जितना देखा था, उनमें से वह आज सबसे खूबसूरत दिख रही थी।

वह उसके पास आई, उसके गाल चूमे। फिर से तालियों की आवाज सुनाई दी। "हैप्पी बर्थडे, स्वीटहार्ट!" उसने उसे एक लाल गुलाब देते हुए कहा।

"ओह!" इतनी खुशी के बीच हासिल के शब्द जैसे कहीं खो गए थे।

"थैंक्स!" उसने अचानक कहा और पल्लवी को चूमकर गले से लगा लिया। उसकी गंध पाते ही पल्लवी जैसे भीतर से जीवित हो उठी। वह मुसकरा रही थी कि अचानक उसकी नजर स्वधा पर गई, जो हासिल के पीछे खड़ी घर में आने की प्रतीक्षा में थी।

हासिल ने अपनी पकड़ ढीली करते हुए कहा, "जीसस! इतने सरप्राइज!" फिर उसने पल्लवी को अपने पीछे देखते हुए पाया। वह मुड़ा।

"ओह, आई एम सॉरी। मुझे स्वधा रास्ते में मिल गई थी और मैंने इसे घर आने का निमंत्रण दे दिया।" जब हासिल बता रहा था तो पल्लवी और नितिन की नजरें पल भर को मिलीं। "मुझे पता नहीं था कि हमारे घर में पार्टी थी।"

"हे!" नितिन बीच में बोला, "यह तो अच्छी बात है कि तुम इसे साथ ले आए।" उसने संजना को टहोका दिया।

"हाँ, अब महिलाओं की गिनती बढ़ जाएगी।" सभी स्वधा को देखकर मुसकराए।

"हाय, प्लीज अंदर आओ।" पल्लवी के स्वर में एक अजीब-सा ठंडापन था।

स्वधा को दोबारा पार्टी में हासिल से बात करने का मौका ही नहीं मिला। उसके आने के कुछ ही देर बाद क्रीम से भरे विशाल केक को काटा गया। उसका पहला टुकड़ा बड़े ही प्यार से पल्लवी को दिया गया और उसने उस टुकड़े को हासिल के मुँह में डालकर उससे आधा टुकड़ा खाया। चारों ओर से 'ऊ…' का स्वर सुनाई दिया।

"हाउ स्वीट!" संजना बोली।

"सच्ची।" स्वधा का जी मिचला रहा था। उसे लगा कि उसका अपमान हो रहा था। हालाँकि, वह जानती थी कि वह पालकी नहीं थी, पर दिमाग कुछ और ही कह रहा था। वह चाहती थी कि उसे किसी तरह अमित से बात करने का मौका मिले और वह अपनी दुविधा दूर कर सके; पर आधा घंटा हो चुका था और अब तक वह ऐसा नहीं कर सकी थी। पुरुष बार के पास

थे और महिलाएँ सोफे पर बैठकर टाइम पास कर रही थीं।

"हे स्वधा, तुम कुछ नहीं कह रहीं।" राइमा ने सबके बीच कहा।

"सॉरी!" उसने अपनी नजर हासिल से राइमा पर डाली।

"ऑफिस कैसा चल रहा है?"

"बढ़िया।"

"तुम सीरियस टाइप हो क्या? मैं तो कुछ सेकंड भी चुप नहीं रह सकती, बाबा।"

"क्या तुम ठीक महसूस नहीं कर रहीं?" पल्लवी ने उसे देखकर पूछा। वह उसके आने के बाद से उसे खा जानेवाली नजरों से घूर रही थी।

"नहीं, दरअसल सफर की थकान हो गई है।"

"तुम कुछ लेतीं क्यों नहीं? ऑरेंज या कोला?"

'पालकी इससे कई गुना अच्छी थी और कोई तेवर नहीं दिखाती थी··· पर यह नकली पालकी इस जगह कर क्या रही है?'

पल्लवी ने मेज को देखकर कहा, "ओह, अभी लेकर आई।" वह रघु चाचा का नाम लेकर रसोई की ओर चल दी। स्वधा से रहा नहीं गया और वह उसके पीछे जाने लगी। नितिन ने कनखियों से उसे पल्लवी के पीछे जाते देखा।

स्वधा ने रसोई के बाहर से देखा, पल्लवी कुक को गिलास में फेंटा डालने को कह रही थी। वह गिलास लाना चाहता था, पर पल्लवी ने उससे गिलास ले लिये और रसोई से बाहर आने ही लगी थी कि स्वधा ने दरवाजे पर ही रोक लिया।

"ओह, मैं तुम्हारा गिलास वहीं ले आती।"

"कोई बात नहीं।" स्वधा ने नकली मुसकान दी, "हम काफी लंबे अरसे के बाद मिल रहे हैं, है न?"

'हम्म, क्या यह मेरा टेस्ट ले रही है? या···'

"तुम्हें याद है कि मैं पिछली बार कैसे लड़खड़ाकर तुम्हारे ऊपर गिर गई थी?" स्वधा ने कहा।

पल्लवी ने समय लिया। "ओह, सही में। चलो, आओ, दूसरों के साथ बैठते हैं।" पल्लवी आगे चल दी।

यह पालकी नहीं है। अब स्वधा को पूरा यकीन हो गया था। वह कभी पालकी पर नहीं गिरी थी। असली पालकी को क्या हुआ? अगर वह मर गई है तो हासिल को पता होना चाहिए और अगर नहीं मरी तो वह गई कहाँ? और यह कौन है, जिसके साथ हासिल इतना खुश है?

बाकी पार्टी के दौरान स्वधा की निगाहें पल्लवी पर ही लगी रहीं। वह दरवाजे से अंदर आने के बाद से ही हर छोटी-से-छोटी बात पर भी ध्यान दे रही थी। वह पालकी नहीं थी। सवाल ही नहीं पैदा होता था!

वह अमित से बात करना चाहती थी, पर उसे राइमा की बेवकूफी भरी बातों से ही समय नहीं मिला। नितिन से इस बारे में बात करना बेकार था, क्योंकि वह उसके साथ इतनी खुली हुई नहीं थी। अमित से बात न हो पाने की खीझ में वह लगातार चुप ही रही और जब कोई कुछ पूछता तो वह एक वाक्य में उत्तर दे देती। जब वह बुरी तरह से मायूस हो गई तो उसने तय किया कि अगले दिन ऑफिस में उस राज का फाश किया जाएगा।

डिनर के तुरंत बाद सिरदर्द का बहाना बनाकर स्वधा ने विदा ली। जैसा कि तय हुआ था, हासिल का ड्राइवर उसे घर छोड़ आया।

ज्यों ही उसने घर का दरवाजा खोलकर सामान अंदर फेंका, वह दरवाजा बंद कर एक कुरसी पर बैठकर सुबकने लगी। कई बार अकेलापन ठीक उस जगह वार करता है, जहाँ सबसे ज्यादा दर्द होता है और वहीं भेदता है, जहाँ हम असफल होते हैं।

हाँ, वह खुद को यही मानती थी—पूरी तरह से असफल। पहले राजेश, फिर सोहम और अब हासिल। अलग वजह, पर एक जैसे नतीजे!

'सिली जिली, चिंता मत करो। कम-से-कम तुम तीनों के साथ अपनी ओर से तो सच्ची थीं। परंतु मुझे इस ईमानदारी से क्या मिला? प्यार में कोई तयशुदा फॉर्मूला नहीं होता। आपको प्यार मिलता है या नहीं मिला—बस, सीधी सी बात। पर मेरे साथ हमेशा ऐसा क्यों होता है कि मुझे प्यार नहीं

मिलता? क्या यह मेरा कसूर था कि राजेश समलिंगी था? नहीं! पर मुझे इसकी कीमत चुकानी पड़ी। क्या यह मेरा कसूर था कि सोहम की माँ ने उसका रिश्ता कहीं और तय कर दिया था? नहीं! पर मुझे इसकी कीमत चुकानी पड़ी। मैं समझती हूँ, सिली जिली, पर''मैं कोई कंप्यूटर नहीं हूँ। मैं एक इनसान हूँ। मैं हर बार प्यार नामक वायरस के आने पर इसे फॉरमेट नहीं कर सकती। अगर चाहूँ भी तो सबकुछ नहीं भुला सकती। कुछ चोटें हमेशा बनी रहती हैं। भले ही मैं कितना भी न मान लूँ कि मैं जिस अगले संबंध से जुड़ूँगी, वह वही होगा, जो भगवान् ने मेरे लिए बनाया होगा; पर कोई-न-कोई मजाकिया बहाना मुझे उससे दूर कर देता है। शांत हो जाओ, सिली जिली। सोहम के बाद मैंने खुद से वादा किया था कि जब तक माँ और पिता मेरे लिए कोई रिश्ता नहीं खोजते, तब तक मैं किसी के प्यार में नहीं पड़ूँगी; पर जब मैंने हासिल को देखा तो सोचा''' स्वधा और जोर से रोने लगी। उसकी साँसें लंबी होती गईं, '''मुझे लगा कि अपने आप को एक और मौका देना चाहिए, पर तीसरी बार भी किस्मत ने साथ नहीं दिया। प्यार एक अजीब चीज है, डार्लिंग और जो लोग उम्मीद करते हैं कि प्यार सामान्य तरीके से पेश आएगा, वे ही अजीब होते हैं। उस नकली औरत को ही देखो। वह हासिल को धोखा दे रही है और फिर भी भगवान् उसे हासिल के साथ जीने, सोने और हँसने की इजाजत दे रहा है। याद रख सिली जिली, माँ ने क्या कहा था—सेवा बिन मेवा नहीं।' उसने पर्स खोलकर टिश्यू पेपर निकालना चाहा। फिर उसने अपने आँसू पोंछे तो पता चला कि उसके हाथ में टिश्यू नहीं था। यह एक कागज था, जिस पर लिखा था—'उसे भूल जाओ, वरना नौकरी से हाथ धो बैठोगी!'

स्वधा ने उस कागज को कई बार पढ़ा और उसका सारा पछतावा एक ऐसे गुस्से में बदल गया, जो किसी के आगे झुकनेवाला नहीं था।

□

"तुमने वह क्यों लिखा।" नितिन पल्लवी से बहुत नाराज था। आधी रात का समय था और वे फोन पर बात कर रहे थे।

"मुझे लगा कि ऐसा करना ही ठीक रहेगा।" पल्लवी ने धीरे से कहा। वह हॉल में बात कर रही थी और हासिल गहरी नींद में था।

"तुम्हें ऐसा लगा? आखिर खुद को समझती क्या हो?"

"हासिल की पत्नी।"

"देखो पल्लवी, तुम जानती हो कि हालात नाजुक हैं। हमें बहुत सँभलकर चलना होगा। अब अगर स्वधा ने हासिल के सामने सब बक दिया तो क्या होगा?"

"वह उसे क्या बताएगी?"

"वह कुछ भी कह सकती है। वह एक बार पालकी से मिल चुकी है। कौन जाने, हो सकता है कि उसे पहले से पता हो कि तुम वह नहीं हो।"

"तुम उसे कंपनी से निकाल क्यों नहीं देते?"

"यह कोई पान की दुकान नहीं है। वह हमारी कंपनी के लिए अच्छा काम कर रही है। हम उसे खो नहीं सकते। तुमने वह सब लिखने से पहले मुझसे पूछा क्यों नहीं?"

"तुम पहले भी दो बार यह बात कह चुके हो।"

"अगर चाहूँ तो सारी रात यही कहता रहूँगा।"

"मैं हासिल से प्यार करती हूँ और किसी दूसरी स्त्री को सहन नहीं कर सकती।"

"दूसरी स्त्री? तुमसे किसने कहा कि वह दूसरी स्त्री है?"

"वह उसे प्यार करती है। मुझे पता है।"

"अगर तुम जानती हो तो यह मत भूलना कि तुम भी दूसरी स्त्री हो।"

"हासिल मुझे प्यार करता है।"

"तुम अभी यकीन से नहीं कह सकतीं। और अगर तुम सच में चाहती हो कि यह एक दिन सच हो जाए तो मूर्खों वाली बातें करना बंद करो। अगर कल स्वधा ने हासिल से उस कागज के बारे में बात की···शिट! मैंने कितनी सावधानी से सारी योजना बनाई थी···सब तबाह हो जाएगा।"

"मुझे परवाह नहीं है।"

"तुम्हें परवाह नहीं है? अगर हासिल को सच में प्यार करतीं तो ऐसा कभी न कहतीं। और तुम्हें क्या परवाह नहीं है हासिल की या उसके लिए तुम्हारे प्यार की? वैसे, बताए देता हूँ कि अगर तुम्हारी ये बेवकूफियाँ जारी रहीं तो देर-सबेर तुम इन दोनों से ही हाथ धो बैठोगी।"

पल्लवी ने जवाब नहीं दिया, पर उसकी तेज चलती साँसों की आवाज नितिन को सुनाई दे रही थी।

"आई एम सॉरी।"

"सॉरी कहने से कुछ नहीं होगा। यह सोचो कि अगर स्वधा ने कल हासिल को सब बता दिया तो क्या करना है?" उसकी आवाज में तूफान से पहलेवाली खामोशी थी। "पर हमें यह देखना होगा कि उसे किसी भी हालत में इसका पता ही न चले।"

□

हालाँकि, हासिल देर से उठा, पर पल्लवी की मदद से समय से ऑफिस पहुँच गया। वह सोच रहा था, 'समझ नहीं आता कि उसके बिना मैं क्या करता?' वह प्राइवेट ऑफिस रूम में अपनी कुरसी पर बैठा और मैकबुक को ऑन कर दिया। जब वह लोड हो रहा था तो उसने झट से पल्लवी को कॉल करके बता दिया कि वह आराम से ऑफिस आ चुका था।

अगले आधे घंटे तक वह ऑफिस के दौरे में बनाए गए नोट्स को पढ़ता रहा। वह कुछ मसलों पर नितिन और अमित की राय लेना चाहता था। उसने लैपटॉप से नजरें हटाए बिना ही टेलीकॉम उठाया और अपनी सेक्रेटरी का नंबर लगाने ही वाला था कि दरवाजे पर आहट सुनाई दी।

"आ जाओ।"

"गुड मॉर्निंग, सर।"

"गुड मॉर्निंग, नेहा। कॉल ही कर रहा था।" उसने रिसीवर नीचे रख दिया।

उसने जवाब में पूरी बत्तीसी दिखाई और बोली, "यह स्वधा कश्यप आपके लिए छोड़ गई है।"

"स्वधा?" उसके जवाब में थोड़ा कौतूहल भी शामिल था।

"हाँ, आज सुबह।"

"ठीक है।"

नेहा चली गई। हासिल ने लिफाफा फाड़कर पत्र निकाला और उसे हैरानी से भरे चेहरे से पढ़ने लगा।

'स्वधा ने इस्तीफा दे दिया। पर कल तो उसने इस बारे में कुछ नहीं कहा था। उसने उसका मोबाइल मिलाया, पर वह बंद आ रहा था। रातोरात क्या हो गया? या वह लंबे समय से ऐसा करना चाहती थी? नितिन ने कहा था कि वह कंपनी के लिए बड़े काम की है। क्या उसे इस बारे में पता है?'

अचानक दरवाजे पर आहट से उसकी सोच भंग हुई।

"आ जाओ।"

"सॉरी सर, यह डीवीडी देना भूल गई थी।"

"डीवीडी?"

"यह आपके लिए आई है।"

"क्या आज सुबह आई है?"

"नहीं, कल आई थी।"

"थैंक्स! क्या नितिन को भेज दोगी?"

"जरूर, सर। वह बाहर चली गई।"

हासिल ने भूरे रंग का लिफाफा खोलकर डीवीडी निकाली। लाल मार्कर से कुछ लिखा हुआ था। उसने पढ़ा—'तुम्हें लगता है कि तुम अपनी पत्नी के बारे में सब जानते हो?'

'अब यह क्या बवाल है?' हासिल ने अचानक किसी गलत नतीजे पर न आने का फैसला किया। उसने अपने लैपटॉप में डीवीडी लगा दी।

ज्यों ही वीडियो चला तो एक आदमी दिखाई दिया, जो अपने ट्राईपैड पर कैमरा लगा रहा था। जब वह काम हो गया तो वह पलंग की ओर गया, जहाँ एक औरत··· 'पालकी!' हासिल अपनी कुरसी से लगभग उछल-सा गया और झट से वीडियो बंद कर दिया। 'यह सब क्या बकवास है!!!'

उसे गोली मार दी गई थी। नहीं, उसे खंजर घोंपा गया था। हाँ, उसे दिल में गोली लगी और फिर खंजर घोंपा गया। अविश्वसनीय रूप से उस भद्दे दृश्य के लिए शरीर के सारे अंग अजीब ही तरीके से प्रतिक्रिया दे रहे थे। वह अपने दिल की धड़कनों को महसूस कर सकता था, मानो कोई रेल टर्मिनल स्टेशन आने पर धीमी हो रही हो। हाथ-पैरों का कंपन बढ़ रहा था। फेफड़े जैसे जाम हो गए थे और जरा सा ही खुल पा रहे थे। आँतें अचानक ही सिकुड़ने लगीं और ऐसा लगा कि जी मिचलाकर सारा नाश्ता बाहर आ जाएगा।

उसने काँपते हाथों से फिर से वीडियो को बीच में से चलाया। वह आदमी पालकी के साथ शारीरिक संबंध बना रहा था और वीडियो का सबसे बदतर पहलू यह था कि पालकी भी उसके साथ पूरा आनंद उठा रही थी।

वह उसे पाँच सेकंड से अधिक नहीं देख सका। वह झट से चेहरे पर हाथ रखकर टॉयलेट की ओर भागा और वॉश बेसिन में सब खाया-पिया उलट दिया। वह चाहता था कि अपने अंदर से उन सब भावनाओं को भी बाहर निकाल दे, पर वे पहले से ही इतनी गहराई तक अंदर चली गई थीं कि इतनी आसानी से बाहर नहीं आ सकती थीं।

"कहाँ हो दोस्त, मैं आ गया।" नितिन की आवाज सुनाई दी।

हासिल ने उसकी आवाज सुनकर अपनी आँखें पोंछीं— "मैं आ रहा हूँ।"

"ओके, इंतजार कर रहा हूँ।"

"जरूर।"

हासिल ने झट से पानी के छींटे मारकर तौलिए से चेहरा पोंछा और शीशे में अपनी कुम्हलाई हुई छवि देखी। 'इससे पहले कि किसी को भी इस बारे में पता चले, मुझे पालकी से इस बारे में बात करनी होगी।'

"सॉरी नितिन, पेट गड़बड़ा गया है। सोच रहा हूँ कि घर ही चला जाऊँ।"

"क्यों नहीं, जरूर। कहो तो डॉक्टर से बात कर लें।"

"नहीं, नहीं। थोड़े आराम से ठीक हो जाएगा।" वह बहुत संजीदा होकर बोल रहा था।

"पक्का?"

हासिल ने मैकबुक को उसके कवर में रखने के बाद ही जवाब दिया।

"मैं ठीक हूँ। चलता हूँ।" हासिल बाहर निकल गया।

नितिन के दिमाग में खटका आ गया, जरूर कोई बात हो गई थी।

उसने स्वधा के इस्तीफे की ओर देखा। फिर उसे पढ़कर बुदबुदाया— "जरूर कोई गड़बड़ हुई है।"

उसने पल्लवी का नंबर मिला दिया।

□

हासिल ने कार में बैठते ही ड्राइवर से कहा कि वह उसे झट से किसी खुली जगह पर ले जाए। वह कार को मरीन ड्राइव ले गया।

जोरों से बारिश हो रही थी। मुंबई की बरसातें जिंदगी की परेशानियों के बराबर होती हैं। एक बार बरसने लगें तो बरसती ही चली जाती हैं। ज्यों ही हासिल कार से निकला तो पीछे से ड्राइवर ने कहा, "साब, बारिश।" पर उसने परवाह नहीं की।

बस, कुछ जोड़े सारी दुनिया से दूर छतरियों में छिपे बैठे थे। उनके अलावा सारी जगह खाली पड़ी थी। हासिल सीमेंट की चहारदीवारी के पास आ गया और कुदरत के साथ अपनी भावनाओं का मिलान करता रहा। बाहर धरती भीग रही थी और उसके मन में उसका विश्वास भीग रहा था। 'क्या सब एक झूठ था? क्या दुनिया की हर चीज झूठ है?'

वीडियो का दृश्य दोबारा याद आ गया। फिर से जी मिचलाने लगा। 'क्या यह सब एक बार ही हुआ था या फिर यह चक्कर लंबे समय तक चला होगा? वह आदमी तो भारतीय दिखता है। पर क्या उन्होंने यह सब मेरी गैर-मौजूदगी में किया या फिर यूनिवर्सिटी में? पर उसे यह सब करने की क्या जरूरत थी? अगर वह उसे मुझसे ज्यादा चाहती है तो वह मुझे एक बार कह सकती थी। बस, एक बार कह देती—मैं उससे कोई सफाई भी न माँगता।

यकीन नहीं आता। वह पिछले दो-तीन महीने से सफेद झूठ बोलती आ रही है और मुझे एक पल के लिए भी ऐसा नहीं लगा कि वह मुझे प्यार नहीं करती। और कौन जाने, शायद वह इस एक्सीडेंट से पहले से ही मुझे धोखा देने की कोशिश करती रही हो!' ज्यों ही उसने गीले बालों में हाथ फिराया, उसका मन भारी-सा हो गया। सूट भीग चुका था। 'शिट!' वह मन-ही-मन बुदबुदाया। वह अपने सामने खुली जगह में चिल्लाया। आसपास छितरी भीड़ ने हैरानी से देखा। हासिल ने किसी तरह खुद को सँभाल लिया, पर अगले ही पल सीमेंट की चहारदीवारी पर ठोकर दे मारी। उसे चोट लगी। बस, इससे ज्यादा कुछ नहीं!

"साब।" उसने मुड़कर देखा तो ड्राइवर उसकी ओर भागता आ रहा था।

"फोन।" उसने उसे मोबाइल दिया और कार की ओर भागा।

पालकी की कॉल थी।

"डियर, कहाँ हो? नितिन ने कहा कि तुम घर आ रहे हो। क्या हुआ?"

"रास्ते में हूँ।" उसने मशीनी आवाज में कहा, "फिर बात करते हैं।" फिर उसने कॉल बंद कर दी।

देखते हैं कि पालकी को इस बारे में क्या कहना है? एक मिनट तक आकाश को ऐसे ही ताकने के बाद हासिल कार की ओर बढ़ा। उस दिन आकाश काले बादलों से बुने कंबल जैसा लग रहा था।

□

जब से नितिन की कॉल आई थी, तब से पल्लवी का मन अनजानी आशंका से घिरा हुआ था। 'आज कुछ अच्छा महसूस नहीं हो रहा।' जब हासिल ने कॉल अचानक बंद कर दी तो उसका मन और आशंकित हो गया। पल्लवी बेचैनी से कमरे में टहल रही थी और उसने कार के इंजन की आवाज सुनते ही दरवाजा खोल दिया।

वह हासिल को कार से निकलते देख मुसकराई। 'ओह, यह तो पूरी तरह से भीग गया!'

"क्या हुआ ? भीग कैसे गए ?"

वह कोई भी जवाब दिए बिना सीढ़ियों की ओर चल दिया। जब हासिल कमरे में चला गया तो पल्लवी के चेहरे की मुसकान गायब हो गई। पल्लवी ने दरवाजा बंद किया और अनिश्चित भाव से कमरे की ओर चल दी।

जब तक वह गलियारे में आई तो उसे अपने बेडरूम से उत्तेजक आवाजें सुनाई देने लगीं। यह क्या कर रहा है ? ज्यों ही वह अंदर गई और उसकी नजरें दीवार पर लगे बयालीस इंच के एल.सी.डी. पर गईं, उस पर एक पॉर्न क्लिप चल रही थी।

"यह क्या है ?" उसने देखा कि डीवीडी प्लेयर चल रहा था।

हासिल पलंग के एक कोने पर बैठा था। उसने वीडियो को आगे किया और रिमोट से उस फ्रेम को रोक दिया, जिसमें पल्लवी का चेहरा अच्छी तरह दिख रहा था। वह मुड़ा और पूछा, "यह क्या है, पालकी ?"

पल्लवी के होंठ मारे अविश्वास के थोड़ा सा खुल गए। उसे लगा कि उसके भीतर भय का ज्वालामुखी सुलग रहा था। उस एक पल के सच ने सारे बुरे सपने साकार कर दिए थे। 'थॉमस ? उसने हासिल को कैसे खोजा।'

"कौन ?" वह हकलाई, "तुम्हें···यह किसने दिया ?"

"पहले यह बताओ कि यह सब चल क्या रहा है ?" उसने टी.वी. पर रिमोट दे मारा।

'मुझे इसे क्या बताना चाहिए ? क्या सबकुछ बता दूँ ?' पल्लवी चुपचाप रिमोट के दो टुकड़े देखती रही।

"चुप क्यों हो ? तुमने झूठ क्यों कहा था कि तुम मुझसे प्यार करती हो ? हुँह !" वह लगातार कमरे में चक्कर काट रहा था।

"मैंने झूठ नहीं कहा था कि मैं तुमसे प्यार करती हूँ।"

"तो यह क्या है ? तुम्हारा सुबूत ?"

"यह वह नहीं है, जो तुम सोच रहे हो।"

"तो यह क्या है ? बताओ। मैं जानना चाहता हूँ, या तुम्हें लगता है कि मुझे जानने का हक नहीं है ?"

"प्लीज! तुम्हें पूरा हक है। ठीक है, सब बता देती हूँ। इस आदमी ने मुझसे जबरन यह सब करवाया। वीडियो को ध्यान से देखो, मेरी आँखें पूरी तरह बंद हैं। उसने मुझे नशे की दवा दे दी थी। यही सच था। इसने पहले भी मुझे ब्लैकमेल करना चाहा, पर मैं इसके काबू में नहीं आई थी। और अब वह वापस आ गया है।" पहला झूठ।

"क्या नाम है इसका?"

"थॉमस।"

"यह सब कब हुआ था?"

"कुछ साल पहले।"

"तो आज तक मुझे क्यों नहीं बताया?"

"मुझे लगा कि यह मेरे जीवन से जा चुका था।"

"क्या मुझे एक्सीडेंट से पहले इसके बारे में पता था?"

"हाँ।" दूसरा झूठ।

"हमने इसे सँभालने के लिए क्या किया था?"

"इसे थोड़े पैसे दे दिए थे।" तीसरा झूठ।

"पर इस बार मेरे पास बेहतर योजना है।" हासिल पलंग के दूसरी ओर रखे सूट के पास गया और पॉकेट से अपना फोन निकाला।

"क्या करने जा रहे हो?"

"पुलिस को बताने जा रहा हूँ।"

"शिट! नहीं, पुलिस को मत बताना।"

हासिल ने उसे गहराई से देखा। पल्लवी ने नजरें हटा लीं। वह बुरी तरह से दहल गई थी।

"क्यों?"

कोई जवाब नहीं आया।

"मुझे पुलिस को क्यों नहीं बताना चाहिए?"

'तब तो सारा सच सामने आ जाएगा। हासिल, सब बता दूँगी। बस, थोड़ा सा वक्त दे दो। अगर यह सच इस तरह सामने आया तो हमारा भविष्य

तबाह हो जाएगा।' पल्लवी का मन विनती कर रहा था। यह वही पल्लवी थी, जिसके पास कभी दिल और दिमाग से जुड़े हर मसले के लिए कोई–न–कोई बहाना हुआ करता था।

"बदनामी।"

"क्या?"

"अगर पुलिस को बीच में लाए तो मीडिया भी आ जाएगा। हमारा नाम, तुम्हारी कंपनी और सबकुछ बदनाम होगा।"

"मुझे परवाह नहीं है।" उसने पल्लवी को पीछे धकेला और फोन लेकर कमरे से बाहर चला गया।

"हासिल, रुको।"

वह पहली सीढ़ी के पास जाकर मुड़ा। "अगर एक बार और रोका तो मैं मान लूँगा कि तुम सारा सच नहीं बता रहीं।" वह फिर से बोला।

"हासिल!"

इस बार वह तीसरी सीढ़ी पर रुका और धीरे से मुड़ा।

'तो सच कुछ और है।'

"तो मैं ठीक ही सोच रहा था। सच यही है कि वह तुम्हारा प्रेमी है, है न?"

"नहीं, ऐसा नहीं है।"

उसने पल्लवी को अजीब सी नजरों से देखा। "हाँ, क्यों नहीं!" फिर वह सीढ़ियों से नीचे उतर गया।

सच या फिर एक और झूठ—पल्लवी को इनमें से किसी एक को चुनना था। उसका मन कहता था कि वह जो भी चुनाव करेगी, अपने जीवन को बरबाद होने से नहीं बचा सकती। उसने कभी जीवन में जीतने की चाह नहीं रखी थी, पर फिर भी किसी–न–किसी तरह उसकी जीत होती ही रही। पर इस बार पल्लवी ने खुद को जिंदगी के उस मुहाने पर खड़ा पाया, जहाँ से एक भारी असफलता उसे ताक रही थी। उसने आँखें मलकर देखा कि हासिल सोफे पर बेजार बैठा था, मानो उसने खुद ही सारा सच जान लिया

और उससे संतुष्ट हो गया हो। और अगर ऐसा नहीं भी था तो हासिल को अब इस मामले में शायद कोई दिलचस्पी नहीं रही थी।

'मैं इसे सच कह दूँगी तो यह इस बात के लिए मेरा सम्मान करेगा। हो सकता है कि कुछ दिन सँभलने तक रुखाई से पेश आए। जो भी हो, न तो मैंने पालकी को मारा है और न ही वह जीवित है। इसे आखिर में मेरे पास ही आना होगा और मैं इसे हमेशा के लिए जीत लूँगी। हाँ, ऐसा ही करना होगा। मेरी जीत होगी, पालकी की नहीं। पल्लवी जीतेगी— हमेशा की तरह।'

"मैं पालकी नहीं हूँ!" वह अपने भाग्य से विरोध प्रकट करते हुए जोर से चिल्लाई।

□

"अब क्या हुआ?" नितिन चिल्लाया।

"सर, फिर से सिग्नल है।"

ऐसा लग रहा था कि हर क्रॉसिंग पर सारे शहर का यातायात जमा हो रहा था। "बुलशिट!" नितिन ने अपना हाथ सामनेवाली सीट पर दे मारा।

पर यह तो अपनी कुंठा जाहिर करने का तरीका भर था। 'सबकुछ कितनी अच्छी तरह चल रहा था, पर कल रात पल्लवी की एक बेवकूफी ने सब उजाड़ दिया। मुझे पूरा यकीन है कि स्वधा ने हासिल को वह नोट दिखा दिया होगा। हद हो गई।'

जैसे एक लंबे सफर के बाद नितिन हासिल के घर पहुँचा। वह जल्दी से कार से निकला और लगभग भागते हुए दरवाजे की घंटी बजा दी।

रघु चाचा ने हमेशा की तरह पहली घंटी पर दरवाजा खोल दिया।

"चाचा, आप प्लीज बाहर रहिए।" नितिन ने उससे आग्रह किया। वह नहीं चाहता था कि रघु कुछ भी सुने। रघु ने साब और मेमसाब के उतरे हुए चेहरे देखे और फिर बाहर से दरवाजा बंद कर दिया।

नितिन ने दोनों को अलग-अलग बैठा देखा तो अपने कौतूहल को रोक नहीं सका।

"अब तुम लोग बताओगे कि हुआ क्या है?"

हासिल ने उसे खाली नजरों से घूरते हुए कहा, "पल्लवी से पूछो।"

नितिन ने पहले पल्लवी को और फिर से हासिल को देखा। "हे भगवान्! इसे सब पता चल गया। होली शिट्।"

पल्लवी ने बेलाग होकर उसे डीवीडी और थॉमस के बारे में बता दिया। उसके लिए भी यह खबर नई थी। और वह सदमे में आ गया। अगले एक घंटे तक कोई कुछ नहीं बोला। वे अपनी-अपनी जगह बैठे यही उम्मीद करते रहे कि हालात अपने आप ही सँभल जाएँगे। वे सब चाहते थे कि किसी जादू से वह सारी हकीकत खुशनुमा हो जाए।

हासिल अचानक उठा और किचन में फ्रीज से अपने लिए ठंडे पानी की बोतल निकाल लाया। उसने थोड़ा पानी पिया, पर प्यास नहीं मिटी। उसने थोड़ा और पानी पिया। फिर भी वही हाल था। 'अब कोई भी पानी मेरे भीतर धँसे सच को बहा नहीं सकेगा।'

"मुझे माफ करना, पालकी!" हासिल ने बोतल डाइनिंग टेबल पर पटक दी। "आई एम सॉरी। मैंने केवल तुमसे प्यार किया था, पालकी, केवल तुमसे।" फिर वह बोतल को तब तक मेज पर पटकता रहा, जब तक उसका प्लास्टिक पिचक नहीं गया। नितिन ने उसके दोनों हाथ पीछे से पकड़ लिये। हासिल ने गुस्से में आकर खुद को परे करना चाहा। "छोड़ दो। मैं जीना नहीं चाहता। मैंने अपनी पत्नी की जान ले ली।"

पर नितिन ने उसे कसकर पकड़े रखा—"बकवास मत करो, वह एक एक्सीडेंट था!" वह चिल्लाया।

"नहीं, मैंने उसे मारा है। न केवल उसे मारा, बल्कि किसी दूसरी स्त्री के साथ सोकर उसका अपमान भी किया।"

"शांत हो जाओ। तुमने कुछ नहीं किया। बिल्कुल शांत हो जाओ।" उसने उसे तब तक पकड़े रखा, जब तक उसकी साँस सामान्य नहीं हो गई।

जब से पल्लवी ने नितिन को सारी बात बताई थी, तब से वह विरक्त-सी चुपचाप बैठी थी, मानो कमरे में थी ही नहीं। वह सोफे पर बैठी छत को घूर रही थी। उसके गालों और होंठों पर आँसुओं की लड़ी बह रही थी। वह

बहुत कुछ कहना चाहती थी। वह तब से सारी बातें बताना चाहती थी, जब वह किशोरी थी। पर हर बार ऐसा लगता कि सब बेमानी हो गया था।

इस दौरान नितिन ने हासिल को टेबल के पास कुरसी पर बिठाया और खुद सोफे पर आकर बैठ गया। "मुझे माफ कर दो, हासिल। आई एम रियली सॉरी।" उसने हासिल को देखा, जिसने अपना सिर मेज पर रखे हाथ पर छिपा लिया था। नितिन जान गया कि वह रो रहा था।

"मैं बता नहीं सकता, जब यह पता लगा कि तुम्हारा और पालकी का एक्सीडेंट हो गया है तो मेरी क्या हालत हो गई थी। जब मुझे बताया गया कि पालकी की बॉडी नहीं मिली तो मैं जान गया कि यह सब और बदतर होने वाला था।"

"लाश नहीं मिली ?" हासिल ने अपना सिर उठाकर दोस्त को सवालिया निगाहों से देखा।

"हम्म! हमें आज तक उसकी लाश नहीं मिली। हालाँकि, पुलिस खोजबीन कर रही है, पर कोई नतीजा हाथ नहीं आया।"

"तुम कहना क्या चाहते हो ? उसकी लाश नहीं मिली ?"

"जिन लोगों को तुम मिले, उन्हें पालकी नहीं मिली थी।"

"इसका मतलब है कि वह जिंदा है।" वह झट से खड़ा हो गया।

"अखबार से लेकर जासूसी एजेंसी तक कोशिश कर चुके हैं, पर कुछ पता नहीं चला।"

आस का दीपक बुझ गया। हासिल धीरे से बैठ गया और फिर अपना सिर बाजू पर टिका लिया।

नितिन ने आगे बताया, "जब मैंने अस्पताल में तुम्हें आँखें खोलते देखा तो ऐसा लगा कि जैसे मैं ही दोबारा जिंदा हो गया। पर जब डॉक्टर से तुम्हारी याददाश्त वाली बात पता चली तो मन एक साथ उदास हुआ और प्रसन्न भी हो गया। उदासी की वजह बताने की जरूरत नहीं, पर खुशी इस बात की थी कि कम-से-कम तुम पालकी के बारे में नहीं पूछोगे। कम-से-कम कुछ समय तक तो नहीं। और मैंने सोचा कि धीरे-धीरे तुम्हें सच बता देंगे। पर

एक दिन तुमने पालकी की फोटो देख ली और मुझे तुमसे पहला झूठ बोलना पड़ा कि वह अभी जिंदा है। मेरा भरोसा करना यार, सच कहना भी चाहता था, पर बता नहीं पाया।" नितिन का गला रुँध गया, "और हर झूठ आनेवाले झूठ का कारण बनता गया। इस तरह पल्लवी की कोई गलती नहीं। यह सब मेरा किया-धरा है।"

"हद हो गई है।" हासिल ने फिर से मेज पर मुक्का मारा और नितिन को देखकर बोला, "अगर वह लौंडा डीवीडी न देता तो कभी सच का पता ही न चलता। मैं किसी ऐसी स्त्री को अपनी पत्नी मानकर प्यार करता रहता, जो मुझे बिल्कुल नहीं चाहती।"

ये शब्द सुनकर पल्लवी अपनी तंद्रा से जागी। उसने हासिल को देखकर कहा, "हासिल, मैं तुमसे सच में बहुत प्यार करती हूँ। मेरा यकीन करो।" वह उसके आगे गिड़गिड़ा रही थी। उसने आज तक ऐसा नहीं किया था, पर अब सब बदल चुका था।

"तुम्हारा यकीन ?" पल्लवी ने हासिल के भीतर बसे लावा को बाहर ला दिया।

"कोई भी प्रेमी या प्रेमिका अपने प्रेम से झूठ नहीं बोलते।"

"मैं एक दिन तुम्हें सब बताने ही वाली थी।"

"तुम ऐसी बेवकूफी कभी नहीं करतीं।"

"नहीं, वह ऐसा जरूर करती। प्यार करती है वह तुमसे।"

"तो ? अगर यह मुझे प्यार करती है तो मैं क्या करूँ ? इससे मेरा कोई लेना-देना नहीं है। मैं केवल अपनी पत्नी से प्यार करता हूँ और उसका नाम पालकी था। नितिन, हद है, यार! तुम्हारी वजह से मैं दूसरी स्त्री से शारीरिक संबंध बनाता आ रहा हूँ।"

"लोग आजकल ऐसा करते हैं। इसमें कोई बड़ी बात नहीं है और किसी ने पल्लवी को मजबूर नहीं किया था।"

"मैं ऐसा नहीं करता। मेरा विवाह हो चुका है।"

"पर पालकी मर चुकी है।" पल्लवी ने कहा।

"अगर वह नहीं भी रही तो इससे क्या फर्क पड़ता है ? वह बीता हुआ

कल नहीं बन गई। और अगर मैंने अपना पूरा जीवन, हृदय और आत्मा पालकी के नाम किया है तो इसमें तुम्हें क्या परेशानी है ?" वह दोनों पर चिल्लाया।

"तुम इतने महीनों से मुझसे प्यार करते आए हो, केवल मुझसे।"

"शायद तुम मुझे समझीं नहीं। मैं केवल पालकी को चाहता हूँ, किसी और को नहीं।" हासिल ने निर्ममता से कहा।

"परंतु तुम मुझे एक मौका क्यों नहीं देते ? तुम्हें क्या लगता है, मैंने अपनी नौकरी और परिवार को छोड़कर तुम्हारी पत्नी बनने का निर्णय क्यों लिया ? अगर तुमसे प्यार न होता तो क्या मैं यह सब करती ? तुम्हें यह सब आसान लगता है ? तुम्हें लगता है कि कोई भी लड़की यह सब आसानी से कर सकती है ?"

"ओह, तो अब तुम्हें अपने किए पर गर्व है ! कमाल है !"

पल्लवी ने असहाय भाव से हासिल को अपनी बात समझानी चाही। "मैं समझ सकती हूँ कि यह सब तुम्हारे लिए कितना दुःखदायी है। पर प्लीज, भगवान् के लिए मेरे हालात भी समझो। मैंने तुम्हारी पत्नी बनकर अपने अस्तित्व का कतरा-कतरा तुम्हें समर्पित किया है।"

"तो तुम चाहती हो कि मैं सहानुभूति दिखाते हुए तुम्हें सहयोग दूँ, क्योंकि तुम पिछले कुछ महीनों से मेरी पत्नी की तरह रह रही थीं ? वैसे, तुम चाहती क्या हो ? मैं भी आजीवन तुम्हारा पति बना रहूँ ? बकवास !"

"सुनो, हासिल।" नितिन बीच में आ गया।

"प्लीज !" हासिल ने उसे हाथ से रोक दिया, "तुम्हें मौका मिला था। यही बेहतर होता कि तुम पहले ही मुझे सब सच बता देते। चाहे मैं अपनी जान ले लेता, पर आज जीते-जी मरा हुआ तो महसूस न करता। अब बताओ, क्या तुमने मेरे जीवन में कुछ छोड़ा है ?"

नितिन चुप ही खड़ा रहा।

"हासिल, तुम्हारे पास मैं हूँ।" पल्लवी ने पास आकर उसका हाथ थाम लिया, "तुम्हारे पास अब भी मैं हूँ।"

"नहीं, अब मुझे तुम्हारी जरूरत नहीं है।"

“प्लीज, ऐसे बात मत करो। मैंने तुम्हें दीवानों की तरह चाहा है और तुम्हें खोना सहन नहीं कर सकती। वादा करती हूँ कि समय के साथ तुम पालकी को भूलकर मुझे स्वीकार लोगे।”

“पालकी को भूलना ? मेरी ऐसी कोई मंशा नहीं है। और दूसरे, इस घर में तुम्हारे साथ मेरे घाव कभी नहीं भरेंगे और मैं खुद से नफरत करता रहूँगा। तुम मुझे याद दिलाती रहोगी कि मैंने पालकी को धोखा दिया है।”

“धोखा ?”

“मेरे लिए विवाह प्रेम का एक वचन था। पता नहीं कि तुम इसे समझ सकोगी या नहीं, पर तुमने मेरा वचन तुड़वा दिया। और इसके लिए मैं तुम्हें कभी भी माफ नहीं कर सकता, कभी भी नहीं!”

“पर मैंने वही किया, जो नितिन चाहता था। मेरा अपना कोई स्वार्थ नहीं था।”

“मजाक मत करो। नितिन ने झूठ बोला, क्योंकि वह मुझे खुश देखना चाहता था। उसके झूठ से मुझे दुःख हुआ, यह ठीक है; पर तुम्हारे झूठों ने तो पालकी के लिए मेरी भावनाओं और सोच से खिलवाड़ किया है।”

“मैं यकीन नहीं कर सकती। मैं बता रही हूँ कि मेरे झूठ नितिन के झूठों का हिस्सा थे। तुम समझ क्यों नहीं रहे ?”

“क्या उसने तुम्हें मेरी पत्नी बनने के प्रस्ताव पर हामी भरने को कहा था ? नहीं, कभी नहीं। तुमने इस बेवकूफी के लिए हामी भरी थी, क्योंकि तुम्हारे अंदर किशोरावस्था से ही मुझे पाने की इच्छा थी। तुम मुझे जीतना चाहती थीं, मेरे साथ खुशी से जीना चाहती थीं। इससे कोई अंतर नहीं पड़ता था कि ऐसा करने से किसी के लिए मेरे विश्वास को ठेस लग सकती है। तुमने ऐसा किया, क्योंकि तुम्हें लगा कि तुम मेरा इस्तेमाल करके अपना जीवन सजा सकती थीं। भले ही किसी और के लिए मेरे प्यार के टुकड़े हो जाएँ। तुमने हामी भरी, क्योंकि तुम एक कायर हो। तुम्हारे पास मेरे सामने पल्लवी बनकर आने का साहस नहीं था। तभी तुमने पालकी की आड़ ली। तुम्हें लगा कि एक बार मैं तुम्हें प्यार में पड़कर अपनी पत्नी बना लूँगा तो मेरे

पास कोई चारा ही नहीं बचेगा। मैं तुम्हें बता दूँ कि यह कोरी बकवास है! तुम जैसे लोग केवल अपने स्वार्थ के लिए जीते हैं, भले ही वे दूसरों की कीमती संपत्ति नष्ट क्यों न कर दें! हो सकता है कि हम सभी ऐसा करते हों, पर तुम जैसे लोग हमेशा यही करते हो। बस, कुछ और नहीं। और तुम्हारे पास अपनी हर बात के लिए एक सफाई है। प्यार! हद हो गई।"

पल्लवी शांत रही।

"तुमने कहा कि तुम कई सालों से मुझसे प्यार करती आई हो। पर पता है, अगर यह सच होता तो तुम सब जानकर मेरे जीवन में पालकी नहीं, पल्लवी बनकर आतीं, चाहे मेरे हालात जो भी होते। पहला, तुम्हारे पास पालकी बनने की औकात नहीं है और दूसरे, तुम कभी पालकी नहीं हो सकतीं, अपने सपनों में भी नहीं हो सकतीं।

"अगर तुम्हें मुझसे सच्चा प्यार होता तो सच्चाई बयान कर देतीं। मैं रोता और मरने के बारे में सोचता, पर फिर भी तुम्हारा आदर करता। अब, हमारे बीच कुछ नहीं हो सकता, कुछ भी नहीं। और अब मैं चाहता हूँ कि तुम फौरन मेरे घर और जीवन से निकल जाओ। मुझे परवाह नहीं कि कोई तुम्हें ब्लैकमेल कर रहा है या नहीं। मेरी तरफ से भाड़ में जाओ तुम!"

हासिल उठा और दीवानों की तरह दरवाजे की ओर बढ़ा।

"सुनो भाई, सब्र करो। तुम बहुत जल्दी फैसला कर रहे हो। पहले गुस्सा ठंडा होने दो, फिर सब तय कर लेंगे।"

"अगर मेरा गुस्सा शांत होने की प्रतीक्षा करोगे तो तुम्हारा ही जीवन बरबाद होगा।" वह घर से बाहर गया और कुछ सेकंड बाद अंदर आ गया।

"और नितिन, अगर तुम सच में मेरे दोस्त हो और चाहते हो कि तुम्हें तुम्हारे किए के लिए माफ कर दूँ तो मेरे वापस आने तक यह मेरे घर में नहीं होनी चाहिए।"

"तुम कहाँ···" नितिन के कुछ कहने से पहले ही हासिल फिर से घर से बाहर चला गया।

लॉन में आते ही वह ड्राइवर पर चिल्लाया, जो रघु और दरबान से

फिल्मी गप्पों में लगा था। वह भागते हुए कार तक आया।

"कहाँ चलें, सर?"

हासिल को कुछ पता नहीं था। वह जिन दो लोगों को जानता था और भरोसा करता था, उन्हें वह घर में छोड़ आया था।

"क्या तुम्हें याद है कि पार्टी वाली रात स्वधा को किस जगह छोड़ा था?" अचानक ही उसे स्वधा का ध्यान आ गया।

"स्वधा मैम···वर्सोवा।"

"वहीं ले चलो।"

□

"तुम्हें डीवीडी किसने दी?" ज्यों ही हासिल बाहर निकला, नितिन पल्लवी पर चिल्लाया, "और तुमने इस बारे में मुझे पहले क्यों नहीं बताया।"

"पल्लवी, तुमसे बात हो रही है।" उसने उसे कंधों से पकड़कर हिला दिया, "कुछ तो बोलो।"

"पहले मुझे क्यों नहीं बताया? तुम जानती हो कि हम तलवार की धार पर चल रहे थे!"

"हासिल ने ठीक कहा। मैं ही भ्रम का शिकार हो गई थी। मुझे लगा कि जिंदगी को अपने तरीके से ढाला जा सकता था, पर मैं ही इसके हाथों छली गई। जीवन में कुछ बातों पर कभी विचार नहीं किया और तब तो बिल्कुल भी नहीं किया, जब मैं वह सब कर रही थी। पर हासिल से दोबारा मिलने के बाद उन सब बातों को बदलने के लिए अंदर-ही-अंदर कई बार मरी हूँ। अपने अतीत को बदलना चाहती थी। एक ओर, ऐसा एक भी मौका नहीं चाहती थी कि उससे अलग होना पड़े और वहीं दूसरी ओर, अनजाने में ही इसका आधार तैयार कर रही थी।" उसने नितिन को देखा, "अगर पहले यह सब बता देती तो क्या तुम मुझे उसकी पत्नी बनने देते?"

नितिन ने धीरे से सिर झुका लिया। वह भी उसकी बातों से सहमत था।

"मेरे लिए रोज झूठ बोलना कठिन था और कई बार खुद को कोसती भी थी। पर फिर भी, भरोसा था कि एक दिन उसे बता दूँगी और मेरे प्यार

और सम्मान को देखते हुए वह मुझे अपना लेगा। पर अब···" वह उठी और भारी कदमों से सीढ़ियों की ओर चल दी।

"कहाँ जा रही हो?"

"सामान पैक करना होगा।"

"क्या सच में घर छोड़कर जा रही हो?"

पल्लवी ने जवाब नहीं दिया। वह सीढ़ियों से चढ़ते हुए बोली, "क्या थॉमस का कुछ कर सकते हैं?"

"अगर उसकी ऐसी की तैसी न की तो मेरा नाम भी नितिन पंजाबी नहीं।" नितिन की आँखों में खून उतर आया था।

"थैंक्स, नितिन। पता है, जब भी मन की सुनी, सब सही रहा। याद है, मैंने कहा था कि यह बस, ज्यादा दिन नहीं चलेगा, उसे देर-सबेर पता चल ही जाएगा। पर जब तुमने उसकी तसवीर दिखाई तो मैंने जीवन में पहली बार मन की बात को अनसुना किया। वह अब हमेशा सकारात्मक बनी रहेगी और हासिल की यादों के साथ जिएगी। हालाँकि, जानती हूँ कि मुझे यह सब नहीं करना चाहिए था···तुमसे फोटो नहीं माँगनी चाहिए थी···बेवकूफों की तरह सारी बातें भुलाकर हामी नहीं भरनी चाहिए थी; पर मैं आजीवन अपनी इस मूर्खता पर गर्व करती रहूँगी।"

पल्लवी कमरे में चली गई और नितिन नम आँखें लिये खड़ा रहा। कमरे में पल्लवी ने पूरे एक घंटे तक रोने के बाद अपना सामान पैक करना शुरू कर दिया। जब उसका काम हो गया तो उसने हासिल के नाम एक खत लिखने की सोची। वह स्टडी रूम में गई और पैड लेकर लिखने लगी—

'डियर डीनो,

मुझे पता है कि तुम्हें यह नाम पसंद नहीं, पर इसी नाम ने मुझे जीवन का दिव्य पक्ष दिखाया था।'

हो सकता है कि मैं इस जगह जो लिख रही हूँ, वह पहले तुमसे कहा हो; पर इस कागज की आड़ में छिपने से अपराध-बोध की अदालत में खड़े होने की

ताकत आएगी। वह भी इसलिए, क्योंकि मैं अपने लिए फैसला भी जानती हूँ।

मैंने तुम्हें पहले जो बताया, उन्हीं बातों पर कायम हूँ। मेरे बारे में तुम जो भी जानते हो, वह सच है, पूरा सच! वीडियो में मैं ही थी। मैं कभी किसी विदेशी यूनिवर्सिटी में पढ़ने नहीं गई। मैं तुम्हारी विवाहिता नहीं और उससे भी अहम बात यह है कि मैं पालकी नहीं हूँ। तुमने सही कहा था कि मैं उसकी जैसी कभी नहीं हो सकती। परंतु उससे भी अधिक, मैं यह जानना चाहती हूँ कि वह जो भी पाने की हकदार थी, उसे पाने के लिए मुझे क्या करना होगा? तुम्हें पाने के लिए क्या करना होगा? आशा रखती हूँ कि किसी दिन या जीवन में कभी मुझे यह रहस्य मिल जाएगा।

चिंता मत करना, मैं इस पत्र के माध्यम से तुम्हारे मन में कोई रहम पैदा नहीं करना चाहती। मैं इस जगह तुम्हें अपने दिल और दिमाग के कुछ राज बताना चाहती हूँ। मैं तुमसे यह भी नहीं कहूँगी कि तुम मेरी बताई हर बात पर यकीन करो; पर यह विनती जरूर रहेगी कि इसे एक बार पूरा पढ़ लेना।

हाँ, मैंने कई पुरुषों से शारीरिक संबंध बनाए, पर जब तुमसे प्यार का इजहार किया तो उसकी तुलना में वे आनंद कुछ भी नहीं थे। हर बार जब भी तुम मुझे बाँहों में भरते तो ऐसा लगता कि मेरा पूरा अस्तित्व भीतर से पवित्र हो जाता और मैं उन गहराइयों से भी खुद को शुद्ध मानने लगती, जो मुझे एक औरत बनाते थे। मेरी माँ ने एक बार कहा था कि मंदिर की ओर जानेवाली राह थोड़ी कठिन होती है, यह तुम्हारी परीक्षा लेती है, चुनौती देती है और तुम्हारे संकल्प को तोड़ भी देती है। यही वजह है कि बहुत कम लोग उस मंदिर तक जा पाते हैं, जिसके लिए उनका जन्म हुआ था। और जब मैंने नितिन की मेहरबानी से तुम्हें दूसरी बार देखा तो जान गई थी कि मेरे मुश्किल और कठिन जीवन के दिन बीत गए थे। हमेशा जीवन के प्रति 'सब चलता है' का रवैया रखनेवाली लड़की अपने और अपने कामों पर शर्मिंदा होने लगी थी। कई सारी बातों को टाला जा सकता था। परंतु तब तक, जैसा कि कहा जाता है, बहुत देर हो चुकी थी। मेरी गलतियों का पहाड़ बहुत बड़ा हो चुका था। जिंदगी इसी तरह चलती है; पर मैंने अपनी गलतियों से सबक नहीं लिया।

सारी जिंदगी में बहुत कम लोग मुझे समझ सके। मुझे हमेशा जिद्दी और घमंडी माना गया। पर किसी ने भी मेरे भीतर के उस खालीपन को भरने या समझने की कोशिश नहीं की, जो चाहता था कि कोई उसकी ओर ध्यान दे। मैं इसके लिए किसी को दोष नहीं देती और यह भी नहीं चाहती कि कोई मेरे असली रूप को समझे। तुमसे मिलने तक मैं ऐसी थी। तुमने मुझे अपने लिए सच्चे होने का फिर से अहसास दिलाया, तुम्हारा आभार। बेशक, इस काम के लिए सबसे पहले खुद को समझना पड़ता है और अपने भीतर बसे इनसान को समझने के लिए सबसे पहले अपने आप से प्यार करना पड़ता है।

जब तुमने पहली बार मुझे अपने प्यार भरे जुनून के साथ छुआ तो मेरे जीवन की एक और ही यात्रा आरंभ हुई। मुझे अहसास हुआ कि प्रेम हमारी आत्मा को स्वर देता है। और जब तुमने कसकर बाँहों में पकड़ा और हमारी ऊर्जा समाप्त हुई तो मेरे भीतर ईश्वर जाग गया। उसने मुझे अपराध-बोध से भर दिया। कसम खाती हूँ, धीरे-धीरे तुम्हें सब बता देती, पर मेरा प्यार का मारा दिल यह बात भूल गया था कि किसी भी रिश्ते के लिए झूठ जहर का काम करता है। कई लोगों ने मुझे खास होने का अहसास दिलाने और तारीफें करके लुभाने की कोशिश की, पर उनका मकसद ही कुछ और था। परंतु तुमने ही मुझे दिखाया कि मैं कितनी बुरी हूँ! फिर से शुक्रिया।

मुझे बताओ, क्या हमें याद रहता है कि हमारा जन्म कब हुआ था? इसी तरह, मुझे वह दिन भी याद नहीं कि तुमसे प्यार कब हुआ था? शायद उस दिन, जब पंद्रह साल पहले पहली बार देखा था या फिर उस दिन, जब पंद्रह साल पहले दूसरी बार देखा था। या फिर इन वर्षों के बीच कहीं! मेरा यही मानना है कि हम में से अधिकतर लोग आजीवन एक कली के भीतर बंद रहते हैं और एक दिन खिलने की आशा में बने रहते हैं। कई बार तो इसी तरह दुनिया से चले भी जाते हैं। परंतु कुछ लोग ऐसे भी होते हैं, जिन्हें प्रेम का अलौकिक स्पर्श मिलता है और वे खिल जाते हैं। मुझे खुशी है कि तुमने मुझे भीतर से खिलने का अवसर दिया।

यह नहीं कहूँगी कि तुम्हारी याद आएगी। वह भी कोरा झूठ ही होगा।

हम अपने ही दिल की धड़कन को कैसे भूल सकते हैं? हम इसे हमेशा अपने भीतर महसूस कर सकते हैं। नहीं जानती कि अब मैं क्या करूँगी? पर इतना तो पक्का यकीन है कि मैं पहले की तरह सब करने लगूँगी, इतनी डरपोक नहीं और इतना साहस नहीं कि वह सब कर सकूँ, जो बाद में किया। मुझे किसी और से विवाह करना पड़ सकता है। पर सुनो, आकाश में भले ही बहुत सारे चंद्रमा हों, परंतु सूर्य तो एक ही होता है। जिसका आधा जीवन सूर्य के प्रकाश के साथ बीता हो, उसे किसी दूसरे प्रकाश का साथ भा ही नहीं सकता। वैसे भी, मुझे यह पता है कि मेरे जीवन में कितने भी पुरुष क्यों न आएँ, पर तुम्हारी यादें उनकी मौजूदगी से कहीं ज्यादा अहम रहेंगी।

अपना खयाल रखना। आगामी जीवन के लिए शुभकामनाएँ¨ मैं यह सब इस तरह कभी समाप्त नहीं करना चाहती थी¨ पर कोई बात नहीं¨ जो भी हुआ, इसके बावजूद मैं हमेशा तुम्हारे लिए प्रार्थना करूँगी और मेरे भीतर से सदा तुम्हारी भलाई के लिए पुकार उठेगी। मेरा जीवन अब से ऐसा अखबार होगा, जिस पर केवल मायूसी और दिल तोड़नेवाली खबरें ही छपती हों। इसमें कोई परेशानी नहीं है, क्योंकि उसकी हर खबर के साथ तुम्हारी खबर हमेशा मौजूद होगी¨ ।

आखिर में, मेरी किस्मत ने मुझे तुम्हारा नाम दिया और तुम्हें मेरा पहला प्यार बनाया। अब मैंने तुम्हारा नाम किस्मत को वापस कर दिया और कहा कि तुम मेरा आखिरी प्यार हो। और इस बार जीत मेरी होगी, क्योंकि पल्लवी को तभी हराया जा सकता है, जब वह किसी को ऐसा करने की अनुमति दे।

तुम्हारी (मेरे अपने ही तरीके से)
पल्लवी'

वह कुछ देर तक पत्र को घूरती रही और फिर उसे फाड़कर फेंक दिया। इस बकवास की जरूरत नहीं है। वह मुसकराई और फिर से रोने लगी।

जब पल्लवी अपने सामान के साथ हॉल में आई तो देखा कि नितिन तब भी वहीं बैठा था।

"तुम कहाँ जा रही हो?" उसने पूछा।

"पहली उड़ान से दिल्ली जाना है। क्या तुम टिकट का इंतजाम कर सकते हो?"

"क्या तुम्हें यकीन है? हर फैसला इतनी हड़बड़ाहट से नहीं लेना चाहिए। अगर तुम इंतजार कर सको तो हो सकता है कि समय के साथ···"

"समय से घाव भरते हैं, कटे हुए अंग वापस नहीं आते।"

नितिन ने कुछ देर सोचकर कहा, "ठीक है, अगर तुम चाहो तो मैं तुम्हें दोबारा उस एयरलाइंस में नौकरी दिलवा सकता हूँ।"

"उसकी जरूरत नहीं पड़ेगी।" पल्लवी के स्वर में एक अजीब-सा जिद्दीपन था।

उस शाम इंदिरा गांधी एयरपोर्ट से अपने घर जाते हुए पल्लवी ने अपनी माँ को फोन किया।

"हैलो मॉम!" वह उनसे तीन साल बाद बात कर रही थी और मॉम उसकी आवाज सुनते ही बिखर गईं।

"पल्लो! तू कहाँ है, बेटा? तेरी बहुत याद आती है।"

"मैं भी आपको बहुत याद करती हूँ, मॉम, और पापा को भी।" उसने किसी तरह अपने दर्द को छिपाते हुए कहा।

"बस, कुछ देर में घर आ रही हूँ। दिल्ली में ही हूँ। माँ, क्या पापा के दोस्त अब भी मुझे अपने घर की बहू बनाने को तैयार हैं?"

"हाँ, बेटी।"

"मैं तैयार हूँ, मॉम। अपनी जिंदगी अपने तरीके से जी ली है।"

'और अब मौत को चखने का समय आ गया था।'

□

जब स्वधा के घर के बाहर कार रुकी तो हासिल ने ड्राइवर से कहा कि वह स्वधा के घर का पता मालूम करे। स्वधा ने ही दरवाजा खोला।

"बाथरूम उस ओर है।" वह कहकर मुड़ने ही लगी थी कि हासिल बोला, "सॉरी!"

उस आवाज को सुनकर स्वधा एक ही झटके में पलटी और उसे अहसास हुआ कि दरवाजे पर प्लंबर नहीं आया था।

"हासिल!"

"इस तरह आने के लिए सॉरी, पर तुम्हारे घर में थोड़ा समय बिताना चाहता था।"

"थोड़ा समय।" स्वधा वहीं खड़ी रही। 'हामी भर दे, सिली जिली!'

"अरे हाँ, क्यों नहीं! आप अंदर आइए।" वह लाल सूजी हुई आँखों के साथ मुसकराई।

"तुमने इस्तीफा क्यों दिया?" हासिल ने प्लास्टिक की कुरसी पर बैठते ही स्वधा से पहला सवाल किया।

स्वधा ने जवाब देने के बजाय पल्लवी का लिखा नोट दिखाना चाहा, 'क्या सच बता दूँ; पर इसे गुस्सा आ गया तो?'

"मैं माफी चाहती हूँ।" स्वधा चुप थी।

"और मुझे लगता है कि जब तुम ऑफिस में दोबारा काम करने आओगी, मैं खुद को तभी माफ कर सकूँगा।"

"पर अगर आपकी पत्नी को आपत्ति हुई तो मैं सहन नहीं कर सकती…"

"वह मेरी पत्नी नहीं है।"

'ओह! यह जानता है!' "मुझे पता है।"

हासिल ने उसे हैरानी से देखा।

स्वधा ने उसे सब बता दिया और हासिल को सारी बात समझ आ गई। जब तक वह स्वधा के घर से बाहर आया, वह उसे दोबारा काम पर आने के लिए मना चुका था।

स्वधा दरवाजा बंद कर मुसकराई। वह पिछले चालीस घंटों से रो-धो रही थी।

'अब वह न केवल अकेला, बल्कि तेरा दोस्त भी है! और मूवी में क्या

कहा गया था ? एक पुरुष और स्त्री कभी दोस्त नहीं हो सकते। सिली जिली, यू रॉक!' स्वधा अपने आप से ही शरमा गई।

□

पाँच दिन बाद 'टाइम्स ऑफ इंडिया' में छपा—'मुंबई पुलिस ने ब्लू फिल्म रैकेट का भंडाफोड़ किया। शहर का खास डीजे भी इस रैकेट में शामिल था'।

उसी सप्ताह हासिल के घर पालकी के नाम से हवन हुआ। वहीं वह एक्सीडेंट के बाद पहली बार पालकी के मॉम व डैड से मिला और जब उसे पता चला कि वे किसी तीर्थयात्रा पर नहीं गए थे तो उसके मन में पल्लवी के लिए नफरत और भी बढ़ गई।

हासिल ने अपनी निजी परेशानियों को पेशेवर जीवन की बाधा नहीं बनने दिया। हालाँकि,, निजी रूप से वह नितिन से थोड़ा खिंच गया था, पर ऑफिस में उनका साथ कायम रहा। 'अगर पल्लवी का कसूर है तो नितिन भी कसूरवार है। एक सफल उद्यमी इतना मूर्ख कैसे हो सकता है ? भावनाएँ भी अलग-अलग लोगों के साथ अलग-अलग तरीके से पेश आती हैं।' फिर भी, उसे लगता था कि नितिन ने उसके लिए बहुत कुछ किया। 'कम-से-कम उसकी मंशा तो अच्छी थी, पर पल्लवी तो मेरे जीवन से पालकी का नाम तक मिटा देना चाहती थी। उसे लगता था कि वह ऐसा कर सकती थी।'

नितिन ने कई बार माफी माँगी और हारकर ऐसा करना छोड़ दिया। उसने संजना की बात मान ली थी—"उसे कुछ समय दो, वह निश्चित रूप से तुम्हें समझ जाएगा।"

एक महीने बाद हासिल ने अपना घर बदल दिया।

"मुझे नहीं लगता कि अब इस जगह रहा जाएगा।" उसने नितिन से मन की बात कही, "मैं अकेला हूँ, इसलिए इतना बड़ा घर नहीं चाहिए।" उसने बांद्रा में एक फ्लैट ले लिया। समय बीतता गया और हासिल ने काम में ही अपना मन लगा लिया। उसे अपने काम से ही खुशी और संतोष मिलने लगा। वह देर रात काम करता, पार्टियों से दूर रहता और ज्यादा लोगों से

मिलता-जुलता नहीं था। वह बहुत सारे टूर करने लगा और छह महीने में ही इस तरह काम करने से वह अपने साथ हुई ज्यादती के भार को कम करने में कामयाब रहा। जब कभी वह अपनी नई दोस्त स्वधा से बात करता तो ऐसा लगता कि अंधेरी रात के बाद कहीं सुबह की रोशनी दिखने लगी है। वे लोग कभी घूमने नहीं गए, एक साथ लंच नहीं किया या एक साथ नहीं घूमे, ऑफिस में भी भेंट नहीं होती थी; पर हर शनिवार फोन पर बात होती। यह सब स्वधा ने शुरू किया था। अगले शनिवार हासिल ने ऐसा ही किया। और इस तरह, यह सिलसिला चालू हो गया। तकनीक की मदद से वे दोनों आमने-सामने आए बिना बेरोक-टोक बात कर सकते थे। यह तरीका उनके भीतर छिपे भावों को बाहर लाने में मददगार साबित हुआ।

उसने फोन पर कहा, "कितनी अजीब बात है। जब तुम पत्नी के होते हुए किसी से प्यार करते हो तो समाज बातें बनाता है। जब पत्नी के जाने के बाद किसी को अपने जीवन में नहीं चाहते तो भी लोग बातें बनाते हैं। हम लोग कुछ ज्यादा ही समझदार हैं।"

हासिल स्वधा की बहुत इज्जत करने लगा था, इसलिए उससे मन की हर बात कर लेता था।

"उन्हें आज तक उसकी लाश नहीं मिली। बताओ, क्या कहीं भगवान् है? हम आज भी उस पर भरोसा करते हैं। मैं भी अपना भरोसा बनाकर रखना चाहता हूँ कि वह किसी दिन वापस आ जाएगी। वह मेरे दिल में हमेशा बसी रहेगी।"

"कब तक?"

"पता नहीं। हो सकता है कि कभी मेरा मन हार भी जाए।"

'मैं उस दिन का इंतजार करूँगी।' स्वधा ने अपने आप से वादा किया।

"मैंने उसे खो दिया, यह बात इतना परेशान नहीं करती। यह बात ज्यादा परेशान करती है कि उसके जाने के बाद भी मैं उसे खो रहा हूँ।"

कई बार स्वधा हासिल को दिलासा देती—

"देखिए, जिस तरह लंच के फौरन बाद कुछ खाने का मन नहीं होता, पर जैसे-जैसे दिन बीतता है, हमें फिर से भूख लगने लगती है।" 'वाह सिली

जिली, तू तो प्लूटो के खानदान से लगती है।'

"शायद तुम ठीक कहती हो। जो हो गया, सो हो गया। कोई आँसू या प्रार्थना उसे वापस नहीं ला सकते।"

स्वधा ने जानकर ऑफिस में देर तक काम करना शुरू कर दिया, ताकि कभी हासिल को देखने का मौका मिल सके। ऐसे ही, एक रात को उनका आमना-सामना हुआ।

"इस समय क्या कर रही हो?"

"कैब का इंतजार कर रही थी।"

"ओह! तुमने पहले कभी बताया नहीं कि तुम रात को कैब से वापस जाती हो। इतनी रात को कैब सुरक्षित नहीं। जब देर तक काम करो तो बता दिया करो, मैं तुम्हें छोड़ दिया करूँगा।"

'तभी तो पाँच कैब वालों को मना किया है।' "अरे, आप क्यों परेशान होते हैं!"

"याद रखो, ऑफिस के बाहर हम दोस्त हैं।" उसने कहा।

"थैंक्स। पर आपकी कार किधर है?"

"आज कार थोड़ा दूर पार्क की है। आओ, पैदल चलते हैं।"

"हमें एक साथ पैदल चलना है।" 'सिली जिली, तेरा टाइम आ गया है।'

□

उपसंहार

14 अप्रैल
वर्तमान वर्ष

हरिहरण दूर से ही उस युवती को देख रहा था। उसे अपने गुरुजी के कहे शब्द याद आ गए—'जल्दी ही तुम्हारे घर में एक तीसरे व्यक्ति का प्रवेश होगा और अगर तुमने निस्स्वार्थ भाव से उसकी सेवा की तो ईश्वर का आशीर्वाद मिलेगा। तुम्हारे घर में दो पुत्रों का जन्म होगा। पूरा जीवन सुख से बीतेगा। पर याद रखना, तुम्हें बिना किसी स्वार्थ के पूरे एक साल तक उसकी सेवा करनी होगी।'

उसने उस युवती को एक वर्ष पहले ही देखा था। उसका शरीर घावों से भरा था और चेहरे पर इतनी चोटें थीं कि उसकी पहचान करना मुश्किल था। उसे देखकर तो एक बार यही लगा था कि अगर वह मर जाती तो ज्यादा बेहतर होता। पर किस्मत को कुछ और मंजूर था। गुरुजी के शब्द याद आते ही वह उसका इलाज करने के लिए राजी हो गया। पहले वह उसे दुर्घटना की जगह से उठाकर जंगल वाली झोंपड़ी में ले आया। शाम को दूसरे आदमी को लेने गया तो उसे कोई और ले जा चुका था। इस तरह, उसे गुरुजी के शब्दों पर भरोसा हो गया। तुम्हें केवल एक व्यक्ति की सेवा करनी होगी।

पहले वह युवती न तो हिल सकती थी और न ही बोल सकती थी। सातवें महीने में जाकर उसने लकड़ी की बैसाखी लेकर चलना शुरू

किया। हरिहरण ने ही उसके लिए बैसाखी बना दी थीं। वह वहीं फॉरेस्ट रिजर्व में काम करता था। वह लकड़ी का सामान बनाने में होशियार था और जड़ी-बूटियों का जानकार था। उसने अपने ज्ञान और जानकारी के बल पर उस युवती की जान बचा ली थी।

उस लड़की के घर आने से किस्मत के ताले खुले। उसका वेतन बढ़ गया और उसे बाबू के बँगले के पास ही रहने के लिए एक कमरे का मकान भी दिया गया। केवल हरिहरण को पता था कि उसने उस युवती को अपने घर में रखने के लिए कितनी सावधानी रखी थी। जंगल में पुलिसवाले घूमते थे और एक बार उसने अखबार में उसकी गुमशुदगी की रिपोर्ट भी देखी थी; पर एक बेहतर जिंदगी पाने के लोभ में वह उसकी सेवा करता रहा और इस राज को किसी से नहीं कहा।

अब, जब वांछित समय पूरा हुआ तो हरिहरण बेचैन हो गया। बीतते समय के साथ उसे और उसकी पत्नी को अहसास हो गया कि सबसे बड़े रिश्ते वही होते हैं, जो प्रकृति हमारे बीच बनाती है। वे उस लड़की से प्यार करने लगे थे, पर···

उसने बेमन से अपनी योजना दोहराई, "कल सुबह मैं इसे पुलिस के पास ले जाकर समर्पण कर दूँगा और उन्हें बता दूँगा कि मैंने इसे पूरे एक साल तक अपने पास क्यों रखा! जैसा कि बाबू भी कहते हैं, सत्यमेव जयते!" तभी उसकी पत्नी घबराई हुई अंदर आई और उसकी सोच को वहीं रोक दिया।

"मैं आज उसे कपड़े पहनाने में मदद कर रही थी और मैंने कुछ देखा।"

"क्या?"

"उसकी कमर। पहले घावों के कारण कुछ नहीं दिखता था, पर आज···"

"अब बोलो भी, क्या देखा?"

"उसकी कमर के निचले हिस्से पर कुछ लिखा हुआ है?"

"हैं!! क्या लिखा है?"

"अच्छी तरह पढ़ा नहीं जा रहा। शायद 'पालकी-हासिल' लिखा है।"

"छोड़ो भी। हम कल पुलिस को सब बता देंगे। उसके बाद वे जो चाहें तय करें।"

□□□

9789355218162
FCW - #0050 - 061026 - C0 - 234/156/13 - PB - 9789355218162 - Matt Lamination